PAUL G. BUCHLOH · JENS P. BECKER

DER DETEKTIVROMAN

PAUL G. BUCHLOH · JENS P. BECKER

DER DETEKTIVROMAN

Studien zur Geschichte und Form
der englischen und amerikanischen Detektivliteratur

Mit Beiträgen von

Antje Wulff und Walter T. Rix

WISSENSCHAFTLICHE BUCHGESELLSCHAFT
DARMSTADT

Einbandgestaltung: Studio for Communication Design
Ulrich Franz & Neil McBeath, Stuttgart.

1. Auflage 1973.
2., überarbeitete und ergänzte Auflage 1978.
3., gegenüber der 2. unveränderte Auflage 1989.

CIP-Titelaufnahme der Deutschen Bibliothek

Buchloh, Paul G.:
Der Detektivroman: Studien zur Geschichte und Form der englischen und amerikanischen Detektivliteratur / Paul G. Buchloh; Jens P. Becker. Mit Beitr. von Antje Wulff und Walter T. Rix. – 4., unveränd. Aufl. – Darmstadt: Wiss. Buchges., 1990
ISBN 3-534-05379-6
NE: Becker, Jens P.:

Bestellnummer 05379-6

4., unveränderte Auflage 1990

Gedruckt auf säurefreiem und alterungsbeständigem Werkdruckpapier
Satz: Fotosatz Janß, Pfungstadt
Druck und Einband: Wissenschaftliche Buchgesellschaft, Darmstadt
Printed in Germany
Schrift: Linotype Garamond, 9/11

ISBN 3-534-05379-6

INHALT

VORWORT ZUR ZWEITEN AUFLAGE

Mit diesem Buch, das von der Wissenschaftlichen Buchgesellschaft für die Reihe „Erträge der Forschung" zuerst als schmales Bändchen geplant war und das unter der Fülle des Materials immer weiter anwuchs, wollten und konnten die Verfasser keine definitive Geschichte des Detektivromans schreiben, keine endgültige Definition des Detektivromans liefern. Der Detektivroman, uns allen in irgendeiner Form vertraut, entzieht sich beharrlich den Definitionsversuchen.

Knapp vier Jahre nach dem Erscheinen dieses Buches ist nun die erste Auflage vergriffen, und die Autoren waren vor die Frage gestellt, wie sie die neuen Tendenzen der Detektivliteratur und die seit Ende der 60er Jahre rapide wachsende Sekundärliteratur verarbeiten sollten.

Eine radikale Neufassung verbot sich aus ökonomischen Gründen, und so beschlossen wir (obgleich sich manche unserer Ansichten in den letzten Jahren gewandelt haben), im Prinzip zu unserem Text von 1973 zu stehen, der ja soviel wohlwollende Kritik erfahren hat. Offensichtliche Fehler im Text haben wir korrigiert: nachdem wir Agatha Christies Captain Hastings vorschnell zum „Major" befördert hatten, haben wir ihn nun wieder degradiert. Die Literaturberichte im Anschluß an die einzelnen Kapitel, die uns sehr wichtig erscheinen, sind auf den neuesten Stand gebracht worden. Das gleiche gilt für die Bibliographie, die korrigiert und wesentlich erweitert wurde.

1973 überließen wir Julian Symons das Schlußwort, in dieser Auflage versuchen wir in einem abschließenden Essay, Vernachlässigtes und neue Tendenzen anzusprechen. Dennoch erheben wir keinen Anspruch auf Vollständigkeit — auch die zweite Auflage bleibt ein Versuch der Ordnung und des Überblicks.

Kiel, Frühjahr 1978

Paul G. Buchloh
Jens P. Becker

Erstes Kapitel

DER DETEKTIVROMAN: ZUR ALLGEMEINEN PROBLEMATIK

In Veröffentlichungen zum Thema Detektivroman wird eingangs gerne mit Zahlen operiert und der zum Gemeinplatz gewordene Satz unterstrichen, daß der Detektivroman die verbreitetste Literaturform des 20. Jahrhunderts sei. Leider sind die genannten Zahlen in den wenigsten Fällen zu verifizieren.

Die Verfasser hatten in den Vorarbeiten zu diesem Buch führende englische und deutsche Taschenbuchverlage angeschrieben und um Informationen über die Höhe der Auflagen der „Krimis" und die Auswahlkriterien der einzelnen Verlage gebeten. Das Ergebnis war enttäuschend. Obgleich wir versichert hatten, Zahlen nur zu wissenschaftlichen Zwecken auszuwerten und nicht zu publizieren, waren nur zwei Verlage zu einer Kooperation bereit. Ansonsten erhielten wir keine Antwort oder Werbebroschüren mit dem Hinweis, daß diese ja für sich selbst sprächen.

Aus jenen Zahlen, die wir haben einsehen können, kann man folgern, daß der *Detektivroman* — heute wie in den 20er Jahren, dem "Golden Age of the Detective Novel" — nicht unbedingt populär genannt werden kann. Detektivromane erreichen in Taschenbuchform im Durchschnitt eine Auflage, die zwischen zehn- und zwanzigtausend Exemplaren liegt, nur wenigen Autoren gelingt der Sprung über die 100 000-Grenze.[1] Wohlgemerkt ist hier die Rede vom „reinen" Detektivroman.

Ganz anders sehen die Auflagezahlen in der Gruppe der *thriller* und Spionageromane aus. Ian Flemings Erfolge in den 60er Jahren können — auch in der Relation zum Detektivroman der Zeit — mit denen von Edgar Wallace in den 20er Jahren verglichen werden. Die Tatsache, daß die sensationellere Form des *thriller* höhere Auflagen erbringt als die vergleichsweise intellektuelle Form des Detektivromans hat sich seit den Tagen von John Buchan, E. P. Oppenheim, Sax Rohmer und Edgar Wallace nicht geändert.

Die höchsten Auflagezahlen werden nach wie vor von den Magazinen erreicht, sei es am Anfang des Jahrhunderts von *Nick Carter* in Amerika

[1] Andererseits erreichen einige Detektivromanautoren wie Agatha Christie oder Erle Stanley Gardner mit ihrem Gesamtwerk Millionenauflagen.

oder heute von *Jerry Cotton* in Deutschland. Diese Magazine, sowie alle anderen Publikationen, die das Thema von "crime and detection" berühren, werden in den Statistiken der Einfachheit halber dem Detektivroman zugerechnet. Nur so können die hohen Auflagezahlen des Genres entstehen, von denen der „reine" Detektivroman (wie wir ihn in späteren Kapiteln definieren werden) prozentual nur einen geringen Teil ausmacht. Auch die erfolgreichen Fernsehserien basieren, wie wir später noch zeigen werden, nicht auf Detektivromanen, sondern vornehmlich auf dem aktionsbetonten *thriller*.

Über den Detektivroman ist eine Fülle kritischer, mehr noch unkritischer Literatur geschrieben worden. Wenn wir es hier unternehmen, diese kritische Literatur um ein weiteres Werk zu vermehren, dann nicht, weil wir glauben, das letzte Wort zum Detektivroman sagen zu können. Im Gegenteil, es wird nach unserer Meinung noch mehr über den Detektivroman geschrieben werden müssen. Zu fordern sind sorgfältige Einzeluntersuchungen zu einzelnen Autoren. Die erste deutsche Dissertation über diesen Gegenstand, Friedrich Depkens *Sherlock Holmes, Raffles und ihre Vorbilder* (1914), kann hinsichtlich Sorgfalt und Methode immer noch als Beispiel dienen.

Der Satz von Julian Symons, "as a literary form, the detective story has a place of importance in twentieth century English literature", hat sich in Deutschland noch nicht durchgesetzt. Die Detektivliteratur ist hierzulande immer noch in der Lage wie in England vor 70 Jahren, als Chesterton seinen Essay "A Defence of Detective Stories" schrieb. Die Kritik neigt zur pauschalen Verdammung oder zur pauschalen Verherrlichung des Genres. Der soziologischen Bedeutung schenkte kaum ein Kritiker größere Beachtung, und erst 1971 erschien Colin Watsons *Snobbery With Violence. Crime Stories and Their Audience* eine Studie, die die Relationen von Publikum und Fiktion kritisch untersucht.

Wir wollen uns am Anfang dieses Buches nicht in eine ausführliche Diskussion der sog. Sekundärliteratur (vor allem der deutschen) einlassen. Sie liegt dem Leser in preiswerten Bänden vor[2], und er mag sich selbst ein Bild über Wert oder Unwert dieser Betrachtungen machen. Einige Beobachtungen müssen wir aber nach einer intensiven Beschäf-

[2] Vgl. Victor Zmegac (Hrsg.), *Der wohltemperierte Mord* (Frankfurt, 1971) und Jochen Vogt (Hrsg.), *Der Kriminalroman. Zur Theorie und Geschichte einer Gattung* (München, 1971). Vgl. auch Paul G. Buchloh und Jens P. Becker (Hrsg.), *Der Detektiverzählung auf der Spur. Essays zur Form und Wertung der englischen Detektivliteratur* (Wege der Forschung, Bd. CCCLXXXVII), Darmstadt, 1977.

tigung mit dem Detektivroman und der Literatur zum Detektivroman anmerken. Die meisten deutschen Kritiker nehmen den Detektivroman als Forschungsgegenstand nicht ernst, er ist für sie ein minderwertiges Genre, und auf einen Essay über den Detektivroman (der für einen Journalisten beinahe obligatorisch erscheint) wird nicht viel Mühe und meistens noch weniger Kenntnis verwandt. Auch tendieren die deutschen Kritiken ins Philosophische (womit nichts gegen die Essays von Kracauer und Bloch gesagt sein soll) und arten in die zur Zeit modische Diskussion der Trivialliteratur aus, eine Diskussion, die sich bisher als so fruchtlos erwiesen hat, daß wir ungern in sie verwickelt werden möchten.

Wir wollen im folgenden nicht versuchen, in einem Forschungsbericht die Meinungen der Kritiker über das Wesen des Detektivromans zu erfassen, sondern haben das erste Kapitel einer Betrachtung von einzelnen, häufig vernachlässigten Punkten vorbehalten. So werden wir, nach kurzer Diskussion der Lage der Kritik, Themen wie die Definitionen des Detektivromans, Form und Typologie von Detektiverzählungen, die Soziologie der Detektivromanautoren, die Frage der Übersetzungen, Titel und Verfilmungen von Detektivromanen erörtern.

Eine stringente Definition der Detektiverzählung ist trotz vieler Versuche nach inhaltlichen oder formalen Kriterien bis heute nicht gelungen und wird auch bei der Vielschichtigkeit des Genres kaum gelingen können. Die englische und französische Kritik kennen diesen Zwang zur Definition nicht in dem Maße wie die deutsche Kritik, die auch auf diesem Gebiet nach einer perfekten Aussage strebt. Die von der deutschen Kritik so gern gestellte Frage, ob die Detektiverzählungen „Literatur“ oder „Trivialliteratur“ seien, wird in der englischen Kritik nur am Rande gestreift (und schon früh, etwa von Chesterton, ironisch behandelt). Das entspricht der anglo-amerikanischen Literaturkritik, die sich seit jeher weniger nach dem Wesen der Kunst fragte und die eher pragmatisch in ihrem "art"-Begriff das handwerklich Gekonnte höher einschätzt. So sind auch die „Regeln“ der Detektiverzählung [3], die lange in den Köpfen der Kritiker herumspukten, wenn sie überhaupt ernstgenommen werden, eher Vorschriften für handwerkliche Sauberkeit und Ausdruck für das augenzwinkernde Verständnis zwischen Autor und Lesepublikum.

Auch die häufig vorgebrachte Unterscheidung zwischen der Kurz- und Langform, zwischen "detective short story" und "detective novel",

[3] Vgl. dazu Kapitel VI.

bringt keinen Nutzen für eine Definition.[4] Wenn sich in der Geschichte der Detektiverzählung durchaus verschiedene Strukturformen herausbildeten, ist die Detektiverzählung im englischen und amerikanischen Bereich eher in der Mischform der "long short story" oder "short novel" (wie wir sie u. a. von Hemingways *Old Man and the Sea* her kennen) zu finden. Diese Form entspricht auch der Lesesituation als Feierabendlektüre, als „leisure reading", wo eine normale Short Story nicht genügend Lesestoff bietet und der Roman die Lesekapazität überschreiten würde.

Auch bei eingehender Analyse soll nie vergessen werden, daß die Detektivliteratur vornehmlich der Unterhaltung dient und dienen will, wobei man auch ohne genaueste Definition durchaus zwischen guter und schlechter Unterhaltungsliteratur unterscheiden kann. Ohne die Problematik der verschiedenen Termini verschleiern zu wollen, werden wir uns im folgenden bemühen, durchgehend von der „Detektiverzählung" zu sprechen.[5]

Was der deutsche Durchschnittskonsument unter dem Namen 'Krimi' kennt, ist ein komplexes Phänomen, das sich im Englischen unter einer Vielzahl von Namen verbirgt: "mystery story" oder einfacher "mystery", "detective novel", "detective story", "crime story" und "roman policier", wobei der letzte Terminus aus dem Französischen übernommen, im Englischen aber durchaus gebräuchlich ist.[6]

[4] Vgl. R. Messac, *Le 'detective novel' et l'influence de la pensée scientifique* (Paris, 1929), S. 9, Fußnote 1.

[5] Dem Terminus "detective story" entsprechend.

[6] Um die "ill-defined dividing lines between the various types of novel" schärfer zu fassen, haben die Herausgeber des *Cumulated Fiction Index* folgende Unterteilung der "crime fiction" versucht:

1. Thrillers: straightforward adventure stories, probable and improbable.
2. Spy stories.
3. Crime: stories of fictional organized crime, criminals and underworld characters.
4. Criminals: studies of actual criminals and their exploits.
5. Police work: books concerned with police organization and method, general or particular.
6. Detective stories: wherein the identity of the criminal, almost always a murderer, is intended to remain in doubt until the later stages of the books, although the reader may expect to be given the clues necessary for his identification.
7. Detective stories, Inverted: books in which the identity of the fictional criminal is usually known to the reader, and in which the principal interest may lie, for instance, in the method of his detection or in his self-betrayal,

Im Deutschen hat sich die Diskussion auf den Unterschied Kriminalroman/Detektivroman konzentriert.[7] Deutsche Literaturlexika verzeichnen selten das Wort „Detektivroman“, statt dessen findet man längere Eintragungen unter „Kriminalroman“, und Gero von Wilpert definiert in seinem *Sachwörterbuch der Literatur* den Detektivroman als „neuere, spezifisch angloamerikanische Abart des Kriminalromans bes. im 20. Jh.“. Aber meistens reichen auch die von Alewyn und anderen kategorisch definierten Begriffe „Kriminalroman“ und „Detektivroman“[8] nicht aus, um das Phänomen hinreichend zu beschreiben, und so wird in der Diskussion immer wieder der „Reißer“ (= *thriller*) herangezogen.

Ein kurzer historischer Abriß über die englischen Termini mag einen Einblick in die Problematik der Definition geben.

“Mystery story” erschien für Ronald A. Knox 1929 in der *Encyclopaedia Britannica* als der Oberbegriff für “riddle stories, ghost stories and detective stories”. Bei letzteren betont er die strukturellen Besonderheiten: “The third of these classes deserves to be classed as a separate branch of fiction from the very nature of its construction”, und die “detective story” steht dann weiterhin im Mittelpunkt seiner Betrachtungen. Noch 20 Jahre später heißt es in der *Encyclopaedia Britannica* unter der gleichen Eintragung “mystery stories”:

> It will be noted that the detective story *per se* is omitted from the above list. By recent arbitrary definition, the detective story, lustiest offspring of the mystery story, is a separate and distinct division of literature, a “pure” form

---

or sometimes in the problem of identifying the victim or even the detective.

8. Murder: straightforward accounts dealing with motive, act and aftermath.
9. Murderers and suspected murderers: fictional studies of the participants in *causes célèbres* of the past.
10. Psychological thrillers: books which may fall into one or more of the above categories, but which are notable principally for their treatment from the psychological or psychiatric viewpoint.
11. Suspense stories: in which the author has set out to build up an atmosphere of tension and suspense, culminating in a dramatic final chapter.

[7] Einen Bericht über diese Diskussion gibt Dietrich Naumann in seinem Aufsatz „Zur Typologie des Kriminalromans“, in: V. Zmegac (Hrsg.), *Der wohltemperierte Mord* (Frankfurt, 1971), S. 243 f.

[8] Nach Alewyn steht im Mittelpunkt des Kriminalromans der Ablauf des Verbrechens, während der Detektivroman die Aufklärung des Verbrechens zum Thema hat. Vgl. dazu Richard Alewyn, „Die Anfänge des Detektivromans“, in: V. Zmegac, a. a. O., S. 187.

that demands individual consideration. However, it is obviously a mystery story; the separation is largely one of convenience.

Vincent Starrett gibt hier eine klare Definition, und, nachdem er die "mystery story" in zwei Spalten abgehandelt hat, widmet er der Unterabteilung "detective stories" den doppelten Raum. An dieser Stelle ist der Unterschied zu den Definitionen in deutschen Lexika aufschlußreich. In Deutschland wird der Detektivroman als eine Unterabteilung des Kriminalromans gesehen und dabei auf die „Schelmenliteratur", die „Räuberromane", die „Schundliteratur" und die „Trivialliteratur" verwiesen — während für zwei führende englische Detektivromanautoren die Detektiverzählung in ihrer Definition (mit einem zeitlichen Abstand von 20 Jahren) als eine Unterabteilung der Rätselliteratur erscheint!

Während Ronald Knox 1929 sagte: "It is difficult to suppose that the mystery story [er verwendet das Wort als Synonym für 'detective story'] has any literary antecedents earlier than the 19th century", behauptete Dorothy Sayers 1928: "Both the detective-story proper and the pure tale of horror are very ancient in origin", und so nimmt sie in ihre Sammlung *Great Short Stories of Detection, Mystery and Horror* im ersten Band *Detection and Mystery* unter der Überschrift "Primitives" Geschichten aus den Apokryphen der Bibel, aus der *Aeneis* und von Herodot auf. Dabei wird erkennbar, daß Knox vorwiegend formal vorgeht, während Sayers thematische Aspekte literarhistorisch verfolgt.

Was bei Dorothy Sayers noch wie ein spielerischer Ausflug in die Anfänge der Weltliteratur aussieht, wird in Régis Messacs Buch zum Gegenstand wissenschaftlicher, vornehmlich geistesgeschichtlicher Untersuchung:

> Il ne suffit pas, pour rendre compte de l'apparition du *detective-novel* de suivre toute la série des «scharfsinnproben» depuis les Grecs ou les Arabes jusqu'à Voltaire, et de passer de là à Beaumarchais, puis à Balzac et à Poe, et bientôt à Gaboriau et aux contemporains.[9]

Es genügt Messac nicht, von *Oedipus* über lateinische Enigmata, germanische Halslöserätsel und orientalische Geschichten bis *Zadig* Vorläufer des Detektivromans aufzuzeigen und damit das Vorurteil seiner Zeitgenossen zu entkräften, «que le chapitre III de *Zadig* est la première histoire de détective connue» [10] — er verbindet darüber hinaus die An-

[9] Messac, a. a. O., S. 127.

[10] Messac, a. a. O., S. 17.

fänge des Detektivromans kausal mit der «pensée scientifique» und dem Fortschrittsgedanken:

> ... dès les premiers pas, dès les plus lontaines origines du *detective-novel,* nous nous trouvons en présence de la science et de l'esprit scientifique.[11]

Aber nur wenige Kritiker können Messac hier folgen; so sagt die Engländerin A. E. Murch über die Erzählung von Archimedes (die Messac als Detektivgeschichte gewertet wissen will):

> We cannot, therefore, agree with Messac and accept this as a detective story in the modern meaning of the term, because it does not conform to the almost fixed pattern that characterises detective fiction, a pattern that has come to be accepted by authors and readers alike.[12]

A. E. Murch möchte die Detektiverzählung als eine neuere Entwicklung kennzeichnen:

> Thus we will trace the development of the Detective Novel from its slight but significant beginnings in the early nineteenth century to its present status, and discover some of the reasons for the remarkable growth of this particular branch of popular fiction.[13]

Der Amerikaner Howard Haycraft stellt dagegen kategorisch fest:

> As the symphony began with Haydn, so did the detective story with Poe. Like everything else in this world, both had precursors; but no useful purpose is served by trying to prove that either flourished before it did or could. The best and final word on the matter has been said by the English bibliophile George Bates: "The cause of Chaucer's silence on the subject of airplanes was because he had never seen one. You cannot write about policemen before policemen exist to be written of."[14]

Richard Alewyn negiert in seinem Aufsatz „Das Rätsel des Detektivromans" diese Behauptung und entwickelt seine eigene Theorie, daß nämlich der Detektivroman kein Nebenprodukt des Rationalismus und des Fortschrittglaubens sei, sondern ein „Kind der Romantik", eine Theorie, die später von Richard Gerber widerlegt wurde.[15]

Die Literatur über Verbrechen und Gewalttaten ist so alt wie die geschriebene Literatur überhaupt, und es scheint, daß die literarische

[11] Messac, a. a. O., S. 38.

[12] A.E.Murch, *The Development of the Detective Novel* (London, 1968), S. 17.

[13] A. E. Murch, a. a. O., S. 17.

[14] Howard Haycraft, *Murder For Pleasure* (New York, 1968), S. 6.

[15] Richard Gerber, „Verbrechensdichtung und Kriminalroman", *Neue Deutsche Hefte* (1966), S. 114 ff.

Darstellung des Bösen für Autoren und Leser stets faszinierender war als die Darstellung des Guten. Neu an der Detektivliteratur ist, daß im 19. Jahrhundert *ein* Held im Mittelpunkt der Erzählung steht — heiße er Dupin, Cuff oder Holmes — der imstande ist, dem Leser Rätselhaftes, Zusammenhänge, Vernachlässigtes logisch innerhalb eines ungeahnten Zusammenhangs zu erklären.

Der Detektivroman, dessen eigentlichen Beginn wir im England und Amerika des 19. Jahrhunderts festsetzen, ist andererseits keine Schöpfung *ex nihilo,* und so kommen die Literaturhistoriker zu ihrem Recht. Man ist leicht geneigt, mit Haycraft zu dekretieren: die Detektiverzählung beginnt mit Edgar Allan Poe, ohne zu bedenken, wie sehr Poe dem 18. Jahrhundert verpflichtet ist. Die Verankerung des Detektivromans in den geistigen Strömungen des 18. und 19. Jahrhunderts ist von Régis Messac und A. E. Murch hinlänglich bewiesen worden. Man kann indessen Messac, dessen Werk *Le 'detective novel' et la pensée scientifique* von 1928 offensichtlich (vielleicht weil es in französischer Sprache geschrieben wurde) von den meisten Kritikern nicht gelesen worden ist, nicht in allen Punkten folgen. Wir schließen uns eher A. E. Murch an, der es ausreichte, jene unmittelbaren Einflüsse aus dem 18. Jahrhundert aufzuzeigen, die über die "Newgate Novels", die "Gothic Novels" und die "Sensational Novels" von Dickens und Collins zum allbekannten englischen Detektivroman geführt haben.

Es fehlt nicht an Versuchen, dem Detektivroman das spezifisch Angelsächsische abzusprechen. Wir sind uns bewußt, daß es eine reiche Tradition des französischen Detektivromans gibt — Boileau und Narcejac geben in ihrem sehr guten Buch *Der Detektivroman* einen Eindruck davon —, aber unsere Studien sind vornehmlich dem englischen und amerikanischen Detektivroman gewidmet.[16]

Die Betrachtung der verschiedenen Namen für das gleiche Phänomen hat zwangsläufig in die inhaltliche Diskussion geführt, wir müssen aber noch einmal auf die Termini "mystery story", "detective story"[17], "crime story", "thriller" und "roman policier" zurückkommen.[18]

[16] Einen kurzen Überblick über die skandinavische Detektivliteratur geben Tage La Cour und Harald Mogensen in ihrem *Murder Book* (London, 1971), S. 148—151.

[17] "Detective story" und "detective novel" fungieren im Englischen als Synonyme und bezeichnen keineswegs unbedingt die Kurz- oder Langform; so nannte Dorothy Sayers 1928 *The Moonstone* "the very finest detective story ever written" und Julian Symons' Buch über den Detektivroman hat den Titel *The Detective Story in Britain.*

[18] Wir werden, dem englischen Sprachgebrauch folgend, an einigen Stellen

War der Begriff der "mystery story" im Englischen der Oberbegriff für die "detective story", so ist "mystery story" im Amerikanischen das Synonym für "detective story", wie der *Webster* ausweist:

> a piece of fiction in which the evidence relating to a crime or occasionally to another mysterious event is so presented that the reader has an opportunity to solve the problem, the author's solution being the final phase of the piece.

Diese Definition umfaßt, was nach allgemeinem Sprachgebrauch „Detektivroman" und im Englischen "detective novel" genannt wird, und sie ist genau so gut oder so schlecht wie alle anderen Definitionen. Boileau/Narcejac verwerfen in ihrem Kapitel „Eine Literatur der Doppeldeutigkeit" alle bisherigen Definitionen, weil diese ihrer Meinung nach nicht erkennen, daß nicht nur die Ermittlung des Täters vom Autor erdacht ist, sondern auch das Problem, das der Detektivroman präsentiert:

> Ermittlung und Geheimnis werden zugleich geschaffen, derart, daß die Ermittlung stets von dem Geheimnis eine unerhörte und fabelhafte Wirksamkeit bezieht, während das Geheimnis der Ermittlung eine besonders beklemmende Undurchschaubarkeit entgegensetzt. Geheimnis und Ermittlung entwickeln sich aneinander, bringen sich gegenseitig zur Geltung, sind im Grunde nur die zwei sich ergänzenden und dialektisch verbundenen Aspekte derselben Fiktion.[19]

Das ist unzweifelhaft richtig, aber es macht das Problem der Definition nicht übersichtlicher, und beantwortet auch nicht die Frage, ob denn z. B. Francis Iles' *Malice Aforethought* ein Detektivroman sei: an praktischen Beispielen versagen die meisten Definitionen, und bei der Analyse einer Großzahl von Detektivromanen wird ersichtlich, daß *Malice Aforethought* nicht alleine steht, nicht jene Ausnahme ist, die die Regel bestätigt.

Die Definitionen versagen, weil sie nicht deskriptiv vorgehen und nicht aus der Menge aller "detective stories", "thriller" und "crime novels" abgeleitet sind, sondern weil sie — nach Belieben der jeweiligen

"crime story" im Sinne von „psychologischer Kriminalroman" und "roman policier" als Bezeichnung für jene Romane, die einen beamteten Detektiv zum Helden haben und Einblick in die Polizeiarbeit geben, verwenden.

[19] Boileau/Narcejac, *Der Detektivroman,* S. 10—11. Ähnlich argumentiert schon vorher Paul G. Buchloh in „Entwicklungstendenzen des modernen Detektivromans in England und Amerika", wenn er den Detektivroman als „eine Prosaerzählung, in der durch die Erzählung selbst etwas verborgen wird, das in der Erzählung aufgedeckt und enthüllt wird" definiert und darauf aufmerksam macht, daß seit Poe die effektbestimmte Kurzgeschichte vom Ende her konzipiert ist.

Kritiker — präskriptiv festlegen, wie der Detektivroman zu sein habe, zumeist mit dem Hintergedanken, ihn von der „wahren Literatur“ absondern bzw. ihm zu literarischer Anerkennung verhelfen zu wollen. Wir sind der Ansicht, daß die ganze Definitions- und Terminologiefrage ein Scheinproblem ist! Im Kapitel V versuchen wir das Problem dadurch zu lösen, daß wir deduktiv vier verschiedene Typen des Detektivromans feststellen und diese in ihren einzelnen Eigenschaften beschreiben, ein Versuch, der sich als praktikabel erwiesen hat.

Der Penguin-Verlag, der das größte Angebot an anspruchsvoller Detektivliteratur führt, hat die Konsequenzen gezogen. Konnte man früher "detective novels" daran erkennen, daß sie einen grün-weißen Umschlag hatten, so unterscheiden sich heute die Detektivromane in Einband und Titelbildgestaltung nicht mehr von anderen Romanen, und auch der Zusatz *Crime* ist dem Vermerk *Crime/Fiction* gewichen: ein äußeres Zeichen dafür, daß es kaum noch Sinn hat, das Etikett „Detektivroman“ zu betonen.

Läßt sich die Detektiverzählung zunächst funktional als Unterhaltungsliteratur einstufen, so sei nicht vergessen, daß der überwiegende Teil aller Literaturgattungen das Element der Unterhaltung („delectare“) in sich birgt und daß das über die Unterhaltung hinausgehende Element der Belehrung („prodesse“) nicht nur durch die literarischen Genera, sondern durch das Einzelwerk verschiedene Gewichtigkeit bekommt. Das Element des Belehrens kann den Leser zum Nachdenken über sich und seine Umwelt hinführen, kann vorwiegend Erbauung sein, oder kann darin bestehen, daß im Sinne von *littérature engagée* einzelne Probleme propagandistisch vertreten werden.[20]

Auch in der Detektiverzählung finden sich all diese Elemente wieder. Wenn die Detektiverzählung als schablonenmäßig angefertigtes Produkt auftritt, ist sie nur ein Teilbereich des Genus, allerdings der am häufig-

[20] So ist die Form der Detektiverzählung schon früh und bis zum heutigen Tage als Vehikel verschiedenster Propaganda benutzt worden, sei es für die Rechtfertigung der Polizei bei Dickens (vgl. Kap. II), sei es zur Propagierung des bürgerlichen Fortschrittgedankens bei Poe, zur katholischen Propaganda bei Chesterton, zur Kriegspropaganda bei Doyle, zur politischen Propaganda (vgl. Kap. IX) und zur Stellungnahme im Rassenkonflikt (bei Chester Himes) und der Stellung religiöser Minoritäten (bei Harry Kemelman). Eine solche Propaganda kann der Detektiverzählung oberflächlich beigegeben sein und nur die Massenwirksamkeit des Genus benutzen, sie kann aber auch in der vorgegebenen Form völlig integriert sein, und der Detektivroman kann so (vgl. Chester Himes) zum echten Problemroman werden.

sten konsumierte; es darf jedoch nicht von dieser erstarrten Form auf den Wert und die literarische Bedeutung der gesamten Gattung geschlossen werden. Allerdings lassen sich bestimmte Literaturformen leichter als andere schul- oder fabrikationsmäßig herstellen (so etwa das Sonett eher als die Ode). Der Leser erkennt bei diesen Formen schnell die zugrundeliegenden strukturellen und stilistischen Vorgaben, doch heißt dies nicht, daß die Form *an sich* gute oder schlechte Literatur sei; stets kommt es auf die gehaltliche Füllung an und die Verbindung, die der Aussageinhalt mit der Form eingeht. Die Möglichkeit, zur Mittelmäßigkeit abzusinken, teilt die Detektiverzählung von der Form und der Entstehungsweise her mit dem Sonett: der fabrizierende Autor ist geneigt, auf Klischees zurückzugreifen, der Leser wartet förmlich auf das Auftauchen bestimmter Klischees. G. K. Chesterton erkannte schon zu Beginn des 20. Jahrhunderts, daß die Großzahl der Detektiverzähler bestimmte erstarrte Klischees verwendete und sich formal wie thematisch an die Interessen und die geistige Grundhaltung eines Massenpublikums wandte.

Raymond Chandler, der durch seine Detektiverzählungen auch für den kritischen Betrachter die Mittelmäßigkeit der Schablonenerzählungen vergessen macht, kämpft in seinen kritischen Aussagen gegen überkommene Vorurteile, wenn er seine eigenen Ziele als "to accept a mediocre form and make something like literature out of it" definiert. Chandler akzeptiert hier das Urteil, daß die Detektiverzählung *per se* eine mediokre Form ist. Und selbst ein so scharfsinniger Kritiker wie Arno Schmidt verfällt einer *pars-pro-toto*-Beurteilung, wenn er sagt: „In seiner bisher gängigen Gestalt jedenfalls ist mir der ‚Kriminalroman' eine lächerlich einseitige, und ergo zur Drittrangigkeit verurteilte Literaturform.“ [21]

Suerbaum erkennt in seinem Aufsatz „Der gefesselte Detektivroman“ richtig die strukturelle Begrenzung des Detektivromans, macht aber ebenfalls den Fehler fast aller deutschen Kritiker, daß er von einem bestimmten Typ des Detektivromans eine Schablone *des* Detektivromans abstrahiert; er berücksichtigt keine Varianten. So kann er denn zu der Behauptung kommen:

> Seriös und künstlerisch wertvoll ist die Gattung freilich auch nicht geworden, und sie hat noch nicht einmal Einzelwerke hervorgebracht, die allgemein oder von einer qualifizierten Minderheit zu den großen Romanen des 20. Jahrhunderts gerechnet werden.[22]

[21] A. Schmidt, *Trommler beim Zaren* (Karlsruhe, 1966), S. 252.

[22] Zit. nach V. Zmegac, a. a. O., S. 222. Die mangelnde Berücksichtigung

Hier wäre die Frage angebracht, welche Kategorien Suerbaum verwendet: was ist ein „großer Roman"? was heißt „seriös und künstlerisch vollwertig"? was ist eine „qualifizierte Minderheit"? Suerbaum nimmt damit noch 1967 eine Position ein, gegen die sich schon 1924 R. Austin Freeman gewendet hatte:

> ... but in mere badness of quality the detective story holds no monopoly. By similar writers and for similar readers there are produced love stories, romances, and even historical tales of no better quality. But there is this difference: that whereas the place in literature of the love story or the romance has been determined by the consideration of the masterpieces of each type, the detective story appears to have been judged by its failures. The status of the whole class has fixed by an estimate formed from inferior samples.[23]

Schon Freeman macht implizit darauf aufmerksam, daß die literatursoziologische Komponente des Massenkonsums bei der Beurteilung des Literaturgenus nicht berücksichtigt wurde. Aber die Menge der deutschen Kritiker, die dem Detektivroman vorwerfen, *per se* mittelmäßige Form zu sein, und deshalb nicht zur Literatur zu gehören, bedenkt nicht, daß dies für alle Literaturgattungen zutreffen kann, und scheint in dem bildungselitären Vorurteil befangen, daß, wenn die Detektiverzählung von einem Massenpublikum aufgenommen wird, sie daher die Anlage zur formalen und gehaltlichen Seichtheit in sich tragen müsse, während andere Genera scheinbar von vornherein nur ein gehobenes Publikum ansprechen. Die Rachetragödie zum Beispiel ist genau wie der Detektivroman thematisch und strukturell determiniert, dennoch werden „allgemein oder von einer qualifizierten Minderheit" die Werke Senecas, Kyds *Spanish Tragedy* und Shakespeares *Hamlet* zur Literatur gerechnet. Thematische und strukturelle Begrenzungen reichen offensichtlich nicht aus, um den Detektivroman abzuqualifizieren. Selbst wenn, wie Chandler es noch annimmt, die Form mittelmäßig ist, sind doch einzelne Autoren in der Lage, wie er als eigenes Understatement formulierte, "to make something like literature out of it". Die angelsächsische Kritik ist, wie erwähnt, in der Beurteilung des Detektivromans als Literaturform vorurteilsfreier. So beginnt Julian Symons

einer genügend großen Materialbasis zeigt auch schon seine Hauptthese, daß der Detektivroman nur einen Spannungsbogen besitzt. Selbst in den Detektivkurzgeschichten stimmt dies nicht, denn schon bei Poe sind verschiedene Spannungsbogen sowohl aktionsmäßig wie vom Problem her vorhanden.

[23] R. A. Freeman, "The Art of the Detective Story", in: Haycraft, a. a. O., S. 8.

sein vorzügliches kleines Buch *The Detective Story in Britain*, das in der für den akademischen Unterricht vorgesehenen Reihe "Writers and their Work" erschien, mit dem lapidaren Satz: "As a literary form, the detective story has a place of importance in twentieth century English literature." [24]

Manche Kritiker haben beim Versuch der Einordnung der Detektiverzählung als Literaturform die Nähe zu einfachen und volkstümlichen Formen zu Recht erkannt.[25] Vor allem sind es das Märchen und die Ritterromanze, die auch vom rezipierenden Publikum und seinem Geschmack her gesehen der von uns behandelten Gattung nahestehen. So sagt Mario Praz über den Detektivroman: "... that positive, bourgeois type of fairy-tale" [26], und Herbert Singer spricht von dem Detektiv als dem „Drachentöter des 19. Jahrhunderts".[27] Hier sieht Singer richtig, daß die Detektiverzählung eine trivialisierte Form der Romanze sein kann. Das Bildungsniveau der Leserschaft und ihre soziale Struktur ändern sich im Zeichen der Industrialisierung des 19. Jahrhunderts. Anstelle eines ländlichen Publikums treten mehr und mehr die bürgerlichen Schichten der Großstadt, für die die Lektüre romanzenhafter Literatur Flucht aus der Monotonie der Arbeitswelt ist. Diese "overcompensation for the utterly unromantic conditions in which civilization forced him [i. e. 'the-man-in-the-street'] to live" ist nach David Thomson der Grund für die Beliebtheit der Detektivliteratur.

> It is significant that two of his favourite writers were Conan Doyle, who brought romance to Baker Street and G. K. Chesterton, who taught men to see romance in the pillar-box at the corner of the street.[28]

Und das ausgehende 19. Jahrhundert erscheint Wingfield Stratford als

> the decade pre-eminently of magazine supermen, drawn with varying degrees of skill, detectives and criminals, sea captains and banditti, vivified mummies and nondescript mystery men, but all alike in their strength and silence, their practical omnipotence, and omniscience in pursuit of ends often the most trivial. There was the still lower form of standardized melodrama,

[24] J. Symons, a. a. O., S. 7. Implizit ist das auch die Meinung von A. C. Ward, der als erster englische Detektivromanautoren in seine Literaturgeschichte aufnahm.

[25] Vgl. dazu Zdenko Skreb, „Die neue Gattung", in: Zmegac, a. a. O., S. 76—78, der auch auf André Jolles verweist.

[26] Praz, *The Hero in Eclipse* (London, 1956), S. 152.

[27] *Stuttgarter Zeitung* (29. Juli 1961), II.

[28] David Thomson, *England in the 19th Century* (Harmondsworth, 1970), S. 207.

in which the charms of blonde and submissive virgins are perpetually the reward of blameless fools in conflict with super-subtle villainy.[29]

Wenn wir in diesem Exkurs in die historische Entwicklung die Nähe der Detektiverzählung zur Trivialliteratur betonen, so müssen wir doch anmerken, daß wir den eingebürgerten Terminus „Trivialliteratur" nicht negativ gewertet wissen wollen. Wir glauben, deutlich gemacht zu haben (und werden in den folgenden Kapiteln immer wieder darauf hinweisen), wie sehr diese Art der Literatur von der Soziologie des Publikums abhängig ist: ihre ästhetische Bewertung ist eine ganz andere Frage.[30]

W. H. Auden hat in seinem Essay "The Guilty Vicarage" — wenn auch in zu starker Vereinfachung — auf die Übereinstimmungen zwischen griechischem Drama und Detektiverzählung hingewiesen, wenn er den Ablauf der Handlung von Detektivromanen und Drama folgendermaßen parallel setzt:

Peaceful state before murder	False innocence
Murder	Revelation of presence of guilt
False clues, secondary murder, etc.	False location of guilt
Solution	Location of real guilt
Arrest of murderer	Catharsis
Peaceful state after arrest	True innocence

Das Vorherrschen des Dialogs in der Detektiverzählung und die dramatische Spannung, die vereinfachte Personenzeichnung und die oft an Szenenanweisungen erinnernden Ortsbeschreibungen sind ebenso dem Drama entnommen wie die Benutzung der dramatischen Mittel von Klimax und Antiklimax.[31]

[29] Zit. nach David Thomson, a. a. O., S. 205—206.

[30] Vgl. auch H. Kreuzer, „Trivialliteratur als Forschungsproblem", *DVJS* 41 (1967), S. 173—191.

[31] Vgl. dazu auch G. Grella, der in seiner Dissertation "The Literature of the Thriller" die Detektiverzählung als eine Variationsform der "comedy of manners" sieht.

Von dem Hinweis auf Übereinstimmungen zwischen der Form der Detektiverzählung und anderen Literaturformen abgesehen, erscheint uns die Festlegung einer eindeutigen „typischen Struktur" unmöglich, da es eine solche für *die* Detektiverzählung nicht gibt. Wir zeigen im Kapitel V vier verschiedene Typen des Detektivromans auf; nur innerhalb dieser einzelnen Typen (die schon in sich selbst Verallgemeinerungen darstellen) könnte man ein für diesen Typ zutreffendes Strukturmodell ableiten. Richard Alewyn stellte am Anfang seines Aufsatzes „Das Rätsel des Detektivromans" (1963) [32] ein Modell für den Ablauf des Detektivromans vor, aber schon Richard Gerber entkräftete in seinem Aufsatz „Verbrechensdichtung und Kriminalroman" die von Alewyn postulierten Kriterien mit dem Hinweis auf Doyles "A Scandal in Bohemia" (die erste Erzählung aus *The Adventures of Sherlock Holmes*): „Dutzende von anderen Sherlock-Holmes-Geschichten, und auch Romane, ließen sich nennen, wo die von Alewyn scheinbar so überzeugend entwickelten Kategorien versagen." [33] Was Alewyn definierte, entspricht dem, was wir im Kapitel V die erste Form, den "crossword puzzle type" genannt haben. Es ist eine Form, die von Poe über Doyle fortwirkend den englischen Detektivroman der 20er Jahre bestimmte. Wir werden in den einzelnen Kapiteln vor allem am Beispiel Poes und anderer zwei Leitlinien aufzeigen, die die englischsprachige Detektivliteratur bestimmt haben: zum einen die Entwicklung und Variation des Klischees, zum anderen die Entwicklung des Detektivromans aus dem Roman heraus zu einem echten Roman, der nicht mehr an eine Schablone gebunden ist.

Bei unserem Versuch, in deskriptiver Analyse Muster für den Detektivroman zu finden, ergab sich, wie erwähnt, daß sich eine festliegende allgemeingültige Struktur nicht feststellen ließ. Zu erkennen sind aber einzelne Elemente, die (rein oder in Variationen) immer wieder vorkommen und deren Mischung die Detektiverzählung bestimmt.

1. „Figurenkonstellation"

Stärker als andere Formen des Romans weist die Detektiverzählung bestimmte typische Figurenkonstellationen auf und läßt dadurch ihre Nähe zum Melodrama (sowohl als dramatischer wie als erzählerischer Form) erkennen. Die Anzahl der auftretenden Personen ist be-

[32] Vgl. Zmegac, a. a. O., S. 185.

[33] Richard Gerber, a. a. O., S. 106.

schränkt[34], sie sind typisiert und entsprechen in ihren Berufen und ihrem Verhalten der Gesellschaft ihrer Zeit; sie sind auch — wie Colin Watson am Beispiel des Detektivromans der 20er Jahre gezeigt hat — repräsentativ für das Denken ihrer Zeit. Die wichtigste Person der Detektiverzählung ist *per definitionem* der Detektiv. Ihm steht der Täter gegenüber, dessen Person und dessen Tat es zu entlarven gilt. Das Opfer des Verbrechens ist meistens unwichtig, wie Somerset Maugham es überspitzt formulierte:

> Either he has been killed before the book starts, or he is killed so soon after that, since you know little about him, you can take no interest in him on his own account, his death means no more to you than a chicken's, and however barbarous the method, his decease leaves you cold.[35]

Dennoch müssen alle Personen in irgendeiner Beziehung zu dem Opfer stehen, damit sie der Reihe nach in Tatverdacht (das 'red herring'-Motiv) geraten können. Bei seinem Vorgehen befreit der Detektiv im Laufe der Handlung eine Reihe von Personen (für die der Leser zumeist Sympathien empfindet) von solchem Verdacht.

2. *"setting"*

Schon die Konstellation der Personen zeigt einen vereinfachten Ausschnitt aus einer angenommenen Wirklichkeit, sie werden in einer weiteren Eingrenzung in einem örtlichen Teilbereich der Welt zusammengeführt ("calculated approach"). Der Ort der Handlung ist abhängig von der speziellen Ortskenntnis des Autors. Auch ein gewisses Wunschdenken des Lesers scheint bei der Vielzahl von Romanen, die uns in die gediegenen Wohnzimmer alter Landhäuser entführen, eine Rolle zu spielen. Aus der frühen Detektivliteratur stammt das einsame, abgelegene Landhaus (ein Relikt aus der *gothic novel*) und der Vorort der Großstadt (Conan Doyle steht hier in der Nachfolge der Großstadtromanciers Sue und Dickens). Erst später — mit dem Auftauchen von Eisenbahnen, Automobilen und Flugzeugen — weitet sich das Geschehen auf größere geographische Bereiche aus. Die geschlossene Form des Detektivromans wird zur offenen Form des *thriller*. Die höchste

[34] Vgl. dazu Punkt 3 von Raymond Chandlers 10 Punkten über den Kriminalroman. *Chandler über Chandler*, S. 52.

[35] Maugham in "The Decline and Fall of the Detective Story", in: *The Vagrant Mood* (London, 1952), S. 101.

Form der Eingrenzung ist die Verlegung der Handlung in den abgeschlossenen Raum, in ein Flugzeug, ein Eisenbahnabteil, auf eine Insel: Agatha Christie hat diesen Typ des Romans perfektioniert. Solche mechanische Eingrenzung des Ortes hat den Vorteil, daß das Problem unabhängig von störenden realistischen Komplikationen abgehandelt werden kann — nicht umsonst haben Kritiker der Detektiverzählung Wirklichkeitsfremdheit vorgeworfen.

In Verbindung mit der Wahl des Ortes besitzen die Detektiverzählungen zudem einen eigenartig informierenden Charakter. Kaum irgendwo erfährt man über das englische Universitätsleben mehr als in einem Detektivroman, dessen "setting" Oxford oder Cambridge ist. Das Spezialwissen der verschiedenen Autoren entfaltet durch geschickte Ortswahl vor dem Leser ein Panorama von geradezu enzyklopädischer Breite: Dorothy Sayers' *The Nine Tailors* z. B. informiert über die Kunst des Glockenläutens, Michael Innes' Romane belehren über englische Literatur und englische Architektur, die Romane John Buchans über die schottische Landschaft, und Harry Kemelmans Romane vermitteln die Kenntnis jüdischer Sitte und Bräuche.

Die Tatsache, daß die Personen Repräsentanten der Zeit sind, daß die Probleme vom Zeitgeschmack diktiert sind, läßt die Detektiverzählung durch ihre unmittelbare Gegenwartsbezogenheit schnell veralten, läßt sie aber andererseits zu einer Dokumentation des Zeitgeschmacks werden.[36] Dabei ist allerdings nicht zu vergessen, daß es sich kaum um soziologische Analysen handelt, sondern um Wunschvorstellungen, die einer Analyse bedürfen.

3. *"who-how-why"*

Die geheimnisvollen Fälle, die Vielzahl der Mordmethoden und die Methoden der Enträtselung können und sollen hier nicht besprochen werden. Systematisierend kann man jedoch in der Handlung drei Haupttypen erkennen:

a) die Frage nach dem Täter steht im Mittelpunkt (who?)

[36] Ein Gedanke, der schon 1941 von Nicholas Blake im Vorwort zu der englischen Ausgabe von Haycrafts *Art of the Mystery Story* geäußert wurde und den Colin Watson in seinem Buch *Snobbery With Violence* mit zahlreichen Beispielen belegte. Auch der schwedische Sprachforscher F. Behre ging von diesem Gedanken aus, wenn er die Romane Agatha Christies als Grundlagenmaterial linguistischer Analyse nahm.

b) die Frage nach der Tatdurchführung steht im Mittelpunkt (how?)
c) die Frage nach den Tatmotiven steht im Mittelpunkt (why?)

Das Vorherrschen einer dieser Fragestellungen läßt bestimmte Typen der Detektiverzählung entstehen; bei historischer Betrachtung ist eine Entwicklung festzustellen vom Rätseltyp Poe'scher Prägung (der die geistesgeschichtliche Frage des 19. Jahrhunderts nach der Fähigkeit des menschlichen Erkennens in den Mittelpunkt stellte) über die Frage nach der Durchführung der Tat und der Bewältigung des Enträtselns (das dem technischen Interesse der Zeit zwischen 1890 und 1920 entspricht) bis zum Überwiegen der Frage nach den Motiven (die dem psychoanalytischen Interesse des 20. Jahrhunderts entgegenkommt).

4. *Die Detektive*

Detektivromane leben häufig weniger von der von Kritikern immer wieder beschworenen Detektion als von den Figuren der Detektive. In ihnen projizieren sich die Wunschvorstellungen eines Großteils ihres Lesepublikums (und vielleicht auch ihrer Autoren). Sie sind einerseits Idealbilder, haben jedoch andrerseits genügend menschliche Schwächen, um für den Leser erreichbar zu bleiben. Selbst der große Sherlock Holmes ist, wie Watson häufig betont, nicht unfehlbar. Wenn immer wieder erklärt wird, daß im Detektivroman die *Identifizierung* des Lesers mit dem Helden erreicht werden soll[37], so ist doch zu berücksichtigen, daß die meisten Figuren vom Typ des "Great Detective" derart karikierend überzeichnet sind (man denke an Sherlock Holmes, Auguste Dupin, Hercule Poirot oder Lord Peter Wimsey), daß es schwerfallen wird, sich mit derart arroganten und affektierten Gebilden zu identifizieren. Aber alle Arroganz eines Holmes oder Dupin hat seine Beliebtheit nicht vermindert, und die Tatsache, daß die "Great Detective"-Figuren bewußt als irreale Karikaturen gezeichnet sind, hat nicht verhindern können, daß sie für real genommen wurden und bekannter wurden als ihre Schöpfer.

Die Unterteilung der Detektivfiguren bestimmt weitgehend auch den Typ der Detektiverzählung und deren Einzelelemente. Dorothy Sayers

[37] Vgl. dazu Gero von Wilperts Satz aus seiner Definition des Detektivromans *(Sachwörterbuch der Literatur)*: „Mit ihm und seinem Wissen identifiziert sich der Leser, der den D. wegen seines analytischen Aufbaus — die Untersuchung eines Falles — als intellektuelle Denksportaufgabe betrachtet.“

klassifizierte die fiktiven Detektive in "Amateur Detectives or Private Consultants", "The Journalist Detective", "The Police Detective", "The Scientific and Medical Detective", "Specialists", "The Intuitive Detective" und "The Comic Detective" [38], aber solche Unterteilung bringt kaum Nutzen. W. H. Auden unterscheidet in seinem Essay "The Guilty Vicarage" drei Grundtypen, deren Repräsentanten Sherlock Holmes, Inspector Joseph French und Father Brown sind. Wie man die Detektivfiguren auch unterteilen will, am prominentesten ist der Typ, den die englische Kritik "The Great Detective" genannt hat (und diesen Terminus werden wir auch im folgenden verwenden); er muß am Anfang jeder Betrachtung stehen.

a) The Great Detective

Der "Great Detective" ist — von Dupin über Holmes bis zu Poirot und Wimsey — Held der Erzählung von den Taten des großen Einzelgängers, der in einsamer Tätigkeit die Rätsel löst. Manchmal wird eine mehr oder weniger verschleierte adlige Abkunft angedeutet. Er ist der eigentliche moderne Märchenritter, der „Drachentöter des 19. Jahrhunderts“ (H. Singer), exzentrisch, mit überragenden intellektuellen Fähigkeiten; meistens ist er ein Privatdetektiv. Geistesgeschichtlich gesehen ist er ein Produkt der von Carlyle und Emerson gepredigten Heldenverehrung und erscheint — in romantischer Verklärung gezeichnet — als das Musterbeispiel der Perfektibilität der Verstandesfähigkeiten. Er ist der große Einsame, wie ihn u. a. Melville in der Figur des Kapitän Ahab darstellt. Der Leser kann nur bewundernd zu ihm aufschauen; Kommunikation zwischen Leser und Detektiv geschieht fast immer durch eine Watson-Figur, die als eine Art Boswell von den Taten des großen Mannes berichtet. In seiner Tätigkeit ist der "Great Detective" an keine soziale Schicht gebunden, er geht — wie schon Inspector Bucket bei Dickens — bei Hoch und Niedrig ein und aus und stellt seine Ermittlungen an. Niemals käme es dem Leser in den Sinn zu fragen, welche Berechtigung er dazu hat: wir akzeptieren ihn.

Northrop Fryes Definition des Helden der Romanze "if superior in *degree* to other men and to his environment, the hero is the typical hero of *romance*" [39] trifft auf ihn zu. Er ist ein Übermensch, wie schon Symons über Sherlock Holmes sagte:

[38] In ihren *Great Short Stories of Detection, Mystery and Horror.*

[39] Northrop Frye, *Anatomy of Criticism* (New York, 1969), S. 33.

The exploits of Sherlock Holmes fulfilled much the same psychological function for their early readers that those of Superman fulfill today.[40]

Ja, es fehlt nicht an kritischen Stimmen, die in dieser Figur einen Gottesersatz sehen wollen.[41] Es spielt bei diesem Typ keine Rolle, *wie* er seine Fälle löst; er mag der intuitive, der wissenschaftliche oder der medizinische Detektiv sein: immer ist er in seinem Handeln unerreichbar und unbegreifbar für den Leser.

Sieht man die Geschichte der Detektiverzählung als eine Abfolge von Romanen, in denen zuerst nach dem "who", dann nach "how" und dann nach "why" gefragt wird, so ist der Detektiv der Vertreter der "who"- und "how"-Richtung. Die Frage "why?" kann ihn nie interessieren; sie zielt auf ein menschliches Motiv. Dieser Detektiv aber ist kein Mensch, er ist eine "Thinking-Machine". Schon Sherlock Holmes hatte keine Ahnung vom Kopernikanischen System, doch die Kunst der "science of deduction and analysis" beherrschte er perfekt. Diese Detektive lösen ihre Fälle, wie Dupin, Holmes und Prince Zaleski, in reiner Deduktion vom Lehnstuhl aus ("armchair detectives"), sie sind Gehirn mit einigen Beigaben, Exzentrizitäten, die sie für den Leser faßbar machen sollen. Es kommt ihnen nicht unbedingt auf die Wiederherstellung von gesellschaftlichem "law and order" an (deren verwaltende Organe sie ja keinesfalls sind), ihnen geht es um die intellektuelle Herausforderung durch ein Problem, sie sind "detached", nicht involviert ("involved") — ein Aspekt, den schon Fritz Wölcken in seinem Buch *Der Literarische Mord* betonte. Sie übernehmen, wie Holmes, ihre Fälle, weil es ihrem bizarren Geschmack gefällt. Sie sind auch hierin, ähnlich Melvilles Ahab, selbsternannte monomane Erlöserfiguren, die sich über gesellschaftliche Zusammenhänge erhaben fühlen. Recht und Unrecht sind für sie pseudometaphysische Gegebenheiten, und die Frage nach Schuld und Sühne entscheiden sie nach eigenem Gutdünken. Mit dem Element des einsamen Kämpfers und dessen Herausforderung tritt der Duellcharakter der frühen Detektiverzählungen ebenso hervor, wie in der Figur des „großen Verbrechers" (des "master criminal"), dessen Fähigkeiten die Größe des Detektivs nur noch unterstreicht. Die Formel des "Napoleon of Crime versus Wellington of Detection" bildet sich in der Detektiverzählung des 19. Jahrhunderts heraus und läßt sie in der Schablone erstarren.

[40] J. Symons, a. a. O., S. 17.

[41] Vgl. dazu die bei Skreb (in: Zmegac, a. a. O., S. 80 f.) zitierten Stimmen.

b) Der Polizeioffizier

Schon bei Charles Dickens in den Episoden aus dem Leben der Londoner Polizei wird jener Typ des Polizeibeamten als Detektiv vorgeführt, der sich durch seine detektivischen Fähigkeiten und seine Menschlichkeit auszeichnet. Im Gegensatz zum "Great Detective" ist er keine übermenschliche Figur, sondern ein dem Leser sympathischer Durchschnittsmensch. Er macht Fehler, hat aber auch manchmal brillante Einfälle. Bei der Schilderung seiner detektivischen Tätigkeit stehen Routine, Kleinarbeit und auch der Zufall im Mittelpunkt. Entstanden in der zweiten Hälfte des 19. Jahrhunderts, im Zeitalter der "respectability", löst der Polizeioffizier in den 20er Jahren in England den unglaubwürdig gewordenen Typ des "Great Detective" ab. Die berühmtesten Vertreter dieses Typs sind u. a. Freeman Wills Crofts' Inspector Joseph French und Simenons Maigret.

Bei den fiktiven Polizeioffizieren finden sich alle Dienstgrade der Hierarchie von Scotland Yard, und nicht selten kann der Leser in einer Romanserie (im Laufe von Jahren) den Aufstieg des Helden vom Inspector bis zum Chef von Scotland Yard verfolgen: so wird etwa bei Michael Innes' Sir John Appleby das Wirken des Erfolgsprinzips in der Karriere des Detektivs deutlich. Doch zeigt es sich, daß die Grenze zwischen dem realistisch angelegten Typ des Polizeioffiziers und dem "Great Detective" kaum strikt eingehalten werden kann: ein Beweis dafür, daß letztlich alle fiktiven Detektive etwas von den Zügen des "Great Detective" besitzen.

c) Der Detektiv als Wiederhersteller von Recht und Ordnung

In Amerika ist der Typ des Polizeioffiziers als Wiederhersteller von Recht und Ordnung kaum zu finden (wenn auch mehrfach Polizeibeamte und District Attorneys im amerikanischen Detektivroman eine Rolle spielen, so fehlt doch das Pendant zu dem ausgeprägten Typ des Scotland-Yard-Offiziers). Im Bewußtsein um die Korruption der Institutionen übernimmt am Ende der 20er Jahre ein professioneller Privatdetektiv ("Private Eye") die Aufgabe der Verteidigung einer gesellschaftlichen und moralischen Ordnung. Dieser Typ geht auf die Idealkonzeption zurück, die die Pinkertons mit ihrer Agentur propagiert hatten. Das bekannteste Beispiel ist Chandlers Philip Marlowe, der in einer korrupten Welt als Ritter ohne Furcht und Tadel die Armen und Schwachen schützt. Es war Chandlers erklärtes Ziel, seiner korrupten Zeit diese ritterliche Figur entgegenzusetzen:

If there were enough like him, I think the world would be a very safe place to live in, and yet not too dull to be worth living in.[42]

Die Aufklärung eines Falles ist in den "hard-boiled novels" weniger Detektion als Aktion, Aktion gegen eine als korrupt empfundene Gesellschaft. Die Romane verherrlichen die Gestalt und das Rechtsempfinden einer Einzelperson (mit der sich der Leser in seiner politischen und moralischen Überzeugung identifizieren kann). Der Detektiv wird zum Verfechter einer idealisierten Demokratie. Wie leicht er hierbei die Grenze der Selbstgerechtigkeit überschreiten kann, zeigt die Entwicklung dieses Typs von Hammett und Chandler bis zu James Hadley Chase, von der "hard-boiled school" zur "sex-and-crime-novel".

Diese Phantasiefigur des moralisch und gesellschaftskritisch engagierten Private Eye besitzt viele Bezüge zum archetypischen Helden der amerikanischen Western-Literatur[43]; genaue Kenntnis der Umwelt (aus der Prairie wird die Großstadt), Einsamkeit, physische Härte und Geschicklichkeit im Kampf um das Überleben zeichnen ihn aus.

Allerdings birgt die Schematisierung von Gut und Böse in diesen Romanen Gefahren für einen wenig reflektierenden Leser, da der Typ dieses Detektivhelden allzu leicht zu einer Identifizierung einlädt und die Durchsetzung des Rechtes auf eigene Faust eine zweifelhafte Sache ist. Die meisten Helden der „harten" Fernsehserien sind Abkömmlinge dieses Typs, und auch Ian Flemings James Bond (ein erklärtes "blunt instrument of the state") ist letztlich nur ein Nachfahre des ritterlichen Philip Marlowe.

d) Das Team der Polizisten

Schon der "Great Detective" besaß, aus erzähltechnischen Gründen und aufgrund der Erfordernisse der detektivischen Arbeit, einen Helfer, eine Watson-Figur. In den 30er Jahren wird das Verhältnis vom "Great Detective" zu seinem Watson zu einer Zusammenarbeit von Amateurdetektiv und Polizei. So haben die Detektive von Sayers, Allingham und Blake einflußreiche Freunde in der Spitze von Scotland Yard, die

[42] "Simple Art of Murder", in: *Pearls Are A Nuisance* (Harmondsworth, 1964), S. 199.

[43] Vgl. Leslie A. Fiedler, *Love and Death in the American Novel* (New York, 1960), S. 476; und auch Philip Durham in seiner unveröffentlichten Dissertation von 1949 "The Objective Treatment of the 'Hard-Boiled' Hero in American Fiction: A Study in the Frontier Background of Modern American Literature".

sie mit Informationen versorgen, für sie Ermittlungen durchführen und nachsichtig über kleinere Gesetzesübertretungen des Privatdetektivs hinwegsehen, die zwar zur Aufklärung nötig, den Polizeioffizieren aber verboten sind. Häufig ergänzen sich diese Detektive auch im Privatleben, so etwa bei Ellery Queen, Dorothy Sayers und Edmund Crispin. Eine solche Kombination suggeriert eine größere Glaubhaftigkeit: der "Great Detective" arbeitet nicht mehr im gesellschaftlich leeren Raum, der Scotland-Yard-Detektiv erledigt die Kleinarbeit der Ermittlungen, der Privatdetektiv kann sich auf seine Gedankenarbeit konzentrieren und sie in abenteuerlichen Aktionen zum Erfolg führen.

Wenn nach dem Zweiten Weltkrieg in nahezu allen Bereichen des Lebens die Verehrung der großen Einzelpersönlichkeit hinter der Betonung der Team-Arbeit zurücktritt, spiegelt auch hier der Detektivroman die Zeitströmung. Besonders bei den Amerikanern Ed McBain und Robert L. Pike findet sich der neue Realismus, die Beschreibung des Alltagslebens einer Polizeistation. Die Detektion kann ohne Computer, Nachrichtenverbindungen und technische Errungenschaften nicht mehr auskommen. Die Figur des "Great Detective" müßte in der modernen Welt hoffnungslos anachronistisch erscheinen, sie wird abgelöst durch das Team der Detektive. Wie der einzelne Detektiv stehen auch der große besondere Fall und der große Verbrecher nicht mehr im Mittelpunkt, Routinefälle des Alltags lösen die 'cause célèbre' ab.

Diese Form des *roman policier* eignet sich besonders für Serien-Fernsehfilme (auch die Romane McBains wurden zu einer Fernsehserie), die versuchen, durch ihren Dokumentationscharakter die Alltagsarbeit der Polizei zu verherrlichen und ein neues Polizistenideal zu propagieren — ein Gedanke, der (zwar in einem neuen Medium) den Intentionen Charles Dickens' beim Verfassen seiner Anekdoten aus dem Polizeialltag entspricht.

e) Der Durchschnittsmensch als Detektiv

Alle bisher geschilderten Typen von Detektiven betrachten die Aufklärung eines Kriminalfalles als ihre professionelle Aufgabe. Ohne Eigeninitiative wird dagegen der „Durchschnittsmensch als Detektiv" in einen Fall hineingezogen, wenn er selbst (oder eine befreundete Person) in Mordverdacht gerät. So ist dieser „Detektiv" immer "involved", für ihn ist der Fall keine akademische Aufgabe, sondern eine Existenzfrage. Das Hauptproblem des Autors besteht darin, dem Leser zu suggerieren, daß sich der Held keineswegs an die Polizei wenden kann, sondern den Fall ganz alleine lösen muß. Da werden dann — wie in

Buchans *The Thirty-Nine Steps* — ungeheure Geheimnisse beschworen, die der Held keinem anvertrauen kann, oder es wird — wie im modernen Kriminalroman — die Unsicherheit der Welt betont. Anstelle der Lösung des Rätsels, des geheimnisvollen Falles, treten bei modernen Autoren wie Patricia Highsmith und John Bingham immer mehr die Existenzängste des modernen Menschen, der sich weder auf staatliche Institutionen, noch auf den großen Helfer verlassen kann, der allein mit sich und seiner Welt fertigwerden muß. Bei guten Romanen dieser Art, besonders denen von Highsmith und Bingham, läßt sich in Problemen und Technik kaum noch ein Unterschied zwischen Detektivroman und „ernsthaftem" Roman feststellen. Der Detektivroman ist einen langen Weg von der Phantasiefigur des "Great Detective" bis zum Typ des alltäglichen Jedermann gegangen.

Zum Schluß dieser Übersicht der wichtigsten Typen von Detektiven sei das amüsante Buch von Marion Mainwaring, *Murder in Pastiche*[44], empfohlen. In dieser Groteske sind (mit leicht verschlüsselten Namen) Hercule Poirot, Sir John Appleby, Perry Mason, Roderick Alleyn, Nero Wolfe, Maud Silver, Mike Hammer, Ellery Queen und Lord Peter Wimsey auf einem Schiff versammelt, auf dem dann selbstverständlich ein Mord geschieht. Jeder der Detektive versucht auf seine Art, diesen Mord aufzuklären. In der Übersteigerung werden sehr viele Eigenheiten des Detektivromans deutlicher sichtbar als sonst[45], und so gibt dieses Buch einen vorzüglichen Überblick über Methoden und Arbeitsweise der bekanntesten literarischen Detektive.

Es ist eine weitverbreitete Ansicht, daß „Krimis" nur von „schlechten" Autoren geschrieben werden. So schrieb Uwe Nettelbeck in der ZEIT:

> Ich glaube, es ist leichter, ein halbwegs gutes ernsthaftes Buch zu schreiben als einen wirklich guten Krimi zu schreiben, was sich fast immer dann zeigt, wenn ernsthafte Autoren versuchen, einen Krimi zu schreiben: Dabei ist selten etwas herausgekommen.[46]

Dem ersten Teil der Behauptung, daß es ebenso schwer ist, einen Krimi oder einen „echten" Roman zu schreiben, ist nichts hinzuzufügen. C. P. Snow äußerte die gleiche Meinung im Vorwort zu der Neuauflage

[44] Deutsch als *Neun auf einer Fährte* bei Rowohlt.

[45] Vgl. dazu etwa die Romane Carlo Manzonis, Michael und Molly Hardwicks *Private Life of Sherlock Holmes,* die in dem von H. C. Artmann herausgegebenen *Detective Magazine der 13* gesammelten Erzählungen sowie Urs Widmers Theaterstück *Die lange Nacht der Detektive* (1973).

[46] *Die Zeit* (18. November 1966), S. VII.

seines ersten Romans (eines Detektivromans!)[47] — aber ansonsten ist die Meinung symptomatisch für einen großen Teil der deutschen Kritik. Ohne daß wir uns darauf einlassen wollen zu klären, was ein „ernsthafter Autor" ist, kann man dieser Behauptung so viele Gegenbeispiele entgegenhalten, daß dieser Satz Nettelbecks (und damit die Position der Kritik) absurd anmutet.

Dorothy Sayers sah sich 1928 gezwungen, eine Reihe von Kronzeugen für die Literaturfähigkeit des Detektivromans heranzuziehen[48], aber selbst heute ist das Genre noch in einer solchen Defensivstellung, daß es (leider) nötig erscheint, durch eine Aufzählung „ernsthafter Autoren" das Argument zu entkräften.

Man kann mit Edgar Allan Poe beginnen. Selbst Doyle verstand sich nicht als „Krimiautor" — als den man ihn heute sieht —, er schrieb eine Vielzahl anderer Romane, die zu Recht oder Unrecht heute in Deutschland vergessen oder völlig unbekannt sind. Aber er empfand zeitlebens, daß ihn die Sherlock-Holmes-Geschichten nur von seiner eigentlichen Beschäftigung mit der Literatur abhielten. Auch Robert Louis Stevenson schrieb einen Krimi, *The Wrecker.* Baroness Orczys *Scarlet Pimpernel* ist (so viele Schwächen der Roman auch hat) heute noch unvergessen. Darf man sie eine „ernsthafte Autorin" nennen? Immerhin schrieb sie eine Vielzahl von Detektivgeschichten. John Buchan war ein angesehener Autor in England, seine *Thirty-Nine Steps* von 1915 werden noch immer gelesen, sein letzter „ernsthafter" Roman, *Sick Heart River*, ist längst vergessen. A. A. Milne ist durch seine Geschichten von Winnie The Pooh zumindest in die Jugendliteratur des 20. Jahrhunderts eingegangen, auch er schrieb einen Detektivroman, *The Red House*

[47] Vgl. S. 144.

[48] Sie schrieb im Vorwort zu *Great Short Stories of Detection, Mystery and Horror:* "The average detective-novel to-day is extremely well written, and there are few good living writers who have not tried their hand at it one time or another", und fügte in einer Fußnote hinzu: "Among men of letters distinguished in other lines who have turned their attention to the detective-story may be mentioned A. E. W. Mason, Eden Phillpotts, 'Lynn Brock' (whose pseudonym protects the personality of a well-known writer), Somerset Maugham, Rudyard Kipling, A. A. Milne, Father R. Knox, J. D. Beresford. It is owing to the work of such men as these that the detective-novel reaches a much higher artistic level in England than in any other country. At every turn the quality of the writing and the attention to beauty of form and structure betray the hand of the practised novelist." — Über das literarische Selbstverständnis heutiger Detektivromanautoren vgl. die Diskussion im *Times Literary Supplement* (1965), S. 280, 391, 423, 475.

Mystery. Weiterhin C. P. Snow, C. S. Forester, Josephine Tey und der Dichter Cecil Day Lewis (als 'Nicholas Blake'). Graham Greene beschäftigte sich ernsthaft mit dem *thriller,* ebenso wie gleichzeitig Georges Simenon, der (erstaunlicherweise!) allgemein zu den Romanciers und nie zu den „Krimischreibern" gerechnet wird.

In Amerika schrieben in den 30er Jahren Autoren wie James M. Cain *(The Postman Always Rings Twice),* Horace McCoy *(They Shoot Horses, Don't They?),* William Faulkner *(Knight's Gambit),* Dashiell Hammett und Raymond Chandler: ihre Literaturfähigkeit ist längst gesichert. Man könnte die Aufzählung mit Dürrenmatt und anderen beliebig fortsetzen, wollte man wirklich nur Kronzeugen gegen den simplen Satz „gute Autoren können keine Krimis schreiben" anführen. Aber das Problem liegt an einer anderen Stelle.

Zum einen in der deutschen Eigenart, die Literatur erst einmal grundsätzlich in gute und schlechte Literatur einzuteilen und sich in dieser Diskussion — die schnell in die Diskussion um die „Trivialliteratur" einmündet — zu verlieren, ohne zu sehen, daß bestimmte Literatur für bestimmte Leserschichten bestimmte Funktionen erfüllt, die von der Frage: gut oder schlecht nicht im geringsten berührt werden.

Zum anderen: die meisten englischen Detektivromanautoren sind in Deutschland überhaupt nicht bekannt. So wurden in der Diskussion, die die *Stuttgarter Zeitung* 1961 veranstaltete und die als repräsentativ für die Meinung deutscher Kritiker gelten darf, folgende Namen immer wieder genannt: Edgar Wallace, Conan Doyle, Dorothy Sayers, Mickey Spillane, Raymond Chandler, vereinzelt noch Dashiell Hammett und als ältere Autoren einmal Gaboriau und A. K. Green. Edgar Wallace wurde allgemein als Vertreter des „klassischen Detektivromans" angesehen (und das ist er ganz zweifellos nicht!). Diese Misere der literarischen Fehlbeurteilung liegt zum einen in schlechten Übersetzungen begründet, weiterhin wohl in dem Umstand, daß deutsche Kritiker selten englische Detektivromane im Original lesen und sich ihr Urteil leider schnell nach der Lektüre einiger, meist zweitklassiger Romane bilden.

Dieses Buch möchte unter anderem (und deshalb ist ihm ein ausführliches Verzeichnis von Autoren und Werken beigegeben) dem Leser wichtige englische und amerikanische Detektivromane näherbringen, ihn zur Lektüre englischsprachiger Detektivromane ermuntern und ihn auffordern, seine Lektüre mit unseren Ergebnissen kritisch zu vergleichen.

Von nicht zu vernachlässigenden Ausnahmen wie dem französischen

Kriminalroman abgesehen, ist der Detektivroman ein englischsprachiges Genre. Das wirft naturgemäß das Problem der Übersetzung auf. Schon Gottfried Benn sagte in der ersten Strophe seines Gedichts „Was schlimm ist“:

Was schlimm ist
Wenn man kein Englisch kann,
von einem englischen Kriminalroman zu hören,
der nicht ins Deutsche übersetzt ist.[49]

Aber man möchte hinzufügen, daß es ebenso schlimm ist, gute englische Detektivromane in schlechter deutscher Übersetzung zu lesen. Die Verlage legen auf die Übersetzungen anscheinend keinen besonderen Wert, da es ihnen offensichtlich darauf ankommt, einen „Krimi“ möglichst schnell zu produzieren. Und sicher arbeitet auch in diesem Augenblick ein schlechtbezahlter Übersetzer unter Zeitdruck, der sehr häufig idiomatische Wendungen des Englischen nicht beherrscht und sie dann wörtlich wiedergibt oder nicht weiß, wie er den amerikanischen Slang der "hard-boiled novels" adäquat übersetzen soll.[50] So werden denn allzu häufig Nuancen und Sprachschichten unberücksichtigt, und selbst wenn die Übersetzung ohne größere Schnitzer ist, wie holprig und seltsam liest sie sich für den, der mit dem englischen Original vertraut ist. Wir geben als Beispiel den Schluß von Chandlers Roman *The High Window:*

It was night. I went home and put my old house clothes on and set the chessmen out and mixed a drink and played over another Capablanca. It went fifty-nine moves. Beautiful cold remorseless chess, almost creepy in its silent implacability.

When it was done I listened at the open window for a while and smelled the night. Then I carried my glass out to the kitchen and rinsed it and filled

[49] In: *Destillationen. Neue Gedichte* (Wiesbaden, 1953).

[50] Selbst wenn eine angemessene Übersetzung vorhanden ist, bleibt doch ein Problem, daß bei der Lektüre jeder Literatur aus einem anderen Kulturraum oder einer anderen Zeitperiode entsteht: dem Leser fehlen Wissen, Erfahrung und Gefühl für den Hintergrund, um durch Assoziationen zu einem völligen Verständnis zu kommen. So liest sich ein englischer Detektivroman aus der Perspektive der deutschen Mentalität nur unvollkommen, und ohne eingehendes Einfühlungsvermögen in die Atmosphäre von New York oder Los Angeles sind die Romane der "hard-boiled school" kaum zu verstehen. Das Problem tritt verstärkt bei Filmen und Fernsehserien auf, wo der Zuschauer sprachlich in seinem eigenen Kulturraum bleibt, optisch und akustisch jedoch dem anderen Kulturbereich ohne Vermittlung ausgeliefert ist.

it with ice water and stood at the sink sipping it and looking at my face in the mirror.

'You and Capablanca', I said.

Es war Nacht. Ich ging nach Hause und zog meinen alten Hausanzug an und stellte mir die Schachfiguren auf und mischte mir einen Steifen und spielte wieder einmal eine Capablancapartie — fast unheimlich in ihrer schweigenden Unerbittlichkeit.

Als sie zu Ende war, horchte ich eine Weile am offenen Fenster und roch die Nacht. Dann trug ich mein Glas hinaus in die Küche, spülte es aus, füllte es mit Eiswasser, blieb neben dem Wasserhahn stehen, trank es ganz langsam aus und betrachtete dabei im Spiegel mein Gesicht.

‚Du und Capablanca!' sagte ich.

Da deutsche Kritiker und Rezensenten häufig nur mit den deutschen Übersetzungen englischer Romane vertraut sind, sind sie selten in der Lage, die sprachliche Qualität des Originals zu beurteilen, und ihre Kritik ist genaugenommen mehr eine Kritik der Übersetzung als des Werkes. Das Genre scheint durch schlechte Aufmachung zur Minderwertigkeit verdammt.

Die Detektivliteratur ist in Deutschland fast nur in der Form von Taschenbüchern bekannt — ein Umstand, der selbst heute noch von manchen Kritikern als ein Ausdruck des Massenkonsums und daher der Minderwertigkeit betrachtet wird. Nun ist das Taschenbuch eine verhältnismäßig neue Erfindung, die Detektivromane der 20er Jahre sind als Leinenausgaben bei renommierten englischen Verlagen erschienen, und es ist anzumerken, daß heute in England in antiquarischen Angeboten Erstauflagen von Dorothy Sayers (oder sogar von Edgar Wallace) kaum unter einigen Pfund Sterling gehandelt werden.

Man könnte einwenden — wenn man das von manchen Kritikern vorgebrachte Argument, daß eine minderwertige Aufmachung auch einen minderwertigen Inhalt bedingt, weiter aufrechterhalten will —, daß die ersten Detektiverzählungen in Magazinen (also einer wenig reputierlichen Form) veröffentlicht wurden. So erschien *A Study in Scarlet* 1887 in *Beeton's Christmas Annual* und *The Sign of Four* erschien in *Lippincott's Magazine* — für das in der gleichen Nummer kein geringerer als Oscar Wilde *The Picture of Dorian Gray* schrieb: die englischen Magazine des ausgehenden 19. Jahrhunderts sind nicht unbedingt mit den deutschen "Jerry Cotton"-Magazinen zu vergleichen.[51]

[51] Einen Überblick (mit vielen Abbildungen) über den Wandel des Einbandes der Detektivromane geben Tage La Cour und Harald Mogensen in ihrem vorzüglichen *Murder Book* (London, 1971).

Leider haben die Taschenbuchausgaben von Detektivromanen doch meistens zwei schwerwiegende Mängel. Aus Gründen des angestrebten Verkaufserfolges sind sie (wie auch Taschenbuchausgaben anderer Genera) mit Umschlagbildern versehen, die häufig so reißerisch sind, daß sie die Idee von "sex and crime" evozieren. Oder das Umschlagbild zeigt (und das ist vielleicht noch schädlicher für die Lektüre) jenen Schlüssel zur Lösung des Rätsels, der den Leser zwar das Ende voraus- ahnen läßt, ihm aber andererseits ein Lesevergnügen raubt.

Während manche Titelbilder in überzogener Form und unter Beschwörung falscher Erwartungen zur Lektüre anreizen, hat die Detektiverzählung von jeher in ihren Titeln bestimmte Erwartungen geweckt, mit Mitteln, wie sie vielen „einfachen Formen" eigen sind. Das Genre bevorzugt Titel, die ins Auge fallen, die besonders suggestiv sind — und das schon seit Edgar Allan Poe, der den Titel "The Murders in the Rue Trianon Bas" im Manuskript durchstrich und durch das suggestive, alliterierende "Murders in the Rue Morgue" ersetzte. "I have not the slightest doubt that *The Woman in White* is the name of names and the very title of very titles", sagte Charles Dickens über den Romantitel seines Freundes Wilkie Collins.

Detektivromanautoren sind wegen der Vielzahl von Detektivromanen (und da auch sie meistens mehr als einen Roman schreiben) gezwungen, sich immer wieder neue Titel einfallen zu lassen. Zwar werden sie wohl kaum Ed McBain folgen, der seine Romane mit den Lettern des Alphabets beginnen läßt (*A*xe, Cop Hater, *D*oll . . .) und beschlossen hat, keinen Detektivroman mehr zu schreiben, wenn er das Alphabet erschöpft hat. Einfacher haben es jene Autoren, die ihren beim Publikum beliebten Helden schon im Titel erwähnen, wie z. B. Doyle, Chesterton, Simenon und Keating.

Daneben gibt es die zur Formel erstarrten Titel wie *The Adventure of . . ., The Case of . . ., The Murder of . . ., Crime at . . ., Death at . . .*, obgleich solche Titel nicht unbedingt, wie Suerbaum annimmt, nur „auf das Vorliegen einer Variationssequenz"[52] hindeuten müssen — auch Shakespeare benutzte in den Titeln seiner Dramen Formeln wie "The Tragedy of . . .", "The History of . . .", "The Tragical History of . . .".

In der Hand belesener Autoren wird selbst der Titel geschickt in den Roman integriert.[53] Zitate, die zu erkennen es gilt, werden zu Titeln —

[52] Vgl. Zmegac, a. a. O., S. 227. Suerbaum verallgemeinert hier von den Titeln der Romane E. S. Gardners.

[53] Vgl. E. Lämmert, *Bauformen des Erzählens* (Stuttgart, 1968), S. 143 ff.

ein intellektuelles Spiel, das für den englischen Leser gedacht ist: im Deutschen würden die Übersetzungen von *A Tangled Web, Fire, Burn!, Poison in Jest, Dreadful Summit, The Bloody Wood* kaum verständlich wirken. Solche „literarischen Titel" mögen nur als modischer Aufputz erscheinen, aber sie haben häufig genug für den Roman funktionale Bedeutung wie in Agatha Christies *Ten Little Niggers,* wie das Eliot-Zitat in Michael Innes' *The Bloody Wood* und die Zeile aus *Hamlet* in Stanley Ellins *Dreadful Summit.* Wie wir schon an anderer Stelle betont haben, muß man, um die Funktion solcher der Literatur, der Bibel und Kinderreimen entnommenen Titel würdigen zu können, die englischen Romane (nicht deren Übersetzungen) lesen.

Boileau/Narcejac zeigen in dem Kapitel „Autonomie des Detektivromans" ihres Buches *Der Detektivroman,* in dem sie auf das Verhältnis Detektivroman — Film — Fernsehen eingehen, daß „der Detektivroman sich nicht ohne weiteres adaptieren läßt, weil er eine eigene Struktur besitzt" [54]. Während der Film nur zögernd „große Romane" verfilmt, dienen ihm indessen Detektivroman und *thriller* aller Art als Grundmaterial für das Drehbuch. Hierbei zeigt sich, wie Boileau/Narcejac sehr richtig sehen, daß der Film den Detektivroman als einen inferioren Roman ansieht, der nach Gutdünken des Regisseurs verändert werden kann. Alfred Hitchcocks *39 Steps* von 1935 hat mit dem 20 Jahre früher entstandenen Roman von John Buchan kaum noch etwas gemeinsam, und auch die Handlung des Filmes *The Big Sleep* (an dessen Drehbuch William Faulkner mitarbeitete) weicht erheblich von Chandlers Roman ab. Der Film macht mit solchen freien Bearbeitungen selbst vor „berühmten" Romanen nicht halt: Graham Greenes *A Gun For Sale* verliert in der amerikanischen Filmfassung *A Gun For Hire* seine ganze Problematik. Daneben gibt es allerdings Filme, die sich getreu an die Vorlage halten, und so entstehen manchmal Werke — wie Claude Chabrols Verfilmung von Blakes *The Beast Must Die* zeigt —, die sich durchaus mit der Romanvorlage messen können.

Andererseits hat der Film immer wieder Autoren von Detektivromanen als Drehbuchautoren herangezogen, so zum Beispiel Raymond Chandler, der das Drehbuch für James M. Cains Roman *Double Indemnity* schrieb. Graham Greene schrieb zuerst das Drehbuch zu *The Third Man* und veröffentlichte es erst später in Buchform, ebenso hielt es Sebastien Japrisot mit *Weekend im Tresor.*

Aber die obengenannten Beispiele sind keine Detektivromane im

[54] Boileau/Narcejac, a. a. O., S. 197.

strengen Sinne, sie sind eher *thriller* zu nennen. Das auf Aktion und Bewegung begründete Medium Film erkennt sehr schnell, daß der „reine“ Detektivroman, dessen Schwerpunkt auf dem Vorgang der logischen Detektion liegt, vom Filmischen her als Vorlage unbrauchbar ist. Daher werden der englische *thriller* und der amerikanische Detektivroman der “hard-boiled school”, die beide die Aktion betonen, zu idealen Filmvorlagen.[55]

Die 40er Jahre sind die große Zeit des amerikanischen Kriminalfilms, der nicht unbeeinflußt geblieben ist von filmischen Meisterwerken wie Carnés *Quai des Brumes* und *Le Jour Se Lève* (beide mit dem jungen Jean Gabin als “tough guy”, der hier wie ein Vorläufer von Humphrey Bogart wirkt).

Nebel, Dunkelheit, Laternen, einsame Häuser und verlassene Großstadtstraßen — diese „gotischen“ Elemente der viktorianischen Detektiverzählung, der Welt des Sherlock Holmes —, der filmische *thriller* übernimmt sie und perfektioniert die Spannung, die sie evozieren. Das Thema der Filme sind Großstadt und Verbrechen, und Regisseure wie Carné, Lang, Hawks und Huston schaffen aus den Schwarzweiß- und Grautönen des Films unvergessene Kunstwerke, von *M* bis zu *The Maltese Falcon*. Chesterton hatte in seinem Essay “Defence of Detective Stories” angenommen, daß die Detektivgeschichte das Genre sei, das geeignet sei, die Poesie der Großstadt einzufangen. R. L. Stevenson hat das in seinen *New Arabian Nights* versucht, ebenso wie Doyle in seinen Sherlock-Holmes-Geschichten, aber insgesamt gesehen hat sich Chesterton getäuscht: nicht die Detektivgeschichten sind das Epos der Großstadt geworden, sondern Kriminalfilme wie *Scarface* und *Little Caesar*.[56]

Nach Meinung von Boileau/Narcejac ist das Fernsehen besser als der Film zur Wiedergabe der spezifischen Struktur des Detektivromans geeignet:

[55] Die interessante Frage, ob die Form des literarischen *thriller* mit seiner Abfolge von häufig unverbundenen Ereignissen den Film beeinflußt hat, oder ob nicht der Film mit seinen neuen Möglichkeiten neue Formen der Kriminalliteratur hervorgebracht hat, kann hier nicht entschieden werden.

[56] Literatur zum Thema Detektivroman/Film: Enno Patalas, *Stars — Geschichte der Filmidole* (Frankfurt, 1967), bes. die Kapitel „Die Hartgesottenen“ und „Der Verlorene“; Philip Oakes, “The Thriller”, *Sunday Times Magazine* (Oct. 18, 1970), S. 57—63; John Baxter, *The Gangster Film* (London, 1970); Colin McArthur, *Underworld U.S.A.* (London, 1972); Brian Davis, *The Thriller* (London, 1973); Jens Becker, „Gangsterfilm und Série Noire“, in: *Sherlock Holmes & Co.* (München, 1975), S. 94—109.

Das Fernsehspiel kommt der Lektüre am nächsten. Auf Grund des kleinen Bildschirms enthüllt die Kamera langsam, aber unaufhörlich neue Aspekte der Kulisse ...[57]

Aber diese Aussage ist kaum zu halten; das Problem liegt nicht in der großen oder kleinen Leinwand.

Das Fernsehen hat heute das Kino als kulturelle Institution der 30er und 40er Jahre weitgehend ersetzt. Und es befriedigt durch ein reichhaltiges Angebot von „Serien“ die Publikumsnachfrage. Francis Durbridge, mit seinem Detektiv Paul Temple ein konventioneller Autor von Detektivromanen seit den 30er Jahren, ist in Deutschland zu einem Markenzeichen geworden. Und auch *thriller*-Helden der 20er Jahre wie Percy Stuart und Simon Templar kommen, modisch aufgeputzt, nach 40 Jahren wieder zu Ehren. Aber diese Serien haben mit ihren literarischen Vorlagen nur noch den Namen des Helden gemein. Abgesehen von alten amerikanischen Serien, die die Taten des braven Polizisten verherrlichten, feiert ein Typ von degeneriertem "hard-boiled thriller", der dem deutschen Zuschauer als „typisch amerikanisch“ angeboten wird, Triumphe im deutschen Fernsehen. Man gibt sich in diesen Serien betont fortschrittlich: da darf in einer amerikanischen Serie auch ein Neger (oder ein Hawaiianer) einmal Detektiv sein, und auch Jugendliche und Frauen werden zu Detektiven: erschreckende Zeichen dafür, mit welchem Zynismus eine Gesellschaft, die mit Rassenkonflikten, Jugend- und Emanzipationsproblemen nicht fertig wird, die trivialisierte Lösung der Probleme in der beliebten Form des *thriller* als Konsumgut betrachten kann. In dieser Scheinlösung von Problemen, in der zudem die Gewalttätigkeit verherrlicht wird, ist trotz aller diesen Sachverhalt herunterspielenden Aussagen eine Gefahr zu erkennen, und der Psychoanalytiker Horst-Eberhard Richter warnte zu Recht:

... Höchst gefährlich sicher dann, wenn die Medien — wie zumeist — etwa mit den klassischen Krimi- oder Western-Klischees dem Versuch Vorschub leisten, Agressionen als ein Merkmal ausschließlich anderer Gruppen zu erklären ...

Die Rollenverteilung ist in diesen Filmen fast immer eindeutig. Die Schufte sind von vornherein die Schufte, und die Detektive sind anständig. Das fördert die verhängnisvolle Sündenbock-Strategie. Die Zuschauer entspannen sich durch einseitig-blinde, lustvolle Identifizierung. So werden sie nicht zu selbstkritischer Reflexion angeregt; sie müssen sich nicht nur nicht mit ihrer eigenen Aggression auseinandersetzen, sondern werden in der Illusion bestärkt, das Böse sei weit von ihnen entfernt ...[58]

[57] Boileau/Narcejac, a. a. O., S. 174—75.

[58] *Der Spiegel* (29. November, 1971), S. 158.

Es muß betont werden, daß solche Filme nichts mehr mit den Romanen der "hard-boiled school" gemeinsam haben — die Romane Hammetts und Chandlers sind in höchstem Maße sozialkritisch. Diese Serien sind eine Variation des *thriller* und der *sex-and-crime-novel,* die nur noch die Aktion betonen. Mit der eher spielerischen Form des Detektivromans haben sie ebensowenig gemein wie mit einem filmischen Kunstwerk wie *Scarface.*

Groschenhefte, Film und Fernsehen haben den klassischen Detektivroman weitgehend verdrängt. Sie haben seine Thematik, seine Techniken [59] und seine Unterhaltungsfunktion übernommen. Nur selten gelingt neuen Detektivromanautoren der Durchbruch zu Bucherfolgen. Das immer wieder totgesagte Genre fristet ein Schattendasein.

Unser Versuch, in Überblick und Einzelanalyse Geschichte und Form des Detektivromans zu erfassen, ist nicht allein von literarhistorischen und literarkritischen Intentionen bestimmt, sondern dieses Buch möchte gleichzeitig einen Beitrag zu einer Aufwertung des allzuoft mißachteten Genres leisten und darüber hinaus dem Leser neue Anreize zur Lektüre von zu Unrecht vergessenen Detektivromanen geben.

P. G. B.
J. P. B.

[59] Selbst die alte Fiktion des Detektivromans des 19. und frühen 20. Jahrhunderts, daß der Leser bei der Lösung des Falles in einen Wettstreit mit dem Detektiv eintreten könne, wird im Fernsehen erneut behauptet, wie etwa in Jürgen Rolands Sendung „Dem Täter auf der Spur".

Zweites Kapitel

EDGAR ALLAN POE UND DIE DETEKTIVGESCHICHTE

Sieht man die Hauptentwicklungsrichtung der im 19. Jahrhundert aufblühenden Detektivliteratur im Detektiv*roman*, so erscheinen Charles Dickens und Wilkie Collins als die Vorväter der Detektivliteratur. Soll aber in erster Linie die Detektiv*geschichte* (oder besser noch: die "detective short story") betrachtet werden, muß als erster Edgar Allan Poe in das Blickfeld der Analyse treten. Vereinfacht gesehen, kann man den amerikanischen Zweig der Detektivliteratur in der Detektivgeschichte und ihre formalen Muster in der Struktur der Short Story erkennen, die englische Richtung dagegen huldigt vorwiegend dem Roman, und die Detektivliteratur folgt weitgehend den formalen Merkmalen des Romans des 19. Jahrhunderts.

Noch ein weiteres Merkmal unterscheidet die amerikanische und die englische Richtung. Die amerikanische Detektiverzählung kennt seit Poe vornehmlich den Amateurdetektiv und später in der Nachfolge der Pinkertons den "Private Eye", während der englische Detektivroman seit Dickens und Collins oft den beamteten Scotland-Yard-Detektiv bevorzugt.

Alle Kritiker des Detektivromans, so schon der erste, Brander Matthews, bestätigen, daß mit Edgar Allan Poes "The Murders in the Rue Morgue" die "detective short story" im Jahre 1841 in nahezu perfekter Form geschaffen wurde.[1] Poe selbst behält in seinen Detektiverzählungen das Muster der ersten Geschichte bei, und hierin folgen ihm die meisten Autoren bis auf den heutigen Tag. Nur die letzte seiner Detektivgeschichten, "Thou Art the Man", bringt eine Persiflage des von ihm selbst geschaffenen neuen Genres.

Zu den klassischen Detektiverzählungen Poes zählen "The Murders in the Rue Morgue" (1841), "The Mystery of Marie Rogêt" (1842), "The Purloined Letter" (1845), und im weiteren Sinne gehören "The Gold-Bug"[2] (1843) und die Parodie "Thou Art the Man" (1844) dazu.

[1] Brander Matthews, "Poe and the Detective Story", *Scribner's Magazine,* 42 (1907), S. 287 ff. Vgl. auch den Satz von Haycraft: "As the symphony began with Haydn, so did the detective story begin with Poe." Haycraft, *Murder For Pleasure,* S. 6.

[2] Zur Interpretation von "The Gold-Bug" im Rahmen der Detektivgeschichte vgl. den Aufsatz von Jens Peter Becker in: Hans Finger (Hrsg.), *Interpretationen zu Irving, Melville und Poe* (Frankfurt, 1971), bes. S. 59—63.

Der von Poe in den Detektivgeschichten verherrlichte "analytical mind" zieht sich allerdings wie ein roter Faden durch viele seiner Kurzgeschichten, die "tales of ratiocination". Bemerkenswert ist, daß Poe seine Detektivgeschichten in einem verhältnismäßig kurzen Zeitraum schrieb. Wir können feststellen, daß dies die Periode in Poes Leben darstellt, in der man in seinem Werk einen gewissen innerweltlichen Optimismus und Humor finden kann.

Geistesgeschichtlich gesehen steht Poe mit solchen Geschichten in der Tradition des Fortschrittsgedankens des 19. Jahrhunderts, des religiös und wissenschaftlich begründeten Glaubens an die Vervollkommnungsmöglichkeit des menschlichen Geistes. Nicht umsonst wählte Poe für die erste Erzählung ein Motto von Sir Thomas Browne, der im 17. Jahrhundert ein Vertreter der „via media" zwischen Glauben und Wissen war.[3]

Für eine Analyse der Detektivliteratur ist es wichtig, die Gesamtstruktur der ersten Geschichte, "The Murders in the Rue Morgue", aufzuzeigen, da nur durch sie der Geist erkennbar wird, aus dem heraus Poe diese Geschichte schrieb. Ein wesentliches Element, nämlich das Motto und der einführende Essay über den "analytical mind", fehlt in vielen Fassungen der Erzählung. Das Zitat, das aus Brownes *Urn Burial* stammt[4], behauptet die Fähigkeit des menschlichen Geistes, alle Rätsel auflösen zu können, die der menschliche Geist selbst geschaffen hat. Das bedeutet für die Detektiverzählung, daß das listige Verhüllen einer Tat durch den Verbrecher durch die Ingenuität des Detektivs enthüllt werden kann, und das heißt für die Analyse der Detektiverzählung: was im Erzählten versteckt wird, wird auch wieder im Erzählvorgang enthüllt.

In den nachfolgenden allgemeinen Überlegungen verficht Poe die These, daß die Fähigkeit zur Lösung solcher Rätsel im Menschen vervollkommnet werden kann. Zur Illustration dieser Gedanken wird die Geschichte des Detektivs C. Auguste Dupin als Beweis erzählt.[5]

Die erste Detektivgeschichte Poes gliedert sich in Motto, wissenschaft-

[3] Vgl. Paul G. Buchloh, „Entwicklungstendenzen des modernen Detektivromans in England und Amerika", *Blätter für Erwachsenenbildung in Schleswig-Holstein,* Sonderheft Anglistik/Amerikanistik 45/46 (1961), bes. S. 29—31.

[4] Sir Thomas Browne, *Urne-Buriall* in: *The Works of Thomas Browne.* Edited by Geoffrey Keynes (London, 1964[2]), S. 165. Das Motto stand ursprünglich nicht in Poes Manuskript.

[5] Vgl. Paul G. Buchloh, „Edgar Allan Poes 'The Murders in the Rue Morgue'", in: Göller/Hoffmann (Hrsg.), *Die amerikanische Kurzgeschichte* (Düsseldorf, 1972), S. 94—102.

lichen — oder pseudowissenschaftlichen — Essay (der von einem auktorialen Erzähler dargeboten wird) und die Einführung des Detektivs; von hier ab tritt ein anonymer Ich-Erzähler auf. Es folgt die Probe von den Fähigkeiten des Detektivs, der in der Lage ist, scheinbar die Gedanken seines Begleiters lesen zu können, während er in Wirklichkeit nur aus Beobachtung und Wissen um die Fakten kombiniert und deduziert.

In einem weiteren Abschnitt wird durch Zeitungsauszüge der Mordfall dargestellt, der in der Art einer Dokumentation den grausigen Tod zweier einsam lebenden Frauen schildert.[6] Die Pariser Polizei steht vor einem Rätsel. Dupin ist zunächst aus Neugier an dem Fall interessiert, er will sich und seinem Freund beweisen, daß er klüger ist als die beamteten Polizisten. Weiterhin ist er mit dem verdächtigten Bankboten Le Bon befreundet, der als letzter die Damen gesehen hatte, als er ihnen einen größeren Geldbetrag überbrachte. Dupin untersucht noch einmal die Aussagen aller Hausbewohner, und es fällt ihm auf, daß Schreie und Wortfetzen aus dem verschlossenen Zimmer gehört wurden, deren Bedeutung keiner der vor der Tür in Schrecken Verharrenden verstehen konnte. Die erregte Menge bestand aus Franzosen und Angehörigen verschiedener Nationen, und jeder einzelne Zeuge glaubte, die Sprache einer anderen Nation gehört zu haben. (Interessanterweise identifiziert jeder Sprecher die Sprache im Zimmer mit der einer ihm feindlichen Nation.)

Beim gewaltsamen Öffnen des verriegelten Zimmers werden die grausig verstümmelten Leichen gefunden. Dem Zuschauer und dem Leser kommen Gedanken an eine übernatürliche, satanische Macht.

Von der Überlegung her — die nach François Fosca[7] Poes Geschichten charakterisiert — daß, wenn alles Denkunmögliche ausgeschlossen wird, das einzig Denkmögliche auch die Richtigkeit des Tathergangs rekonstruiert, kommt der Detektiv zu dem Schluß, daß das Fenster nicht geschlossen gewesen sein kann.[8] Er findet durch genaue Beobachtung, daß ein Nagel durchgerostet ist, das Fenster zuschlug und sich von selbst wieder verriegelte. Aus der Tatsache, daß jeder der anwesenden Ausländer die Sprache einer anderen Nation zu erkennen glaubte, de-

[6] Das Grauenvolle des Vorgangs wird durch das Stilmittel der Dokumentation ein wenig gemildert. Das Horror-Element, das Poe aus der Literatur der *gothic novels* entlehnt, ist in der Folgezeit dem Detektivroman nicht fremd; man denke an Doyles *The Hound of the Baskervilles* und manche Romane von Edgar Wallace.

[7] Vgl. Boileau/Narcejac, *Der Detektivroman,* S. 43.

[8] Zur Interpretation dieses ersten “locked room puzzle” vgl. Boileau/Narcejac, *Der Detektivroman,* S. 44.

duziert er, daß die Sprache nicht von einem Menschen stammen kann. Er findet außerdem noch Kleinigkeiten, die von der Polizei übersehen wurden. Dies alles verheimlicht der Detektiv dem zuhörenden Erzähler und dadurch auch dem Leser. Für ihn ist der Fall gelöst. Zu dem faktischen Beweis der Richtigkeit seiner Deduktion gibt er eine Zeitungsanzeige auf, die den Schuldigen zu ihm führen soll. Ihr Text wird allerdings dem Erzähler und Leser vorenthalten.

In einer nächsten Episode, die die Spannung der Handlung aufs äußerste steigert, warten Detektiv und Erzähler mit gezogenen Pistolen im Zimmer des Detektivs. Sie nehmen einen spanischen Seemann fest, der gekommen ist, um seinen entlaufenen Orang Utan [9] abzuholen. Mit dieser abenteuerlichen Begebenheit demonstriert der Detektiv die Richtigkeit seiner Überlegungen. Anschließend erklärt er dem Erzähler die Einzelheiten seiner Deduktion und freut sich an seinem Triumph über die berühmte offizielle Polizei.

Die Struktur der Geschichte ist recht einfach:

1. Einstimmendes Motto,
2. Ausführung der Thesen im Essay,
3. Beweis durch die Geschichte von den Fähigkeiten des Detektivs,
4. Schlußfolgerung.

Hier kann man eine Parallele zum Predigtschema (Text, Explikation, Applikation und Koda) erkennen, das, von den puritanischen Predigten des 17. Jahrhunderts ausgehend, über die politische und philosophische Essayistik von Poe für diesen Aufruf zum Glauben an den menschlichen Verstand verwendet wird. Die gesamte Detektivgeschichte erscheint also nach Absicht wie Funktion als eine Demonstration des Fortschrittsglaubens.

Die Detektivgeschichte als Demonstrationsgeschichte gliedert sich in Einführung des Detektivs, Probe von den Fähigkeiten des Detektivs, Darlegung des Falles, Überprüfung des Falles und Kombination des Detektivs, Enthüllung und Erklärung. Alle weiteren Detektivgeschichten folgen in leichten Abwandlungen diesem Grundschema.

Die eigentliche Detektivgeschichte hat viele dramatische Elemente:

[9] Poe mag von einem ähnlichen Vorfall aus der Zeitung erfahren haben (vgl. Una Pope-Hennessy, *Edgar Allan Poe. A Critical Biography* [London, 1934], S. 203), in der Schilderung seines Menschenaffen greift er allerdings weniger auf den von ihm zitierten *Cuvier* als auf eine ähnliche Beschreibung eines Affen in Walter Scotts *Count Robert of Paris* zurück. Vgl. dazu J. R. Moores Aufsatz in *American Literature,* VIII (1936/37), S. 52—58.

Die Struktur entspricht dem Aufbau von Exposition, Krisis, Peripetie und Klimax mit folgender Katharsis, vor allem der Schluß ist eindeutig szenisch dargestellt, Dialoge und Monologe nehmen einen großen Teil der Erzählung ein. Die Monologe entwickeln die Gedanken des Detektivs vor einem dramatischen Publikum. Für die in der Ich-Form erzählten Passagen und dokumentarische Berichte ist starke Zeitraffung charakteristisch. Die Monologe des Detektivs kommen nahe an die Zeitdeckung heran, die dann bei den Dialogen voll erreicht wird. Für eine Erzählung ist schon hier bei Poe die Zeitdeckung prozentual übergroß. In den in Zeitdeckung erzählten Passagen finden sich überdies die wesentlichen Teile der Detektivgeschichte des Verhüllens und Enthüllens.

Schon "The Murders in the Rue Morgue", die erste aller Detektiverzählungen, enthält eine Vielzahl von Grundelementen, die in der späteren Detektivliteratur wiederkehren werden: [10]

1. Der suggestive Titel — Poe hatte den Titel, der im Manuskript noch "The Murders in the Rue Trianon Bas" hieß, in das suggestivere "The Murders in the Rue Morgue" geändert.
2. Das zentrale Thema der Geschichte ist ein Mord.
3. Das Geheimnisvolle, Übernatürliche wird rational erklärt.
4. Die Polizei erweist sich als dem Fall nicht gewachsen: ein Motiv, das wir in fast allen Detektivromanen, die einen Privatdetektiv zum Helden haben, wiederfinden.
5. Interesse des Detektivs am Fall, nur um seine intellektuellen Fähigkeiten zu beweisen ("detachment"); andererseits ist er in diesem Fall persönlich involviert. Ein wichtiger Punkt für alle späteren Romane: wie kommt der Privatdetektiv überhaupt dazu, den Fall zu übernehmen.
6. Das Geheimnis des verschlossenen Raumes ("the locked room puzzle").
7. Suggestion durch sprechende Namen. Le Bon (= der Gute) kann nicht der Täter sein.
8. Der am meisten Verdächtige (hier Le Bon) ist nicht der Täter. In späteren Detektivromanen kommt allerdings die Forderung hinzu, daß der wirkliche Täter nicht (wie hier) als *deus ex machina* erscheinen darf, sondern von Anfang an im Roman vorhanden sein muß.
9. "Red herring" (= Fehlspur). Das angenommene Raubmordmotiv erweist sich als falsch.
10. "Calculated approach": vor der Tür des Mordzimmers sind Angehörige aller Nationen versammelt, so wie in späteren Romanen eine Vielzahl von

[10] Ein ähnliches Schema findet sich bei Robert A. W. Lowndes', "The Contributions of Edgar Allan Poe", in: Francis Nevins (ed.), *The Mystery Writer's Art*, S. 1—18.

scheinbar nicht zusammengehörenden Personen am Tatort versammelt wird.

11. Die Benutzung von Dokumenten (hier Tageszeitungen).
12. Diskrepanz zwischen Deduktion und Handlung. Während die Deduktion des Detektivs ein Tribut an die Logik ist, ist die Handlung schaurigstes Melodrama; ein Motiv, das wir überall, u. a. bei Conan Doyle, wiederfinden.
13. *Denouément*- oder Aufklärungsszene (1. Enthüllung, 2. Erklärung).

Damit der menschliche Geist und sein Prototyp, der Detektiv, gebührend bewundert wird, nimmt ein Erzähler die Reaktion des Lesers suggerierend vorweg. Bei Poe ist dieser Erzähler noch anonym, später nimmt er mit der Figur des Dr. Watson bei Doyle für alle Zukunft feste Gestalt an. Diese Erzählerfigur übernimmt für den Leser noch eine zweite Funktion. Sie verringert den Abstand zwischen Detektiv und Leser, denn der Leser wird durch die „Dummheit" des Erzählers in seinem Selbstbewußtsein gestärkt, wenn er einen Moment eher als der Erzähler zu den Ergebnissen kommt, die auch der Detektiv erreicht.[11]

Nicht nur die oben gezeigte Vielfalt von Motiven und die Watson-Figur des Erzählers üben eine Wirkung auf die Detektiverzählung nach Poe aus. Auch die Figur des "Great Detective", jener wesentliche Bestandteil des Detektivromans, ist bei Poe schon angelegt. Vor allem amerikanische Kritiker haben — wahrscheinlich aus einem gewissen Nationalstolz — darauf hingewiesen, daß Sherlock Holmes eigentlich nur eine Imitation von Auguste Dupin sei. Schon Dupin ist der Typ des "armchair detective" — er löst Fälle (wie später Holmes) durch seine Detektion, ohne sich aus der Wohnung zu bewegen. Beide Detektive haben aristokratische Züge, Dupin besitzt einen Adelstitel, und Holmes wird uns derart aristokratisch geschildert, daß es uns keinen Augenblick lang erstaunen würde, hätte ihn sein Autor als einen Lord ausgegeben. Beide besitzen eine überragende Intelligenz, beide sind Exzentriker. Dupin lebt tagsüber im Dunkeln und raucht seine Meerschaumpfeife, Holmes raucht Opium und spielt auf seiner Violine: ihre Exzentrizität schlägt sich in der Schilderung ihrer Wohnungseinrichtung nieder. Beide repräsentieren sie mit solchen Zügen Relikte der Romantik, die in seltsamem Gegensatz zu ihrem so oft beschworenen analytischen Geist stehen. Poe spricht deshalb auch von der "bi-part soul" Dupins, Doyle von der "dual nature" des Holmes.

[11] Vgl. Brander Matthews, "Poe and the Detective Story", zitiert nach Eric Carlson, *The Recognition of Edgar Allan Poe* (Ann Arbor, 1966), S. 89—90. Vgl. auch S. 64 f. dieses Buches.

Eines ist beiden Detektiven als Typ gemeinsam, sie sind Projektionen der geheimen Wünsche des Durchschnittslesers ihrer Epoche, sie bieten gewisse Möglichkeiten zur Identifikation und dadurch zu einer Ersatzbefriedigung.

Betrachtete man Zielrichtung und Struktur der ersten Detektivgeschichte von Poe, so ließe sich leicht eine Art innerweltlicher Predigt von der Vervollkommnungsfähigkeit des Menschen erkennen. Hierzu kommen die anderen Elemente, wie das Horror-Element der grausigen Morde, das aus der *gothic novel* stammt, das Element der Spurensuche, das über Leggetts "The Rifle" (1829) direkt der frühen Westernliteratur entnommen ist, dem modernen Ritterroman, dessen Märchenprinz Dupin ist, und den „Tatsachenberichten", die von Vidocq entlehnt sind;[12] aber all das ist nur Beiwerk. Direktes Vorbild sind Kryptogramme und Erzählungen des 18. Jahrhunderts, wie Chevalier de Maillys *Le Voyage et les Aventures des Trois Princes de Serendip* (1719) und Voltaires Kapitel «Le Chien et le Cheval» aus *Zadig* (1750).

Der Aufklärung und dem innerweltlichen Optimismus des 18. Jahrhunderts entstammt auch die Methode der Detektion, die später bei Sherlock Holmes "science of deduction" heißen wird. Es ist das schon erwähnte Prinzip, daß wenn alles Denkunmögliche ausgeschlossen wird, ein einziges Denkmögliches übrigbleibt und dieses einzig Denkmögliche auch das einzig Wahre und Faktenrichtige ist.

Dieser Schluß, der für ein Kreuzworträtsel oder ein Kryptogramm stimmen mag, ist hier auf die Wirklichkeit des Lebens übertragen. Die Behauptung kann nur durch sehr starke Erzählsuggestion verifiziert werden. Dies geschieht bei Poe, wie erwähnt, durch das Heranziehen von Dokumenten und durch die suggestive Sprechweise von Erzähler und Detektiv. Die Realitätssuggestion zieht sich von Poe an als wesentliches Erzählelement mit den verschiedensten Stilmitteln durch die gesamte Detektivliteratur, so u. a. durch den erzähltechnischen Kunstgriff der Ablehnung der Fiktion innerhalb der Fiktion, die aus dem phantastischen Reisebericht entlehnt scheint. Poes Detektivgeschichte ist die Zusammenfassung einer Vielzahl thematischer, formaler und geistesgeschichtlicher Elemente, die geschickt zu einem neuen Ganzen verbunden sind.

In dem von Poe erhobenen Anspruch, daß der Mensch fähig sei, alle Rätsel zu lösen, wie es der Detektivheld demonstriert, liegt eine der Faszinationen der Detektivliteratur. Von hierher ist auch der Anspruch

[12] Neben den Memoiren von Vidocq, die Poe gekannt hat, können die englischen *Newgate Novels* einen Einfluß auf Poe gehabt haben.

zu verstehen, den der Autor suggeriert und der vom Leser bereitwillig übernommen wird, daß der Leser in Rivalität mit dem Detektiv das Rätsel lösen könne. Nur so werden auch die immer wieder behaupteten Regeln der Detektiverzählung verständlich, daß der Autor mit seinem Leser ein "fair play" betreiben müsse, d. h., daß dem Leser keine wichtigen Schlüssel ("clues") vorenthalten werden dürfen, daß der Leser die gleichen Chancen haben müsse wie der fiktive Detektiv. Poe selbst hat allerdings schon frühzeitig erkannt, welche gefährlichen Fallstricke in seiner suggestiven Erzählweise stecken, die dem Leser die Perfektion des Menschen vorgaukeln. Er weiß genau, daß er den Detektiv nur das entdecken läßt, was er als Autor vorher in der Erzählung versteckt hat:

> ... you are right about the hair-splitting of my French friend: — that is all done for effect. These tales of ratiocination ... owe most of their popularity to being something in a new key. I do not mean to say that they are not ingenious — but people think them more ingenious than they are — on account of their method and *air* of method. In the "Murders in the Rue Morgue", for instance, where is the ingenuity of unravelling a web which you yourself (the author) have woven for the express purpose of unravelling? The reader is made to confound the ingenuity of the supposititious Dupin with that of the writer of the story.[13]

Hinzu kommt die theoretische Aussage über die Struktur der Kurzgeschichte, daß diese vom Effekt her geschrieben sei und jedes Wort auf das vorgefaßte Ende hin angelegt wurde.[14]

Poe selbst verfiel seiner eigenen Erzählsuggestion, wenn er in seiner zweiten Geschichte, "The Mystery of Marie Rogêt", glaubte, einen realen und aktuellen Mordfall lösen zu können, an dem die Polizei gescheitert war. Hier scheiterte er, wie nach ihm Sir Arthur Conan Doyle, der auch versuchte, sich in das Detektivgeschäft des Alltags einzumischen. Während das Thema der ersten Dupin-Erzählung, wie Poe in einem Brief an den Herausgeber der Bostoner Zeitschrift *Notion* sagte, "the exercise of ingenuity in the deduction of a murderer"[15] war, versuchte er sich jetzt an etwas, das er als völlig neu in der Literatur empfand. Er stellte einen realen Mordfall, der sich 1841 in New York ereignet hatte, in einer Geschichte dar, die in Paris spielend nur kaum die Realität verhüllte (wir würden heute von „Schlüsselroman"

[13] Brief an Philip Pendleton Cooke vom 9. August 1846.

[14] Vgl. auch Poes Überlegungen zu Dickens' Kriminalroman *Barnaby Rudge* und die nach einem Brief von Dickens darauffolgenden dichtungstheoretischen Überlegungen, die unter dem Titel "The Philosophy of Composition" veröffentlicht wurden.

[15] Zitiert bei John Walsh, *Poe the Detective* (New Brunswick, 1968), S. 46.

sprechen). Einerseits versuchte er mit dieser Erzählung in einer Zeit, in der er sich in chronischen Geldnöten befand, die Sensationsgier des Publikums auszunützen. Auf der anderen Seite fühlte er sich, der er doch behauptet hatte, jedes Kryptogramm und jedes Rätsel lösen zu können, herausgefordert, diesen Fall aufzuklären.

Von der Geschichte sind verschiedene Fassungen vorhanden. Dadurch, daß Poe erst sehr spät einen Verleger fand, der sie drucken wollte, war er gezwungen, Änderungen vorzunehmen, die erkennen lassen, daß er versuchte, den später bekanntgewordenen Fakten der Realität in seiner Voraussage gerecht zu werden. Die Parallelität zur Wirklichkeit wird für spätere Zeiten deutlich gemacht, wenn in weiteren Ausgaben der Geschichte in Fußnoten die verschlüsselten Namen aufgeklärt werden.

Poe bezeichnet die Geschichte von Marie Rogêt oder Mary Rogers ausdrücklich als "sequel", als Fortsetzung der Geschichte von den Morden in der Rue Morgue, und so wird Dupin zum ersten einer langen Reihe von Serienhelden der Detektivliteratur.

Obwohl sich das Schema des Aufbaus auch hier bewährt, kann eine überzeugende Enthüllung des wahren Täters ebensowenig erfolgen wie die folgende Erklärung; man muß dennoch bewundern, wie nahe Poe einer plausiblen Erklärung gekommen ist.[16]

Schon zeitgenössische Kritiker haben versucht, Poe nachzuweisen, daß er die Wahrheit nicht getroffen habe. Trotzdem ist dieser mißglückte Versuch von vielen Detektivromanautoren in Einzelheiten der technischen Tricks und Erzähltricks ausgebeutet worden. Das Motto der Geschichte zeigt, daß Poe bei dem Versuch, Elemente der Fiktion auf die Wirklichkeit zu übertragen, beim ältesten Problem aller künstlerischen Darstellung angelangt ist, nämlich dem Verhältnis von künstlerischer Darstellung und Wirklichkeit. Aber auch hier hat der Scheinanalytiker Poe sein Scheitern nicht durchschaut, sondern er versucht, es durch das Motto — das interessanterweise von dem deutschen Romantiker Novalis stammt — von vorneherein zu entschuldigen:

> Es gibt eine Reihe idealischer Begebenheiten, die der Wirklichkeit parallel läuft. Selten fallen sie zusammen. Menschen und zufälle modificiren gewohnlich die idealische Begebenheit, so dass sie unvollkommen erscheint, und ihre Folgen gleichfalls unvollkommen sind ...

[16] Zur Diskussion von Poes Beitrag zum Mary-Rogers-Fall vgl. W. K. Wimsatt, "Poe and the Mystery of Mary Rogers", *Publications of the Modern Language Association* (März 1941), und das Buch von John Walsh, *Poe The Detective. The Curious Circumstances Behind 'The Mystery of Marie Rogêt'* (New Brunswick, 1968).

Die Detektivgeschichte Poes, die dem später von Dorothy Sayers aufgestellten Ideal, d. h. der "balanced detective story"[17] oder "pure detective story" am ehesten entspricht, ist "The Purloined Letter" von 1845.[18] Hier sind die Elemente des Rätsels und der Darstellung am besten ausgewogen. Auch geht Poe hier vom Mord als Thema der Erzählung ab, Dupin stellt seine Fähigkeiten in den Dienst des Staates. Er findet den entwendeten Liebesbrief einer hochgestellten Persönlichkeit wieder, der zu politischen Erpressungszwecken benutzt worden ist. Wie das Motiv sind auch Ton und Atmosphäre mit leichterer Hand dargeboten, wenngleich für die Analyse der Detektivliteratur und die gedanklichen Voraussetzungen des Erzählens diese Geschichte vielleicht bessere Aufschlüsse bietet als die vorangegangenen.

Der Detektiv Dupin ist hier nicht mehr der geniale Außenseiter der Gesellschaft, sondern er hat sich in der Zwischenzeit integriert. Seine Detektivmethode folgt einer alten Weisheit, daß man etwas Verstecktes dort suchen müsse, wo es am offensichtlichsten zu finden sei. Und Dupin findet folgerichtig den gestohlenen Brief unter anderen Briefschaften auf dem Tisch seines Gegenspielers. Alles Brutale, Geheimnisvolle und Dunkle der früheren Geschichten wird hier zu Intrigen der vornehmen Gesellschaft umgewandelt: der geheimnisvolle Dupin ist zum Salonlöwen geworden. Das Motiv „des offenen Versteckens" findet sich ebenso in vielen weiteren Detektiverzählungen[19] wie auch das Motiv, daß der Detektiv ein liebenswertes Mitglied der oberen Zehntausend ist, der hilft, das ungestörte vornehme Zusammenleben zu erhalten bzw. wiederherzustellen (so bei Dorothy Sayers).

Wesentlicher aber ist, daß die Grundlegung der Detektivliteratur, daß nämlich der große Detektiv und der große Verbrecher zumindest seelenverwandt sind, hier von Poe angedeutet wird. Dupin erkennt, daß der geheimnisvolle Monsieur D, der den Brief gestohlen hat, er selbst sein könne.[20]

In dieser Geschichte benutzt Dupin die analytische Kraft zur Verhinderung ("prevention") eines Verbrechens, die "detection" tritt da-

[17] Vgl. auch Haycraft, *Murder For Pleasure,* S. 11.

[18] Die Erzählung wurde 1845 in der amerikanischen Zeitschrift *The Gift* abgedruckt, eine stark verkürzte Form erschien 1844 in *Chamber's Edinburgh Journal.*

[19] So z. B. in Chestertons Erzählung "The Sign of the Broken Sword".

[20] Poe mag hier, wie Howard Haycraft zeigt, mit dem Namen Dupin und der Erwähnung der "bi-part soul" auf ein französisches Brüderpaar angespielt haben, von denen der eine Politiker, der andere Künstler war. Vgl. Haycraft, *Murder for Pleasure,* S. 22 ff.

gegen zurück. Hierdurch bekommt die Handlung ein größeres Gewicht.

Erscheint "The Purloined Letter" als Prototyp für die humorvolle und spannende Detektivgeschichte als Gesellschaftskomödie, so wird hieraus beißende Satire in der Parodie auf die Detektivgeschichte "Thou Art the Man" (1844). Alle Elemente, die Poe bisher verwendet hatte, werden übersteigert oder in ihr Gegenteil verkehrt.

Diese Parodie auf die Detektivgeschichte, die in Amerika spielt (alle anderen Detektivgeschichten waren in Frankreich angesiedelt), zeigt neben der Satire auf die Detektiverzählung auch eine Satire auf amerikanische gesellschaftliche Verhältnisse und amerikanische Wert- und Leitvorstellungen. Old Charly Goodfellow, der beliebte Durchschnittsamerikaner, der sich als der Repräsentant des "American Way of Life" und als guter Nachbar aufgespielt hatte, wird als raffgieriger Mörder und Erbschleicher durch einen melodramatischen Trick in der Enthüllungsszene entlarvt. Der anonyme Ich-Erzähler hat durch Kenntnis der Ballistik und der Fähigkeit der Spurensuche den halbverrotteten Leichnam entdeckt und läßt ihn wie einen *deus ex machina* beim Öffnen einer Weinkiste erscheinen, während er mit Bauchrednerstimme Charly Goodfellow die Worte ins Gesicht schleudert: "Thou Art the Man." Nach dem Muster einer primitiven poetischen Gerechtigkeit und im Sinne des puritanischen Sündenbekenntnisses gesteht der Mörder seine Tat und fällt tot um. Die "detection" wird zur Groteske, das Grauenvolle zum Makabren.

Anläßlich der Feier des 100. Geburtstages von Edgar Allan Poe sagte Sir Arthur Conan Doyle, der selbst nie verleugnete, wieviel er Poe verdankte:

> ... For those tales have been so pregnant with suggestion, so stimulating to the minds of others, that it may be said of many of them that each is a root from which a whole literature has developed ...[21]

Und darin stimmt die größte Zahl der Historiker der Detektiverzählung — die allzu begierig sind, Poes Werk nur unter dem Blickwinkel der Detektivgeschichte zu sehen — mit ihm überein. So entdeckt die Engländerin A. E. Murch in den fünf Detektivgeschichten Poes die Grundlagen der verschiedenen Typen der "detective story".[22] "The Murders in the Rue Morgue" ist für sie "the typical tale of sensational

[21] Arthur Conan Doyle in *The Times* (March 2, 1909), auch zitiert bei A. E. Murch, a. a. O., S. 83.

[22] Murch, a. a. O., S. 77.

crime", "The Mystery of Marie Rogêt" ist "an intellectual *tour de force* in which the detective ... solves the problem purely by inductive reasoning". In "The Purloined Letter" sieht Murch sogar die Grundlagen des Spionageromans, während "The Gold-Bug" ein Vorläufer all jener Detektivromane ist, in deren Handlung — wie z. B. bei Dorothy Sayers' *Have his Carcase* — die Lösung eines Kryptogramms integriert ist.

Man hat die Detektivgeschichte immer wieder totgesagt, was Edmund Crispin zu der Bemerkung veranlaßte:

> ... although I possess no actual record of the fact, it seems to me very probable that with the ink still wet on the manuscript of *The Murders in the Rue Morgue,* well-wishers were already advising Edgar Allan Poe to drop all that kind of rubbish and go into some business which had a future to it.[23]

Die Zeitgenossen haben Poe ein höfliches Interesse entgegengebracht, ein finanzieller Erfolg ist ihm versagt geblieben. Hätte man ihn schon zu Lebzeiten so hochgeschätzt, wie wir es heute tun, und hätte er an der Unzahl von Editionen und Neuauflagen partizipieren können, so wäre er sicherlich ebenso reich gewesen wie Edgar Wallace, und wir brauchten nicht das traurige und ironische Faktum anzumerken, daß der „Vater der Detektivgeschichte" arm und krank in der Gosse gestorben ist.[24]

P. G. B.

Literaturbericht

Schon sehr früh erkannten Literaturwissenschaftler, daß einige von Poes "tales of ratiocination" möglicherweise eine völlig neue Form bedeuteten, und brachten ihn mit der noch nicht sehr entwickelten Detektivliteratur in Verbindung, so Brander Matthews im Jahre 1907. Und bereits 1909 bezeichnete ein Artikel der *Berliner Morgenpost* Poe als den „Vater der Detektivgeschichte".

Vor dem Ersten Weltkrieg wurden in Heidelberg sogar schon Untersuchungen zu Poe und Doyle angestellt, aus denen heraus die Dissertation von Friedrich Depken, *Sherlock Holmes, Raffles und ihre Vorbilder* (Heidelberg, 1914) entstand. Depkens Arbeit hat auch heute noch nichts von ihrer Bedeutung verloren, er ist einer der ersten (und wenigen), die genau die *Struktur* der Detektiverzählung untersucht haben. Joseph Wood Krutch hat in seinem Buch *Edgar Allan Poe: A Study in Genius* (New York, 1926) die faszinierende

[23] Edmund Crispin in der Vorrede zu *Best Detective Stories* (London, 1959).

[24] Vgl. auch die Kurzgeschichte von John Dickson Carr "The Gentleman From Paris" in Edmund Crispin (ed.), *Best Detective Stories.*

These geäußert, daß Poe seine Detektivgeschichten nur geschrieben habe, um in ihrer Welt der scheinbaren Logik einen geistigen Rückhalt zu finden, um nicht wahnsinnig zu werden.

Die Detektivromanautoren, die wie Dorothy Sayers (1928) eine kurze Geschichte des Genres schrieben, betrachteten Poe schnell als einen der ihren. Und auch bei späteren Historikern der Detektivliteratur wie Régis Messac (1929), Howard Haycraft (1942) und A. E. Murch (1958) überwiegt die positivistische und kritiklose Betrachtung der „Detektivgeschichten" Poes. Das will nicht heißen, daß diese Kapitel der Bücher nicht lesenswert sind. Sie sind überreich an *background*-Information, bieten aber wenig kritische Würdigung. Sie seien zur Lektüre empfohlen, man lese aber im Kontrast dazu auch das Kapitel über Poe bei Boileau/Narcejac, *Der Detektivroman* (Neuwied, 1967), Kuno Schuhmann, *Die erzählende Prosa Edgar Allan Poes* (Heidelberg, 1958), bes. Kapitel 3: „Essay und Detektivgeschichte", und Franz H. Link, *Edgar Allan Poe* (Frankfurt, 1968), bes. S. 304—313.

Nachtrag 1977: Dem Literaturbericht über Poe ist wenig hinzuzufügen. Mittlerweile ist sein Gesamtwerk dem deutschen Leser in der Übersetzung von Schmidt und Wollschläger auch in einer Taschenbuchausgabe zugänglich. Interessant für das Thema Poe sind vielleicht noch jene Arbeiten, die sich mit Poes Verhältnis zur Wissenschaft beschäftigen: Walter Reimers, „Die Funktion des analytischen Verstandes in Edgar Allan Poes Kurzprosa" (Dissertation, Kiel, 1971) und Harold Beaver, Vorwort zu: *The Science Fiction of Edgar Allan Poe* (Harmondsworth, 1976), S. vii—xxi. Der wichtigste neuere Beitrag zum Thema von Poes Erzählungen als Prototyp der Detektivgeschichte stammt (wenn man die grundlegenden Äußerungen des Autors zur "formula story" akzeptiert) von John G. Cawelti, vgl. dazu sein Buch *Adventure, Mystery and Romance* (Chicago, 1976). Die oben im Text erwähnte Dissertation von F. Depken ist durch einen Teilabdruck in Buchloh/Becker, *Der Detektiverzählung auf der Spur*, einem größeren Publikum zugänglich.

Drittes Kapitel

DER VIKTORIANISCHE DETEKTIVROMAN: DICKENS UND COLLINS

Das erste Auftreten von literarischen Detektiven in England geschieht noch nicht im Rahmen des vollentwickelten Detektivromans, wie wir ihn um 1860 bei Wilkie Collins finden, sondern bei Charles Dickens in der Form des Berichts von der Arbeit der Londoner "Detective Police". Diese Geschichten ähneln jedoch dem englischen *roman policier* mehr als die Detektivkurzgeschichten Edgar Allan Poes.

Charles Dickens verfaßte in seiner Zeitschrift *Household Words* für ein bürgerliches Leserpublikum[1] zunächst den Artikel "The Detective Police" (1850). Und er wandte sich an das gleiche Publikum mit Geschichten wie "Three Detective Anecdotes" (1850), "On Duty with Inspector Field" (1851) und "Down With the Tide" (1853). Auch *Hunted Down* (1859) kann zu dieser Gruppe gerechnet werden. Elemente des Detektivromans enthalten Dickens' Romane *Barnaby Rudge, Bleak House* (1852) sowie das Romanfragment *The Mystery of Edwin Drood* (1870), das viele Dickens-Kritiker und Detektivromanautoren verführt hat, in detektivischer Manier den Romanschluß zu finden und den Täter zu ermitteln — ähnlich wie Poe nach den ersten Lieferungen von *Barnaby Rudge* den Schluß des Romans voraussagte.[2]

Dickens verfolgte mit seiner Darstellung der Detektive zwei Ziele. Erstens wollte er die damals neu aufgestellte uniformierte Polizei (Dickens spricht von "Preventive Police") und die Geheimpolizei ("Detective Police") — die beide als angebliche irische Spionageorganisationen mit Mißtrauen angesehen wurden — seinem bürgerlichen Publikum nahebringen. Zum anderen wollte er die wilden Abenteuergeschichten, die über die "Bow Street Runners" (die Vorläufer der englischen Polizei) im Umlauf waren, als Phantastereien erweisen. Beide Zielsetzungen treffen sich in thematischen und formalen Elementen der Dickenschen „Detektivgeschichten". Sein Anliegen ist es, dem Bürger

[1] Vgl. das Kapitel "The Disintegration of the Reading Public" bei Q. D. Leavis, *Fiction and the Reading Public* (London, 1965).

[2] Vgl. Poes Rezension von *Barnaby Rudge* in *The Saturday Evening Post* (May 1, 1841) und *Graham's Magazine* (Febr. 1842).

zu zeigen, daß auch die Polizei und besonders die "plain clothes men" durchaus dem viktorianischen Ideal der "respectability" entsprechen und daß Polizei und Geheimpolizei zum Schutz des Bürgers eingesetzt wurden.[3]

Gegenüber den exzeptionellen Fällen in den Kurzgeschichten Poes werden bei Dickens alltägliche Fälle geschildert, die in einer Alltagsatmosphäre von detailliert beschriebener Realität stattfinden.

Der Detektiv ist kein blasser literarischer Typ, sondern ein Charakter, wenn auch in Dickenscher Manier durch „suggestive Details" besondere Einzelzüge des Äußeren wie eines charakteristischen Handelns und Verhaltens hervorgehoben werden. Solche Züge prägen einen großen Teil der folgenden englischen Detektivromane mit beamteten Scotland-Yard-Detektiven, die alle als Alltagsmenschen sympathisch geschildert werden und die den Schutz des Bürgers garantieren. Sie sind die beauftragten Schutzengel einer bürgerlichen, heilen Gesellschaft. Das Element der außerordentlichen Fähigkeiten und der Exzentrizität des Detektivs tritt demgegenüber zurück. Die Fähigkeiten dieser Detektive sind in harter Arbeit durch Erfahrung erworben.

In "The Detective Police"[4] berichtet Dickens über die Arbeit der Londoner Geheimpolizei. Die Namen der Detektive, die hier vorkommen, sind nur knapp verschlüsselt; so wird "Inspector Wield", der auch in "Three Detective Anecdotes" (und unter dem Namen "Bucket" in *Bleak House*) wieder auftaucht, in "On Duty with Inspector Field" mit seinem richtigen Namen benannt. Der pensionierte Detektivoffizier Field war für Dickens ein Führer bei seinen Studien der Londoner Unterwelt im East End und an den Themseufern. Dickens hat ihn — wenn man der *Daily News* vom 24. Januar 1854 glauben darf —

[3] Die ursprüngliche Furcht des englischen Bürgers, die Dickens hier bekämpft, wird noch in den *Recollections of a Detective Police Officer* von "Waters" (London, 1856) deutlich, wenn der Verfasser schreibt, daß von den meisten Engländern der Aufbau des Detektivsystems mit großer Besorgnis angesehen wird, und es tatsächlich den Gewohnheiten der britischen Natur vollkommen fremd ist.

[4] Aus dieser Zeit stammt auch das Wort "detective", das nach Auskunft des *New English Dictionary* 1843 in *Chamber's Journal* zum ersten Mal schriftlich belegt ist: "Intelligent men have been recently selected to form a body called the 'detective police' . . . at times the detective policeman attires himself in the dress of ordinary individuals." Das Wort "detective" wird aber zuerst noch nicht als Substantiv verwendet, vgl. die Worte des Inspector Bucket in *Bleak House* (Kap. 24): "I am an Officer of the Detective" (zu ergänzen ist "Police").

mit einem Scheck über 300 Pfund aber auch nobel für diese Beratertätigkeit entlohnt.[5]

Man könnte in diesen Geschichten das erste Auftreten eines englischen Seriendetektivs sehen, muß allerdings bedenken, daß es sich hier um einen realen (und nicht fiktiven) Helden handelt, dessen Erlebnisse berichtet werden.

Ein ähnlicher, knapp verschlüsselter Realitätsbezug findet sich auch in der Figur des Sergeant Witchem, der dem später berühmten Scotland-Yard- Detektiv, dem "Prince of Detectives", Inspector Whicher, nachempfunden wurde. Whicher wirkt über das Werk von Dickens hinaus, und wir werden ihm als "Sergeant Cuff" in Wilkie Collins' *The Moonstone* (und in der äußeren Gestalt des Sherlock Holmes) wiederbegegnen.[6]

Dickens bemüht sich, jeden der Detektivoffiziere als Individuum zu zeichnen, mit charakteristischem Äußeren, charakteristischen Spracheigenschaften und charakterbedingten besonderen Fähigkeiten. (Auch wird in allen Geschichten gezeigt, wie pressefreundlich die Detektive damals noch waren.) Der Sozialreformer Dickens wirbt mit diesen Geschichten für Verständnis nicht nur für die Arbeit der Polizei, sondern auch für die soziale Unterschicht. So machen die Detektive den Leser der *Household Words* darauf aufmerksam, daß Angehörige unterer Bevölkerungsschichten bei Verhören durch Detektive und Polizei immer nervös sind, und die Dickenschen Detektive stellen durchaus in Rechnung, daß dies keinen Hinweis auf eine Schuld bedeuten muß. Die demokratischen Grundrechte, selbst des Verbrechers, werden auf jeden Fall gewahrt.

Gegenüber dem exzentrischen Superhirn des Poeschen Dupin erzielen Dickens' Detektive Erfolge durch scharfe Beobachtung, Lebensklugheit und Zähigkeit. Ihre Arbeit ist nicht die brillante Analyse, sondern das "footwork", die Kleinarbeit. Sie werden sogar im humorvollen Abschluß einer Erzählung als Alltagsmenschen geschildert, denen das gleiche passieren kann wie jedem anderen Bürger (wenn z. B. dem berühmten Sergeant Witchem die Brieftasche gestohlen wird).

Wie in "The Detective Police" werden auch in "Three Detective Anecdotes" keine Spannungsgeschichten, die ihre Spannung aus Verhüllung und Enthüllung beziehen, dargeboten, sondern es wird über die

[5] Vgl. John Forster, *The Life of Dickens* in der Ausgabe von J. W. T. Ley (London, 1928), S. 843 n.

[6] Vgl. Murch, a. a. O., S. 109.

Arbeit der Detektivpolizei berichtet. In diese Berichte sind soziale Anliegen eingebettet, so die Darstellung des Armenproblems und der Kinderarbeit und die umweltbedingte Anfälligkeit der niederen Schichten für die Kriminalität.

Von hierher kommt ein Motiv, dem wir auch in späteren englischen Detektivromanen immer wieder begegnen: der zähe und fähige Detektiv, der Verständnis für die sozialen Probleme seiner Umwelt und auch der von ihm gejagten Verbrecher hat.

Wenn der Zufall dem Detektiv hilft, den Fall zu klären, so ist das nicht wie bei Poe und vielen folgenden Schablonengeschichten eine mechanische Lösung, sondern die Geschichte wird erzählt, um zu zeigen, daß das Glück dem Tüchtigen und Zähen zur Seite steht. Dickens benutzt die bei seinem Publikum vorhandene Anschauung der puritanischen Auserwähltheitslehre in säkularisierter Form, daß nur der, der sich strebend um Bewährung bemüht ("justification"), auserwählt werden kann ("sanctification").

Trotz Dickens' sozialem Anliegen wird das Schicksal der überführten Täter (wie in fast allen späteren Detektivromanen) nicht mehr geschildert. Wölcken und andere glauben, hier das Element des "detachment" der Detektivliteratur zu erkennen, sie sehen ein Desinteresse an moralischen Problemen und an gesellschaftlicher Verpflichtung. Meines Erachtens ist aber hier und auch bei der späteren englischen Detektivliteratur der Grund in der strengen Trennung von vollziehender und richterlicher Gewalt zu sehen: mit der Überführung des Täters ist die Aufgabe des Detektivs zu Ende.

Für die Entwicklung des Detektivromans ist Dickens' *Bleak House* in manchen Zügen maßgebend geworden, wie schon Vincent Starrett sagt.[7] Der Detektiv, Inspector Bucket, tritt hier zwar nur in 11 von 57 Kapiteln auf, und auch das Verhüllen und Enthüllen eines Mordfalls ist nur ein Erzählstrang unter mehreren anderen. Aber Züge des späteren Detektivromans sind schon erkennbar, wie das suggestive Detail (Inspector Bucket mit seinem dicken Zeigefinger), das Anlegen von Irrfährten ("red herrings") durch Erzählsuggestion und das Überraschungsmoment, das aber durch die Erzählung gut vorbereitet ist. Auch findet sich hier zum ersten Mal in der englischen „Detektivliteratur" die Vereinigung aller auftretenden Personen in einer *dénouement*-Szene.[8] Aber wie in *Bleak House* ist auch in anderen Romanen von Dickens der Detektiv genaugenommen noch eine Nebenfigur. Das

[7] Vgl. *Encyclopaedia Britannica* (1946), s. v. 'Detective Stories'.

[8] Vgl. Murch, a. a. O., S. 96.

rätselhafte Verbrechen ist nur ein Teil des Geheimnisvollen, um das die Romane kreisen.

Wenn auch bei Dickens der Glaube an den menschlichen Verstand nicht — wie bei Poe — im Vordergrund steht, so finden wir doch bei ihm einen gewissen Fortschrittsoptimismus, dessen moralisch-soziale Ausprägung lautet: die Zustände können geändert werden, wenn das soziale Unrecht eindringlich genug geschildert und dadurch in melodramatischer Form Mitleid beim Leser erweckt wird.[9]

Dickens' spätere Romane zeigen eine stärkere Spannung der Handlung, und hierbei kann man den Einfluß seines Freundes Wilkie Collins erkennen, mit dem zusammen er auch viele Artikel in den *Household Words* geschrieben hat. Nach *Barnaby Rudge* scheint Dickens mit seinem letzten Roman *The Mystery of Edwin Drood* unter dem Einfluß der Sensationsromane von Collins (und vielleicht auch der Poeschen Analyse des *Barnaby Rudge*) so etwas wie einen Detektivroman (obgleich damals natürlich noch keine Trennung in „Roman" und „Detektivroman" bestand) konzipiert zu haben. 1869 schrieb er an John Forster, daß er eine eigentümliche Idee für einen Roman habe, er könne die Idee nicht mitteilen, da sonst das Interesse an diesem Buch verlorenginge; das Buch sollte einen Mord zum Gegenstand haben.[10] Hier scheint der Hinweis versteckt, daß Verhüllung und Enthüllung wesentliche Bestandteile dieses Romans sein sollten und daß dieser Roman vom unbekannten Ende her konzipiert war. Durch Dickens' Tod wurde der Roman mit der sechsten (von zwölf geplanten) Folge abgebrochen.

Mit *Edwin Drood* scheint Dickens auf dem Gebiet des Sensationsromans an dem großen Erfolg von Collins' Romanen teilnehmen zu wollen. Schon in *The Woman in White* (1860) — das 100 Jahre später auch in Deutschland zu einem Bestseller wurde — finden sich Elemente des Geheimnisvollen, des Enthüllens und Verhüllens, das romantische Doppelgängermotiv und die detektivische Aufklärung durch den Helden Walter Hartright. Kann man *The Woman in White* vielleicht nicht wie *The Moonstone* als "detective novel" bezeichnen[11], so könnte man doch Maurice Richardsons Urteil folgen, der den Roman "the finest

[9] Eine ähnliche gesellschaftlich-moralische Ausrichtung des innerweltlichen Optimismus findet sich in William Godwins *Caleb Williams*, einem Roman, der von vielen Kritikern als Vorläufer des Detektivromans betrachtet wird.

[10] Forster, *The Life of Dickens* (London, 1928), S. 807—808.

[11] Zur Interpretation von *Woman in White* vgl. auch Arno Schmidt, „Der Titel aller Titel" in: *Der Triton mit dem Sonnenschirm* (Karlsruhe, 1969). Schmidt ist auch derjenige, der mit seinen Übersetzungen und kritischen Beiträgen die deutsche Collins-Renaissance eingeleitet hat.

mystery-thriller in the language" [12] nennt. Der Roman war damals ein ungeheurer Erfolg:

> Its success on publication was overwhelming. All throughout 1860 *The Woman in White* was the rage. Cloaks and bonnets, waltzes and quadrilles, were named after her; there was a Woman in White scent and even a hairbrush. Though the reviews were not altogether favourable, eminent men of letters were as delighted by the book as the reading public. Thackeray sat up all night and Mr. Gladstone put off a theatre party to finish it ... [13]

Von englischen Kritikern wie Dorothy Sayers, T. S. Eliot und J. I. M. Stewart (= Michael Innes) — die alle Vorworte zu Neuauflagen des Romans schrieben [14] — wird dagegen der *Moonstone* als erster klassischer Detektivroman bezeichnet. So nennt ihn T. S. Eliot "the first, the longest, and the best of modern English detective novels".

Die Form des in Folgen erscheinenden sensationellen Familienromans *(The Moonstone* erschien zuerst in Dickens' Zeitschrift *All The Year Round)* mit ausschmückender Gesellschaftsschilderung ist auch hier beibehalten worden. Das zentrale Thema ist jedoch die Aufklärung des Geheimnisses vom Diebstahl des Mondsteines.

Die verhüllende und enthüllende Erzählung erfolgt in der Art der "shifting point-of-view"-Erzählung. Ähnlich wie in einem Gerichtssaal alle Zeugen nacheinander ihre Version des Geschehens berichten (und nach Collins' eigener Aussage ist ihm während eines Gerichtsverfahrens die Idee für diese Romanstruktur gekommen [15]), wird die Geschichte des mit einem Fluch beladenen indischen Diamanten, seines Diebstahls und der darauffolgenden grausigen Ereignisse von verschiedenen Personen erzählt. Diese Form des Romans gibt dem Erzähler naturgemäß sehr viele Möglichkeiten, Irrfährten anzulegen — und dadurch auch die Handlung zu strecken, bis sie die vom Verleger geforderte Länge von dreimal 300 Seiten (die sogenannten "threedecker") erreichte.

Der eigentliche Böse des Romans, Godfrey Ablewhite, fällt am Ende des Romans einem Mord zum Opfer, die indischen Priester sind am Ziel

[12] Maurice Richardson in dem Vorwort zur Everyman-Ausgabe.

[13] Ibid.

[14] T. S. Eliot schrieb das Vorwort zur "World's Classics"-Ausgabe der Oxford University Press, Dorothy Sayers eine kurze Einleitung zur Everyman-Ausgabe und J. I. M. Stewart das Vorwort zur "English Library"-Ausgabe von Penguin.

[15] Vgl. J. I. M. Stewarts Vorwort zu *The Moonstone* (Harmondsworth, 1966), S. 12.

ihrer Jagd nach dem entwendeten Heiligtum. Der Kreis ist geschlossen. Die heile Welt ist wiederhergestellt, nicht nur in der begrenzten Gesellschaft der englischen Familie, sondern weit über die Grenzen Englands hinaus — der Mondstein findet wieder seinen ursprünglichen Platz in einem indischen Heiligtum.

Während Poe die Wahrheit durch die logische Deduktion eines einzelnen zu erkennen glaubte, ist bei Collins ein anderes Erkenntnisprinzip in der Verbindung von *common sense* und der Richtigkeit der *communis opinio* zu sehen. Wie in dem dramatischen Gedicht *The Ring and the Book* (1868/69) von Robert Browning glaubte auch Collins im Sinne des Viktorianismus, Wahrheit und Faktenrichtigkeit erkennen zu können, wenn sich aus einer großen Zahl von subjektiven Einzelanschauungen durch Eliminierung der subjektiven Standpunkte das Wahre herausstellen wird. Das Ergebnis, das aus verschiedenen Einzeldarstellungen gewonnen wird, soll dann durch den *common sense* überprüft werden. Der prüfende und urteilende *common sense* ist der des gebildeten Lesers, der an der Wahrheitserkenntnis durch Überlegung und Experiment geschult ist, der aber der Offenbarungswahrheit noch eine gewisse Berechtigung läßt. Anstelle des Kreuzworträtsels der "detective short story" tritt hier das Puzzlespiel, das für die Romanform viel günstiger ist.

Erkenntnisweise, Erzählweise und Struktur des Romans können so aus der Weltsicht des Viktorianismus erklärt werden, es mag aber auch die Form des Serienromans, die den Autor zu ständig neuen Höhepunkten in den Einzellieferungen zwang, dafür verantwortlich sein. Die Methode einer solchen "shifting point-of-view"-Erzählung wurde von den Zeitgenossen sehr geschätzt — obgleich Dickens sie als langweilig empfand.[16] Der Roman fand in späteren Detektivromanen Nachahmungen und Paraphrasen, so bei Dorothy Sayers' *Documents in the Case* und Michael Innes' *Lament for A Maker.*

Im Gegensatz zu Dickens, so sagt Collins im Vorwort zu *The Moonstone,* will er den Einfluß von Charakteren auf Ereignisse zeigen.[17] Trotzdem wird die Bedeutung der Umwelt für das Verhalten des einzelnen nicht vernachlässigt. Collins ist einer der ersten englischen Autoren, der der Schilderung der Dienstbotenatmosphäre große Bedeutung bei-

[16] Die Form wurde aber auch schon sehr früh parodiert, so von Bret Harte in seinen "Sensational Novels Condensed" (1870), wo er einen Kurzroman *No Title.* By W-lk-e C-ll-ns in der Art von Collins schrieb.

[17] Ähnlich wie Carlyle beweisen wollte, daß Menschen die Geschichte beeinflussen.

mißt, und er wagt es sogar, einen Diener — hier Gabriel Betteredge — zur zentralen Figur des Romans zu machen, eines Romans, der doch traditionell den Gentleman verherrlichte. In den Roman flicht Collins politische und soziale Kritik ein. So finden sich Seitenhiebe auf die britische Kolonialpolitik und massive Angriffe gegen die Scheinheiligkeit des kapitalistischen Bürgertums — unvergeßlich bleibt die Figur der Miss Clack — und der Verachtung der unteren Schichten, besonders der Dienstboten.[18] Dabei ist Collins' Zeitkritik in diesem Roman noch gemäßigt, in späteren Romanen überwiegt häufig die Kritik an den Mißständen des Jahrhunderts gegenüber dem Romanhaften — was Swinburne zu dem ironischen Zweizeiler veranlaßte:

> What brought good Wilkie's genius nigh perdition?
> Some demon whispered — 'Wilkie! have a mission'.

Collins schneidet in diesem Roman ein weiteres Problem an, das die Zeitgenossen beschäftigte, das des Opiumgebrauchs — und das war bei ihm ein sehr persönliches Problem, da er *The Moonstone*, von der Gicht geplagt, nur unter Überdosen von Laudanum zu Ende schreiben konnte.

Collins' eigentlicher Beitrag zur englischen Detektivliteratur ist neben der Form des Romans die Erfindung der Gestalt des Sergeant Cuff. Nachdem alle Versuche der örtlichen Polizei fehlgeschlagen sind, ruft man nach dem berühmten Sergeant Cuff, und mit ihm tritt der erste wirkliche Detektiv des englischen Detektivromans auf:

> A fly from the railway drove up ... and out got a grizzled, elderly man, so miserably lean that he looked as if he had not got an ounce of flesh on his bones in any part of him. He was dressed all in decent black, with a white cravat round his neck. His face was as sharp as a hatchet, and the skin of it was as yellow and dry and withered as an autumn leaf. His eyes, of a steely light grey, had a very disconcerting trick, when they encountered your eyes, of looking as if they expected something more from you than you were aware of yourself. His walk was soft; his voice was melancholy; his long lanky fingers were hooked like claws. He might have been a parson, or an undertaker — or anything else you like, except what he really was ...[19]

Hier ist die Vorlage für die Figur des Sherlock Holmes, hier sind die stahlgrauen Augen, die fortan fast alle Detektive der Literatur auszeichnen sollen. Und Cuff hat, wie Holmes, eine Vorliebe für enigmatische, sentenzenhafte Bemerkungen wie: "Wait a little. The pieces of the puzzle are not all put together yet." Cuff ist jedoch eine liebenswertere

[18] Vgl. Stewart, a. a. O., S. 10.
[19] *The Moonstone* (Everyman-Ausgabe), S. 87—88.

Gestalt als Holmes, während jener Opium raucht und Violine spielt, begnügt sich Cuff mit alltäglichen Manierismen, er träumt von seiner Pensionierung, von seiner Rosenzucht und pfeift falsch und mit Inbrunst "The Last Rose of Summer".

The Moonstone ist kein Detektivroman in dem Sinne, wie die Autoren der 20er Jahre dieses Jahrhunderts den Detektivroman begriffen. Aber dennoch gilt Eliots Urteil, denn nach 1930 geht der englische Detektivroman von der nur knapp erzählerisch eingekleideten logischen *tour de force*-Lösung eines Rätsels à la Edgar Allan Poe ab und besinnt sich mehr und mehr auf sein großes Vorbild Wilkie Collins.

P. G. B.

Literaturbericht

Der Ruhm von Wilkie Collins in England war nur von kurzer Dauer. Erstaunlicherweise waren es (insgesamt gesehen) nicht englische, sondern deutsche Literaturwissenschaftler, die Collins' Romane aus der Masse der vergessenen Romane des 19. Jahrhunderts zu retten versuchten. So schrieb schon 1885 Ernst von Wolzogen sein Buch *Wilkie Collins: ein biographisch-kritischer Versuch*, in dem er Collins nach Dickens, Thackeray und George Eliot an die vierte Stelle der großen Romanciers des 19. Jahrhunderts rückte.

In England begann die Neubewertung des viktorianischen "sensational novelist" Collins 40 Jahre später. T. S. Eliot trug mit seinem Essay "Wilkie Collins and Dickens" und dem Vorwort zum *Moonstone* (London: Oxford University Press, 1928) ebenso dazu bei wie Dorothy Sayers. Ihren Plan, eine kritische Biographie zu schreiben, führte sie zwar nie zu Ende, aber immerhin stammt die Bibliographie von Collins in der *Cambridge Bibliography* von ihr.

Zur gleichen Zeit (1930) wurde von Hans Sehlbach in Deutschland eine Dissertation geschrieben, die auch heute noch nicht veraltet ist und die sich ausführlich und kritisch mit der Romantechnik von Collins auseinandersetzt.

Ungefähr 100 Jahre nach der Blütezeit der Collinschen Romane setzte bei uns in Deutschland eine Collins-Renaissance von nicht erwarteten Ausmaßen ein. Man geht wohl nicht zu weit, wenn man behauptet, daß Arno Schmidt Wilkie Collins für die Deutschen entdeckt hat. Seine Radio-Essays („Enter Conte Fosco" und „Der Titel aller Titel") und die Übersetzung von *The Woman in White* hatten zur Folge, daß deutsche Verlage neben den bekannten Romanen *(Moonstone, Woman in White)* längst vergessene Romane wie *Der Rote Schal (= Armadale)* und *Lucilla (= Poor Miss Finch)* herausbrachten, die das Interesse einer breiten Öffentlichkeit fanden.

Was in Dickens' Werk zur Detektivliteratur gerechnet werden kann, hat am ausführlichsten A. E. Murch in dem Kapitel "Detective Themes in the Works of Charles Dickens and Wilkie Collins" gezeigt. Das Interesse der Literaturwissenschaftler und Detektivromanautoren, Dickens' Romane unter dem Blickwinkel „Detektivroman“ zu sehen, konzentrierte sich vor allem auf den unvollendeten *Edwin Drood*. Einen ersten Einblick in die Lage der Forschung gibt das Vorwort zu der Oxford-University-Press-Ausgabe des Romans. Für den Leser, der tiefer in die Forschung (und Spekulation) eindringen will, seien folgende Titel empfohlen: Felix Aylmer, *The Drood Case* (London, 1964); Richard M. Baker, *The Drood Murder Case: Five Studies in Dickens' "Edwin Drood"* (London und Berkeley, 1951).

Nachtrag 1977: Bei der Konzentration auf die beiden Hauptvertreter des viktorianischen Detektivromans wurden naturgemäß die vielfältigen Tendenzen, in der abenteuerlichen viktorianischen Literatur Detektive fungieren zu lassen, etwas vernachlässigt. Dieses Thema wird in dem lange vergriffenen Buch von E. S. Turner, *Boys will be Boys* (Harmondsworth, 1976) exzellent behandelt. Zur populären Literatur vgl. auch Victor E. Neuburg, *Popular Literature* (Harmondsworth, 1977). Für die Struktur der viktorianischen Erzählungen ist folgende amerikanische Dissertation interessant: Randolph Ivy, "The Victorian Sensation Novel: A Study in Formula Fiction" (University of Chicago, 1974). Das wichtigste Buch zu den in diesem Kapitel angeschnittenen Themen stammt von Ian Ousby, *Bloodhounds of Heaven. The Detective in English Fiction from Godwin to Doyle* (Cambridge, Mass.: Harvard UP, 1976). Ousby konzentriert sich in seiner Untersuchung nur auf das Auftauchen und den Wandel der Figur des Detektivs. Methodisch ist das Buch sehr interessant, bietet aber letztlich nicht viel Neues.

Viertes Kapitel

ARTHUR CONAN DOYLE UND GILBERT KEITH CHESTERTON

Die Geschichten vom Superman mit der gespaltenen Seele und vom Priester mit der logischen Intuition

Die Vereinigung sich widersprechender Elemente, die die Detektivgeschichte von Anfang an kennzeichnete, findet in den Erzählungen um die Figur des Sherlock Holmes ihren Höhepunkt. Die typischen Versatzstücke der Detektiverzählung werden hier deutlicher durch prägnantere Fassung und Übersteigerung. Manchmal kommt dem modernen Leser der Verdacht, daß vieles als Karikatur gemeint sein könnte [1] — man kann die Ernsthaftigkeit, die Doyle auf seine Sherlock-Holmes-Geschichten verwandte, nicht mehr recht nachvollziehen. Aber die Aussagen von Zeitgenossen bezeugen eindeutig, daß Holmes als Leitheld seiner Zeit aufgenommen wurde und sogar Fiktion und Realität verwechselt wurden.[2]

Autor, Werk und Publikum zeigen den inneren Widerspruch dieses literarischen Genres vielleicht deutlicher als je zuvor, und trotzdem — oder vielleicht gerade deshalb — erlebt zwischen 1890 und 1910 die Beliebtheit der Detektiv*literatur* ihren ersten Höhepunkt.

Innerhalb der Entwicklung der Detektivliteratur haben die Geschichten Doyles vor allem die Formel oder Schablone der Detektivgeschichte wenn nicht erfunden, so doch verfestigt.[3] Besonders hervorzuheben sind

[1] Besonders in der Sammlung der *Adventures of Sherlock Holmes* (die in ihrer Qualität auch alle späteren Sammlungen wie *The Memoirs of Sherlock Holmes* und *The Case-Book of Sherlock Holmes* übertrifft, zeigen sich Ansätze von leichter Ironie, mit denen Doyle seine Gestalten behandelt.

[2] Die Londoner Post soll noch heute ein Fach haben, in dem die Briefe aufbewahrt werden, die zwischen 1900 und 1930 an Sherlock Holmes 221 B Baker Street gerichtet waren.

[3] Die knappste Darstellung des Aufbaus einer typischen Sherlock-Holmes-Geschichte lieferte Ronald A. Knox in seinem scharfsinnigen und witzigen Essay "Studies in the Literature of Sherlock Holmes" in seinen *Essays in Satire* (London, 1928), S. 108: "The first part is the Prooimion, a homely Baker Street scene, with invaluable personal touches, and sometimes a demonstration by the detective. Then follows the first explanation, or Exegesis kata

hierbei: die dominierende Figur des "Great Detective" und seines Helfers und die durch Erzählsuggestion erreichte Realitätsfiktion, die beim Leserpublikum die Figuren von Autor und fiktivem Held verwirrte. Während noch im ersten Jahrzehnt des 20. Jahrhunderts die Gestalt des Sir Arthur Conan Doyle im Vordergrund stand, geriet der Autor im Laufe der Zeit in Vergessenheit — Sherlock Holmes aber blieb unvergessen. Die Literatur kennt nicht nur zahlreiche Biographien von A. C. Doyle, sondern fast ebenso viele von der fiktiven Gestalt des Sherlock Holmes.

Um die Figur des Sherlock Holmes richtig zu bewerten, müssen zunächst ein biographisch-positivistischer Ansatz versucht, die besondere Form der Darstellungsweise erläutert und die geistesgeschichtlichen und literarhistorischen Zusammenhänge geklärt werden. Der Zusammenklang dieser Elemente kann vielleicht die Gründe dafür verdeutlichen, warum gerade diese Geschichten einen so ungeheuren Publikumserfolg hatten.

Im Jahre 1904, als ihm der König den Ritterschlag erteilte, war Arthur Conan Doyle neben Rider Haggard und Rudyard Kipling einer der populärsten Schriftsteller nicht nur im London seiner Zeit, sondern auf der ganzen Welt. Der Arzt und Autor von Detektivgeschichten und Abenteuerromanen, der nebenbei Politiker[4], Historiker[5], Boxer[6] und

ton diokonta, that is, the client's statement of the case, followed by the Ichneusis, or personal investigation, often including the famous floor-walk on hands and knees. No. 1 ist invariable, Nos. 2 and 3 almost always present. Nos. 4, 5 and 6 are less necessary: they include the Anaskeue, or refutation on its own merits of the official theory of Scotland Yard, the first Promenusis (exoterike) which gives a few stray hints to the police, which they never adopt, and the second Promenusis (esoterike), which adumbrates the true course of the investigation to Watson alone. This is sometimes wrong, as in the *Yellow Face.* No. 7 is the Exetasis, or further following up of the trial, including the cross-questioning of relatives, dependants, etc., of the corpse (if there is one), visits to the Record Office, and various investigations in an assumed character. No. 8 is the Anagnorisis, in which the criminal is caught or exposed, No. 9 the second Exegesis (kata ton pheugonta), that is to say the criminal's confession, No. 10 the Metamenusis, in which Holmes describes what his clues were and how he followed them, and No. 11 the Epilogos, sometimes comprised in a single sentence. This conclusion is, like the Prooimion, invariable, and often contains a gnome or quotation from some standard author."

[4] Doyle kandidierte zweimal vergeblich für das Unterhaus.

[5] Er schrieb *The Great Boer War* (1900) und *The War in South Africa. Its Cause and Conduct* (1902) und wollte mit diesen Büchern Englands Politik in Afrika rechtfertigen. Weiterhin verfaßte er die *History of the British Campaign in France and Flanders.* (6 Bände, 1916—1920)

[6] Doyle war in Boxerkreisen weltbekannt, wurde mehrfach aufgefordert,

Cricketspieler[7] war, verkörperte ein bürgerliches Gentlemanideal. Aus einer irisch-katholischen Familie stammend, die sich als zum Adel gehörig empfand (und ihren Stammbaum auf die Plantagenets zurückführte), war er zum Leithelden des protestantisch-englischen Bürgertums geworden. Sein ganzes Leben beherrschte das Ideal vom tugendhaften Ritter, der die Aufgabe hat, eine heile Welt wiederherzustellen. Der von Jesuiten erzogene Junge verlor die einseitige Ausrichtung auf einen absoluten Glauben durch seine Studien als Mediziner, die ihn lehrten, Wahrheitserkenntnis durch genaues Beobachten zu suchen, durch logische Analyse zu festigen und durch Experimente zu beweisen. Der Glaubensverlust hatte Doyle schon während seiner kurzen Praxiszeit in Southsea mit dem Spiritismus in Verbindung gebracht. Der alternde Doyle opferte einen Teil seines riesigen Vermögens, um die wissenschaftliche Haltbarkeit der spiritistischen Lehren zu beweisen.[8]

Bei Doyles spiritistischen Ansichten handelt es sich nicht um die Pervertierung eines religiösen Glaubens, sondern um den schon im Ansatz falschen Versuch, einen Ersatzglauben durch naturwissenschaftliche Methoden zu festigen.

Diese Haltung bestimmt auch einen großen Teil seiner Detektiverzählungen und vor allem die Beschreibung des "Great Detective" und dessen Arbeitsweise. Die inkongruenten Elemente sind nicht nur zusammengesetzt, sondern bilden wie bei Poe ein an der Oberfläche geschlossenes Ganzes.

Ob Doyle bei der Zeichnung seiner Sherlock-Holmes-Figur als Kind seiner Zeit von seinen Aussagen überzeugt war oder ob er des Erfolges wegen an grundlegende Anschauungen seiner Zeitgenossen appellierte, kann kaum geklärt werden. Auf der einen Seite tragen alle Helden der Doyleschen Bücher, sei es Professor Challenger (in den naturwissenschaftlichen Abenteuergeschichten) oder der Brigadier Gerard (in den historischen Werken aus der napoleonischen Zeit) stets die gleichen Züge — und auch der Autor Doyle ähnelt in seiner Art und seiner Sprechweise seinen Figuren — andererseits aber ließ Doyle seine Lieblingsfigur, diese Projektion seiner selbst, mit der Erzählung "The Final Problem" literarisch sterben, weil er sie leid geworden war.

als Schiedsrichter bei internationalen Wettkämpfen mitzuwirken, und schrieb mit *Rodney Stone* auch einen Roman über das Boxen.

[7] Doyle spielte für den berühmten *Marylebone Cricket Club* (MCC).

[8] Man muß Bücher wie *The Coming of the Fairies* (1922) und *History of Spiritualism* (2 Bände, 1926) gelesen haben, um Doyle mit anderen Augen zu sehen. Allerdings ist Doyles Hang zum Spiritismus eine Alterserscheinung und vor allem durch den Tod seines Sohnes im Weltkrieg bedingt.

Das so publikumswirksame Herausstellen einer Leitheldenfigur ist begründet und findet Widerhall in den geistigen und literarischen Strömungen des 19. Jahrhunderts. Hier ist der popularisierte Darwinsche Satz vom "survival of the fittest" ebenso wirksam wie die Emersonsche Anschauung vom "man self-reliant". Die Carlylesche Heldenverehrung verbindet sich mit der Erfolgs- und Fortschrittslehre des 19. Jahrhunderts, die Idee von "man the pioneer" verbindet sich mit dem romantischen Ritterideal, und der Shawsche Gedanke vom Superman gehört ebenfalls in diese Richtung. Wesentlich ist, daß — wie bei Poe — der Mensch und seine Möglichkeit der Perfektionierung im Mittelpunkt steht.

Als der wenig erfolgreiche Arzt und Gelegenheitsschriftsteller 1886 in Southsea den Plan faßte, eine Detektiverzählung zu schreiben, tat er dies nicht — wie die Legende will — aus bitterer Armut, sondern aus Langeweile und Mangel an beruflicher Beschäftigung. Er war sehr belesen und kannte und verehrte Edgar Allan Poe, Collins und Dickens wie Émile Gaboriau. Zwar wendet sich der fiktive Charakter Holmes in *A Study in Scarlet* gegen Poe und Gaboriau ("Now, in my opinion, Dupin was a very inferior fellow" und "Lecoq was a miserable bungler"), der Autor Doyle aber weiß sehr wohl, wieviel er Poe und Gaboriau verdankt.

Doyles Ziel war es, einen überragenden Detektiv zu erfinden, der die "detection" zu einer exakten Wissenschaft aufwerten und deren Anwendung in der Praxis erweisen sollte. Diese Lehre sollte durch spannende Handlung und Erzählweise dem Leser schmackhaft gemacht werden.

Schon in seiner ersten Detektiverzählung, der "long short-story"[9] *A Study in Scarlet* (1887) wird Sherlock Holmes mit all seinen uns heute so bekannten Charakteristika eingeführt, und schon das zweite Kapitel bringt die Lehre von der "science of deduction". Gleich von der ersten Erzählung ab findet sich auch die Watson-Erzählung, d. h. die den Helden verehrende Darstellung durch einen Freund, die sich als Dokumentation ausgibt und dem Helden so mannigfaltige Möglichkeiten zum Dozieren und Demonstrieren gibt.

[9] Die Short Story wird nur durch den eingeschobenen melodramatischen Mittelteil zur Länge eines Romans gedehnt. Alle Kritiker sind sich darin einig, daß Doyle keine Detektivromane schreiben konnte und selbst *The Hound of the Baskervilles* nur eine verlängerte Kurzgeschichte ist. Die angewandte "science of deduction", die in den Kurzgeschichtensammlungen *The Adventures of Sherlock Holmes, The Memoirs of Sherlock Holmes* und *The Case-Book of Sherlock Holmes* so plausibel klingt, läßt sich auch schwer über Hunderte von Seiten strapazieren.

In *Study in Scarlet* bezieht Sherlock Holmes mit dem aus den Kolonien zurückgekehrten Arzt Dr. Watson eine gemeinsame Wohnung im Stadtteil Marylebone, die später weltberühmte Baker Street Nummer 221 B. Holmes wird beschrieben als:

His very person and appearance were such as to strike the attention of the most casual observer. In height he was rather over six feet, and so excessively lean that he seemed considerably taller. His eyes were sharp and piercing, save during those intervals of torpor to which I have alluded; and his thin, hawk-like nose gave his whole expression an air of alertness and decision. His chin, too, had the prominence and squareness which mark the man of determination.[10]

Holmes wird jedoch als Charakter nicht recht plastisch, er bleibt ein literarischer Typ, der durch suggestive Details genügend beschrieben ist. Da sind seine verschiedenen Pfeifen (und der Tabak, den er in einem persischen Pantoffel aufbewahrt), sein Morgenrock, das Inverness-Cape und die Deerstalker-Mütze: und schon entsteht vor unserem geistigen Auge das Bild des "Great Detective". Er ist — wie wir schon oben gezeigt haben — eine Variation des Poeschen Dupin, der die meisten Fälle löst, ohne sein Zimmer zu verlassen. Er ist exzentrisch, raucht Opium und spielt Violine — ist also eine Mischung aus Denker und Künstler, er besitzt die "bi-part soul" des Dupin und repräsentiert den Typ des "artist-philosopher" des frühen Shaw.[11] Es ist beinahe unnötig anzumerken, daß er wie Dupin ein Junggeselle ist — wie so viele seiner literarischen Nachfolger; der Gedanke an einen verheirateten "Great Detective" muß dem Leser als grotesk erschienen sein.

Die suggestiven äußeren Merkmale drängen die Nähe zu Poes Dupin, Collins' Sergeant Cuff (und Dickens' Witchem) und Gaboriaus Lecoq auf; Aussehen, typische Charaktermerkmale, Sprechweise und Verhalten und Besonderheiten des Deduzierens trägt Doyle aus eigenem Erleben nach. Er erinnert sich an seinen akademischen Lehrer Professor Joseph Bell:

Gaboriau had rather attracted me by the neat dove-tailing of his plots, and Poe's masterful detective, M. Dupin, had from boyhood been one of my heroes. But could I bring an addition of my own? I thought of my old teacher, Joe Bell, of his eagle face, of his curious ways, of his eerie trick of spotting details. If he were a detective he would surely reduce this fascinating but

[10] *A Study in Scarlet* (London, 1967), S. 17. Vgl. dazu auch die Beschreibung des Sergeant Cuff (S. 54 f. dieses Buches).

[11] Der ja auch versucht hatte, eine Detektiverzählung zu schreiben, aber leider das Manuskript vernichtete.

unorganised business to something nearer to an exact science. I would try if I could get this effect ... It is all very well to say that a man is clever, but the reader wants to see examples of it, such examples as Bell gave us every day in the wards. The idea amused me. What should I call the fellow? ... First it was Sherringford Holmes then it was Sherlock Holmes. He could not tell his own exploits, so he must have a commonplace comrade as a foil ... A drab, quiet name for this unostentatious man. Watson would do. So I had my puppets and wrote my *Study in Scarlet*.[12]

Im Äußeren der Holmes-Figur und in dessen Ritterkampf um eine heile Welt[13] finden sich Züge der Don-Quichote-Figur, die durch die Freundschaft mit dem dienenden Erzähler Watson (= Sancho Pansa) noch verstärkt werden. Viele der Einzelzüge des Detektivhelden, die dann in der Serie vor allem durch Überzeichnung[14] suggestiv charakteristischer Merkmale zur Typenbezeichnung werden, sind in der späteren Detektivliteratur nur Variationen der Figur des Sherlock Holmes.

Ebenso typisiert wie die Figur des Helden ist die „Wissenschaft“ der Detektivkunst, in der Holmes eine “chain of thought”-Methode bevorzugt (die natürlich von Dupins “analytical mind” beeinflußt ist), und die dem Satz huldigt, daß die Deduktion aus der Vielfalt möglicher Lösungen die richtige herauspräparieren könne (“When you have eliminated the impossible, whatever remains, however improbable, must be the truth”). Hier sind wissenschaftliche Erkenntnisweisen, die aus dem 18. Jahrhundert stammen, miteinander verbunden, die in ihren einzelnen Teilen, wie schon Messac nachgewiesen hat[15], sehr früh als pseudowissenschaftlich verworfen worden sind.

[12] *Memories and Adventures* (London, 1924), S. 74. Hier zitiert nach Murch, a. a. O., S. 169—170. Die Herkunft des Namens “Sherlock Holmes” hat zu zahlreichen Spekulationen geführt, die aber nicht recht stichhaltig sind. Vgl. dazu “Sherlock Holmes' Name and Other Addenda” in: Haycraft, *Murder for Pleasure* (New York, 1968), S. 391—92.

[13] Vgl. dazu auch Herbert Singers Ansicht: ... „ebenso unbezweifelt bleibt, daß die Normen des kodifizierten Rechts ... die unantastbare Grundlage der Weltordnung sind. Sie gilt es zu restaurieren, und zu diesem Behufe ist der Detektiv, der Drachentöter des 19. Jahrhunderts, angestellt. Der Detektivroman schildert den erhebenden Vorgang der Rettung der bürgerlichen Gesellschaft durch die Intelligenz eines Dilettanten.“ *(Stuttgarter Zeitung,* 29. Juli, 1961, II.)

[14] Eine noch größere Übersteigerung der Merkmale des Großen Detektivs findet sich bei Doyle in der allerdings nur gelegentlich auftretenden Figur des Bruders von Sherlock Holmes, Mycroft Holmes.

[15] Messac, a. a. O., S. 617 und passim.

Die praktische Arbeit des Detektivs geht über Gaboriaus Lecoq auf Vidocq, den Meister der Maske, ebenso zurück, wie auf die bürgerlichen Scotland-Yard-Detektive bei Dickens und Collins, die ebenso wie Holmes mit allen Gesellschaftsschichten intim bekannt waren. Und auch die Berichte von den Taten der Pinkerton-Agency mögen ihren Einfluß gehabt haben.

Genaues Beobachten und Messen, Deduzieren und Kombinieren, durch Experimente erweisen: die popularisierte Vorstellung der naturwissenschaftlichen Methoden bestimmt das Vorgehen des Detektivs. Holmes arbeitet mit Maßband und Vergrößerungsglas, er ist der erste Detektiv der Literatur, der ein Mikroskop benutzt. Er hat ein enormes Wissen auf abstrusen Gebieten, aber das Kopernikanische System ist ihm gleichgültig. Und er braucht die Intuition des Künstlers, um schwierige Fälle zu lösen — so läßt sich auch in der Methode die "bipart soul" erkennen.[16]

Das abschließende *dénouement* der Geschichten nimmt Doyle von Poe und aus der Erinnerung an die demonstrierenden Vorführungen des Dr. Bell zugleich (wie auch das Erraten des Berufes des Klienten am Anfang fast aller Holmes-Erzählungen auf Bells Vorliebe zurückgeht, die Berufe seiner Patienten zu diagnostizieren). Denn für die richtige Beurteilung der Holmesschen "science of deduction and analysis" dürfen Doyles Lehrjahre bei Dr. Bell in Edinburgh nicht vergessen werden. Die "science of deduction" hat große Ähnlichkeit mit der Kunst des Diagnostizierens von Krankheitsfällen, die Bell seinen Studenten dozierend in sarkastisch humorvoller Form mit überraschendem Ergebnis und sentenzenhafter Belehrung vorführte. Die englische Sprache kennt seither das Wort "Sherlockism", mit dem solche sentenzenhaften Paradoxa bezeichnet werden.

Wenn Holmes seine Tätigkeit in Parallele zu einem Spezialisten der ärztlichen Kunst empfindet (wie aus der Terminologie leicht zu erkennen ist), so klingt hier wieder das Thema der Wiederherstellung der heilen Welt an, die nur von einem qualifizierten Spezialisten geleistet werden kann.

Die fast übermenschliche Figur des Sherlock Holmes mit den Charakteristika "which fascinated Victorian and Edwardian readers because they were so alien to their own deep-seated respectability"[17] erfordert

[16] "Holmes begins to be more than the scientist . . . He becomes an artist of the purest sort . . . Holmes is a typical nineteenth-century aesthete in his devotion, his 'art for art's sake'", Harold Males in dem Vorwort zu *The Adventures of Sherlock Holmes* (New York, 1966), S. IX.

[17] Julian Symons, *The Detective Story in Britain* (London, 1969), S. 15.

geradezu eine Komplementärfigur, die eine Brücke zwischen dem herausragenden "Great Detective" und dem bürgerlichen Durchschnittsleser schlägt.

Die Figur des John Watson, M. D.[18] trägt viele Züge des Autors Arthur Conan Doyle — seine rundliche Gemütlichkeit, wobei er jedoch im entscheidenden Augenblick alle Kräfte in die Waagschale wirft, sein Beruf als praktischer Arzt: in alledem ist Watson ein Abbild seines Schöpfers.

Watson ist, von wenigen Ausnahmen abgesehen[19], der Erzähler in allen Sherlock-Holmes-Geschichten. Da in der Folgezeit eine große Zahl von Detektivromanautoren neben der Figur eines "Great Detective" eine Watson-Figur verwendet — Captain Hastings neben Hercule Poirot oder Archie Goodwin neben Nero Wolfe — soll die Funktion der Watson-Figur im folgenden genauer untersucht werden, um die Bedeutung auch für die Folgezeit klarzumachen:

1. Dr. Watson, der Naturwissenschaftler und Arzt, der lange Zeit aktiver Soldat war, ist als greifbarer Charakter dem bürgerlichen Leserpublikum vertrauter als der Große Detektiv. Seine Persönlichkeit und sein Beruf erwecken Vertrauen in seine auf Dokumentation zurückgehenden Berichte, die zusätzlich noch beanspruchen, Selbsterlebtes zu schildern. Seine Person und Erzählweise garantieren scheinbar ein Höchstmaß an nachprüfbarer Realität. Doyle zieht hiermit viele Elemente des zeitgenössischen Denkens zur Wahrheitsbehauptung seiner Realitätsfiktion heran. Hierzu gehört nicht zuletzt das von Watson benutzte und in der Detektivliteratur immer wieder auftretende Versatzstück der Ablehnung der Detektiverzählung in der Detektiverzählung (wenn Watson in *Study in Scarlet* sagt, daß er nicht geglaubt habe, daß Menschen wie Dupin in der Wirklichkeit vorkommen).
2. Wenn der erzählende Dr. Watson seinen großen Freund bewundert, so bildet er ein dramatisches Publikum, indem er innerhalb der Geschichte die angestrebten Reaktionen des Lesers vorwegnimmt, ein Element, das sich seit frühester Zeit im Chor des antiken Dramas wie im *Beowulf* bis auf den heutigen Tag findet.

[18] Einer der vielen kleineren Fehler im Werke Doyles ist, daß sich der Autor des Vornamens von Watson nicht ganz klar ist; so wird Watson in "The Man With the Twisted Lip" mit "James" angeredet.

[19] In einigen Erzählungen (wie z. B. "The Blanched Soldier" oder "The Lion's Mane") läßt Doyle Holmes als Ich-Erzähler auftreten und er läßt Holmes (und den Leser) auch erkennen, wie unentbehrlich Dr. Watson als Erzähler ist: "Thus I must act as my own chronicler. Ah! had he been with me, how much he might have made of so wonderful a happening and of my eventual triumph against every difficulty! As it is, however, I must needs tell my tale in my own plain way ... ("The Lion's Mane")

3. Nicht nur als vertrauenswürdiger Erzähler, sondern auch als handelnde Figur entspricht Watson eher dem Lesepublikum als dem Exzentriker Holmes. Wenn selbst Watson einige der Arbeitsmethoden des Detektivs erlernen kann, so kann auch der Durchschnittsleser über die Brücke Watson sich mit dem Helden identifizieren.
4. Das langsame Denken und das oft zögernde Verstehen zeigen den Typ des "good beefy Englishman". Das Selbstgefühl des Lesers wird gestärkt, wenn er selbst immer ein wenig schneller als Watson die Zusammenhänge erkennt. Die leichte Überzeichnung der Figur des Watson bringt zudem gutmütigen Humor in die ansonsten überspannte Erzählung.
5. Durch die Nähe des Paares Sherlock Holmes/Watson zu Don Quichote/Sancho Pansa wird das Element der Queste zur Wiederherstellung einer heilen Welt erneut suggeriert.
6. Der Durchschnittsbürger Dr. Watson nimmt innerhalb der Handlung dem Übermenschen die Kleinarbeit ab und kann ihn häufig aus schwierigen Situationen (oft als *deus ex machina*) retten.
7. Durch seine geistige Struktur ist Dr. Watson ein perfektes Auditorium für das Dozieren des Helden, der über Watson seinem Leser Absichten und Methoden in oft überdeutlicher Form klarmachen kann. Durch die Funktion als reaktionsvorwegnehmendes Publikum und Auditorium ist Watson Verkörperung des melodramatischen Elementes der Manipulierung des Lesers, dem jetzt die Möglichkeit zu eigener Stellungnahme genommen ist. Die vorgegebene Möglichkeit, daß der Leser bei der Lösung des Falles mit Watson oder gar Holmes im Wettbewerb stünde, ist hier eindeutig als ein Ersatzphänomen für die tatsächliche Inaktivität des Lesers zu erkennen.

Für die Watson-Erzählung fand Doyle in dem anonymen Erzähler der Dupin-Geschichten schon ein Grundmuster. Stärker noch rekurriert er auf die Boswellsche Erzählung des *Life of Dr. Johnson.*

Zur Verstärkung der Größe der Holmes-Figur trägt neben der „Folie“ Watson auch die Größe des zu überwindenden Gegners bei. Die Gestalt des Professor Moriarty ist hier zu nennen. Die Formel, daß dem Großen Detektiv der Große Verbrecher gegenübersteht, der "Napoleon of Crime" gegen den "Wellington of Detectives", ist hier verdeutlicht. Und wenn Doyle Holmes sagen läßt, daß er Moriarty nur überwinden könne, weil er ihm seelenverwandt ist, so kann man hier eine Variante des Kampfes Dupin gegen D. (in "The Purloined Letter") erkennen. Der Superman mit der "dual nature" zeigt sich hier erneut.

Der ungeheure Erfolg der Sherlock-Holmes-Geschichten brachte eine Reihe von Anti-Holmes-Figuren auf den Plan. War die Detektivgeschichte bei Doyle eine "success story" von den praktischen Ergebnissen der Arbeit eines Genies und der Wiederherstellung einer heilen Welt, so stellten E. W. Hornungs Figur Raffles und Maurice Leblancs Arsène Lupin die gegenteilige Behauptung auf. Hier steht der Große

Verbrecher im Zentrum des Interesses, und er besiegt immer wieder die Kräfte von Recht und Gerechtigkeit. Solche Figuren, die in der Nachfolge der Robin-Hood-Tradition des Mittelalters, der "Cony-Catching-Stories" des 16. Jahrhunderts, der Biographien von pikaresken Helden wie Gil Blas, Defoes Colonel Jaque, Fieldings Jonathan Wilde, Bulwer-Lyttons Paul Clifford, Thackerays Barry Lyndon und Ponson du Terreils Rocambole stehen [20], zeigen in ironischer Verherrlichung den Aufstieg und Lebensweg des Verbrechers.

Hier knüpft auch G. K. Chesterton mit seiner Figur des großen Verbrechers Flambeau an, der neben Father Brown in fast allen *Father Brown Stories* auftritt. Der Detektiv Father Brown stellt in allerdings subtilerer Form auch eine Gegenfigur zum "Great Detective", seiner Methode und seinen weltanschaulichen Voraussetzungen dar, wenn er auch von der Kritik vielfach nur als Variation dieser Figur gesehen wurde und Chesterton schließlich selbst der Suggestionskraft der Schablone erlag.

In seinem Essay "A Defence of Detective Stories" macht Chesterton ironisch die Bedeutung des Genres für die moderne Zeit klar und erklärt es für die Form des modernen Märchens, das die Poesie der Großstadt, ihres Eigenlebens und ihrer Menschen am überzeugendsten wiedergibt. Die ersten vier Father-Brown-Geschichten ("The Blue Cross", "The Secret Garden", "The Queer Feet", "The Flying Stars") lassen das schriftstellerische Credo Chestertons erkennen, das sich auch in den Titeln der fünf Sammlungen von Father-Brown-Geschichten niederschlägt.[21] Sie wurden geschrieben, als Chesterton zwar noch nicht zum katholischen Glauben übergetreten war, ihm aber unter dem Einfluß seines Freundes Father John O'Connor nahestand. Chesterton will von Anfang an den Denkgrundsatz des innerweltlich bezogenen Superman *ad absurdum* führen. Wie Shaws Lehre vom Superman ist für ihn auch der Detektivheld der Aberglaube einer glaubenslos gewordenen Welt. Chesterton greift immer wieder den Unglauben in all seinen Schattierungen an, und seine Gestalt des Father Brown äußert sich in Paradoxa, die sich letztlich als die Wahrheit erweisen, daß einzig und allein ein transzendenter Glaube mit der Logik übereinstimmt.

Father Brown löst die Fälle, nicht weil er ein überragender Denker

[20] Beispiele für die Erlebnisse dieser Anti-Detektive finden sich in der Sammlung von Ellery Queen, *Rogue's Gallery* (Boston, 1945).

[21] *The Innocence of Father Brown* (1911), *The Wisdom of Father Brown* (1914), *The Incredulity of Father Brown* (1926), *The Secret of Father Brown* (1927), *The Scandal of Father Brown* (1935).

und Methodiker ist, sondern weil er als Priester in Gottes Auftrag handelt und sich selbst in den Verbrecher, den er als sündigen Menschen sieht, hineinversetzen kann und weil er als Seelsorger von armen Gemeinden und als Beichtvater die inneren Verstrickungen der Welt und der Menschen kennt.[22] Sein Wissen um Alltäglichkeiten und sein "common sense" sind ihm dabei behilflich. Mysterien dieser Welt gibt es für Father Brown nicht, das einzig große Rätsel bleibt die göttliche Gnade und Allmacht, wie er in seiner letzten Geschichte "The Insoluble Problem" darstellt. Die menschliche Selbsterhöhung zum Superman führt in der katholischen Gedankenwelt des Autors notwendigerweise zum Verbrechen. Chesterton zeigt das in der zweiten Geschichte, wenn er den atheistischen französischen Polizeichef zum Mörder werden läßt.

Die Geschichten werden von einem auktorialen Erzähler dargeboten, wobei die Erzählweise ihren propagandistischen Charakter unterstreicht.

Father Brown ist nicht nur in seiner Weltanschauung, sondern auch in seiner äußeren Gestalt eine Gegenfigur zu Sherlock Holmes. In der ersten Erzählung "The Blue Cross" taucht Brown scheinbar zufällig auf, und er wird doch der siegreiche Gegenspieler nicht nur des großen Verbrechers Flambeau, sondern auch des französischen Meisterdetektivs Aristide Valentin. Sein Name entspricht dem braunen Packpapier, das das glänzende Kleinod des blauen Kreuzes vor den Augen der Welt verbirgt.

Viele der insgesamt 50 Father-Brown-Geschichten erliegen der Schablone der Detektiverzählung. Zuerst wurde sie nur benutzt, um eine Weltanschauung zu propagieren, später wurde sie Selbstzweck. In die zuerst witzige und scharfsinnige Form mischt sich mit der Zeit massive religiöse Propaganda. Werden Katholiken am Anfang der Erzählung verdächtigt, so entpuppen sich am Ende Atheisten und Puritaner als die wahren Bösewichte, und ihre Motive lassen häufig die Todsünden der katholischen Kirche erkennen. So klärt dann Father Brown nicht in erster Linie Verbrechen auf, sondern er entlarvt den sündigen Menschen. Folgerichtig übergibt er den Verbrecher auch nur selten der menschlichen Gerichtsbarkeit, sondern überläßt die Bestrafung Gott, der für ihn kein puritanischer Rachegott ist, der eher Gnade und Barmherzigkeit kennt: auch der Meisterverbrecher Flambeau wird bekehrt und wird zum dienenden Helfer des Priesterdetektivs.

Solange die Geschichten Chestertons bewußt die Schablone der Detek-

[22] Die Anregung zu der Gestalt des Father Brown geht auf reales Erleben Chestertons zurück. Vgl. *Autobiography* (London, 1936), bes. Kapitel 16.

tivgeschichte als Vehikel für eine Weltanschauung benutzten, stellten sie einen originellen Beitrag zu einer Entwicklung dar, die mit dem jüdischen Detektiv Rabbi Small bei Kemelman erneut einen Höhepunkt erreicht.

P. G. B.

Literaturbericht

Die Literatur über Arthur Conan Doyle und sein fiktives Geschöpf Sherlock Holmes ist ins Unermeßliche angewachsen und kaum mehr zu überblicken. So gibt es mittlerweile Zeitschriften, wie das seit 1946 erscheinende *Baker Street Journal,* die sich ausschließlich in ihren Beiträgen der Welt des Sherlock Holmes verschrieben haben. Das Kapitel "Sherlock Holmes" in A. E. Murchs *Development of the Detective Novel* ist als Einführung und Überblick nützlich und empfehlenswert.

Aufschluß über das Leben von Doyle gibt seine Autobiographie *Memories and Adventures* (London, 1924) sowie die Bücher von John Dickson Carr, *The Life of Sir Arthur Conan Doyle* (London, 1949) und Pierre Nordon, *Conan Doyle* (London, 1966). Und als wichtigste Literatur über das Werk seien Vincent Starrett, *The Private Life of Sherlock Holmes* (New York, 1933) und William S. Baring-Gould, *The Annotated Sherlock Holmes,* 2 Bände (New York, 1967) genannt.

Eine Monographie über Chestertons Detektivgeschichten steht aus. Zwar gibt es eine Vielzahl von kleineren Aufsätzen (meist von religiös gebundenen Autoren) zu einzelnen Geschichten, aber den besten Überblick geben die entsprechenden Kapitel bei Haycraft, Murch und Routley.

Nachtrag 1977: Die manische Begeisterung von Schriftstellern und Literaturkritikern, fiktive Episoden aus dem Leben von Sherlock Holmes zu erfinden, hat auch in den letzten Jahren nicht nachgelassen. Der Klassiker dieser Art bleibt immer noch W. S. Baring-Goulds Sherlock-Holmes-Biographie (mit Bibliographie), die auch neuerdings als Taschenbuch erreichbar ist (London: Fontana, 1975). Ferner sei auf die Romane von Nicholas Meyer, *The Seven Per Cent Solution* und *The West End Horror* hingewiesen. Streckenweise recht originell ist die Studie eines Amerikaners, der den Einfluß Nietzsches auf die Moriarty-Figur nachweist: Samuel Rosenberg, *Naked is the best disguise. The death and resurrection of Sherlock Holmes* (New York, 1974). Die neueste Doyle Biographie stammt von Ronald Pearsall, *Conan Doyle. A Biographical Solution.* London, 1977.

Fünftes Kapitel

"THE GOLDEN AGE OF THE DETECTIVE NOVEL": FORMEN DES ENGLISCHEN DETEKTIVROMANS ZWISCHEN 1914 UND 1939

Während die Detektivromane in England und Amerika im 19. Jahrhundert genau betrachtet Einzelphänomene waren, blüht das Genre — das schon seit der frühesten Zeit immer wieder totgesagt wurde — in der Zeit zwischen 1914 und 1939 erstaunlich auf. Um einen Eindruck zu geben, mögen die Zahlen ausreichen, die Howard Haycraft nennt: 12 Titel 1914, 97 Titel 1923 und 217 verschiedene Titel 1939 [1] können das Anschwellen der Detektivliteratur in dieser Zeit verdeutlichen, die von Kritikern auch häufig als "Golden Age of Detective Fiction" bezeichnet wird.

Erlebte schon die Jahrhundertwende einen Höhepunkt der Produktion von Groschenheften ("penny dreadfuls"), so bringen die frühen 20er Jahre doch etwas gänzlich Neues. Eine kleine Gruppe von literarisch gebildeten Intellektuellen, die alle der "upper middle-class" angehören, greift das als trivial erachtete Genre auf, dilettiert darin und schafft einen festumrissenen Typ des Romans, der bestimmten Regeln und Konventionen folgt: die "orthodox detective novel", den eigentlichen englischen Detektivroman.

Interessant ist der soziale Hintergrund der Autoren. Selten findet man sonst in einer Gruppe von Autoren eine solche Vielzahl akademischer Berufe. Die Eintragungen in einem älteren Band des *Who's Who* bei Namen wie Chesterton, Buchan, Mason, Forester, Freeman, Lewis, Crofts, Cole, Knox, Bentley und Milne können einen Eindruck davon vermitteln, wie hier das Schreiben von "detective novels" zu einer Nebenbeschäftigung einer intellektuellen Führungsschicht wird.[2]

Doch nicht nur die Autoren, auch ihre Leserschaft gehört zu dieser

[1] Haycraft, *Murder For Pleasure* (New York, 1968), S. 181.

[2] Diesen Aspekt behandelt 1948 schon Lucy Schulze in ihrer Dissertation (S. 67—73), allerdings nicht so gründlich, wie es wünschenswert wäre. Wichtige Einsichten in das Verhältnis von Autoren und Lesepublikum vermittelt das neue Buch von Colin Watson, *Snobbery With Violence: Crime Stories and Their Audience* (London, 1971). Watson untersucht die Zeit zwischen 1920 und Mitte der 30er Jahre, widmet sich aber mehr dem *thriller* (bei Sax Rohmer, Oppenheim und Wallace) als dem „reinen" Detektivroman.

Führungsschicht. R. Austin Freeman, der selbst Detektivkurzgeschichten schrieb, sagt dazu in seinem Essay "The Art of the Detective Story" (1924): "The real connoisseurs are to be found among men of the definitely intellectual class: theologians, scholars, lawyers, and to a less extent, perhaps doctors and men of science."

Aber dieser Detektivroman ist in seiner produktivsten Zeit niemals so populär, wie es gemeinhin behauptet wird; der klassische Detektivroman bringt nur geringe Auflagenhöhen. Populär und vielgelesen sind Autoren wie 'Sapper' mit seinen *Bulldog Drummond*-Romanen und Edgar Wallace[3], deren Werke aber nicht mit dem hier besprochenen Typus des englischen Detektivromans verwechselt werden sollten.

Einer der ersten, der neben G. K. Chesterton für die literarische Etablierung des Detektivromans eintritt, ist R. A. Freeman mit dem oben erwähnten Essay. Er erkennt in voller Schärfe ein Phänomen der Kritik gegenüber dem Detektivroman, das sich bis heute noch nicht gewandelt hat: während jede andere Literatur an ihren herausragenden Werken gemessen wird, beurteilt man den Detektivroman meist nach seinen schlechtesten Erzeugnissen. Die klassischen Romane dieser Zeit sind allerdings heute häufig schwer erreichbar. Alan Alexander Milnes *Red House Mystery* (um nur ein Beispiel zu nennen) ist, wie so viele andere Detektivromane, nicht mehr erhältlich.[4]

1. *Der reine Detektivroman oder "the crossword puzzle type"*

Eine der ersten klar bestimmten Formen, zu denen der Detektivroman sich entwickelt, ist die, die Dorothy Sayers den "crossword puzzle type" genannt hat. Diese Form bildete sich in der Nachfolge von Edgar Allan Poes „Detektiv*geschichten*" ("The Murders in the Rue Morgue", "The Mystery of Marie Rogêt", "The Gold-Bug", "The Pur-

[3] Vgl. dazu das Vorwort von Nicholas Blake (= Cecil Day Lewis) zu der englischen Ausgabe von Haycrafts *Murder For Pleasure* (auch abgedruckt als "The Detective Story — Why" in Haycrafts *The Art of the Mystery Story*), in dem er die Gründe für die Beliebtheit der "detective novel" bei der Oberschicht und des *thriller* bei der Unterschicht untersucht.

[4] Es gibt Bestrebungen, diese „Klassiker" neu aufzulegen, so etwa die Reihe *Classics of Detection and Adventure* des englischen Verlages Hodder & Stoughton. Auch der Rowohlt-Verlag bot einige der wichtigsten Vertreter dieser Zeit an, und neuerdings gibt es im Heyne-Verlag eine Reihe von klassischen Detektivromanen (hier ist *The Red House Mystery* in deutscher Übersetzung erhältlich).

loined Letter") zuerst in der Kurzgeschichte heraus.[5] Neben Arthur Conan Doyle sind R. A. Freeman und Ernest Bramah als typische Vertreter dieser Richtung zu nennen.

Dieser Romantyp, den Boileau/Narcejac auch „Problemroman" nennen, folgt einem festen Schema: Ein Mord ist geschehen (oder er geschieht auf den ersten Seiten des Romans), ein Detektiv — der mehr oder weniger zufällig auftaucht — beginnt innerhalb eines kleinen Kreises von Verdächtigen seine Ermittlungen. Diese Verdächtigten, vom Autor sorgfältig ausgewählt (calculated approach), repräsentieren eine typisierte Gesellschaft. Die amtliche Totenschau (inquest) findet statt, was den Detektivromanautoren Gelegenheit bietet, lange medizinische Passagen einzufügen. Alle Verdächtigen haben ein Alibi, die Tätigkeit des Detektivs besteht aus dem Nachprüfen dieser Alibis. Das Alibi des Mörders zu konstruieren, ist das kunstvollste (und unwahrscheinlichste) Stück Arbeit des Autors. Der Detektiv erweist sich als dem Mörder (der es häufig nicht bei einem Mord beläßt) überlegen, seine Intelligenz zerbricht am Ende das Alibi des Mörders. Die Romane erscheinen als eine Art Spiel oder Duell der Intelligenz, zwischen Detektiv und Mörder und auch zwischen Autor und Leser.

Die Welt wird in diesen Romanen reduziert auf Ausschnitte, die als typisch für den Detektivroman gelten können, und die jedem Leser von Detektivromanen (wenn zum Teil auch als Projektionen seiner Wunschvorstellungen) vertraut erscheinen: das Landhaus, abgeschnitten von der Außenwelt; das College einer berühmten Universität; der exklusive Londoner Club; das kleine, „typisch" englische Dorf. Gemeinsam ist diesen Romanen die Isolation (sei sie geographischer, meteorologischer, sozialer oder geistiger Natur) von der realen Welt. Dieser Typ des Detektivromans ist nicht mehr das „Epos der Großstadt", wie Chesterton die Detektivliteratur definierte.

Agatha Christie isoliert darüber hinaus manchmal ihre Verdächtigen, indem sie sie in einem Flugzeug *(Death in the Air)* oder einem Eisenbahnabteil *(Murder on the Orient Express)* einschließt oder sie auf einer Insel *(Ten little Niggers)* von der Außenwelt abschneidet. Solche mechanische Reduzierung der realen Welt auf typische Orte ist charakteristisch für diese Art des Detektivromans. Die Autoren gefallen sich darin, die behagliche Atmosphäre des Landhauses, des kleinen Dorfes, des College — die heile Welt — durch einen Mord zu verfremden.

Wenn der Mord zu einer bestimmten Zeit (die es genau zu bestimmen gilt: der Leser wird bald mißtrauisch gegenüber allen Angaben, die ihm

[5] Vgl. S. 34 ff. dieses Buches.

im Roman als Tatsachen hingestellt werden), an einem bestimmten Ort, an einem bestimmten Menschen ausgeführt wurde, so hat der Autor schon eine Vielzahl von Möglichkeiten, um Irrfährten (red herrings) anzulegen. Die vorgespiegelte Realität von Raum und Zeit wird überbetont durch Verwendung von Skizzen, Einfügung von Fahrplänen und Dokumenten. Aber eben durch diesen überbetonten Scheinrealismus wird die Realität zur Fiktion.

Die Morde sind nicht real, von realen Mordtaten liest man in der Zeitung, in den *Great Cases*-Sammlungen, und nicht im Detektivroman. Der Anspruch auf Realität bei gleichzeitiger höchster Unwahrscheinlichkeit ist ein Grundparadoxon des Detektivromans, das vielleicht am treffendsten durch Carolyn Wells' Satz getroffen wird: "The detective story must *seem* real in the same sense that fairy-tales *seem* real to children." Die Morde sind technisch gesehen sehr kunstvoll, aber sie werden nicht mehr moralisch, sondern ästhetisch betrachtet, und so wird Thomas De Quinceys ironischer Essay "Murder Considered as One of the Fine Arts" zu einem wichtigen Beitrag für die Beurteilung der Detektivliteratur. Im 19. Jahrhundert, in den frühen „viktorianischen Kriminalromanen" war der Mord noch mit der Problematik von Schuld und Sühne verknüpft; im ersten Drittel des 20. Jahrhunderts ist eine solche Fragestellung nicht mehr wesentlich für den Detektivroman.

Für diesen Typ des Detektivromans werden bald schablonenhafte Konventionen entwickelt: Der Täter soll "the least likely person" sein, er darf kein Arzt, kein Pastor sein, und auch der Ich-Erzähler darf den Mord nicht begangen haben (dagegen verstoßen manche Autoren bewußt, man denke an Agatha Christies bekannten Roman *The Murder of Roger Ackroyd*). Diese Konventionen sind niedergelegt in dem erwähnten Essay von R. A. Freeman, in den 10 Regeln von Ronald A. Knox, den "Twenty Rules For Writing Detective Fiction" von 'S. S. Van Dine' und den Regeln des Londoner Detective Club.[6] Die Regeln sind meist handwerkliche Anweisungen an den Schriftsteller, um das „perfekte Verbrechen" literarisch möglich zu machen.

Das Problem *par excellence* dieser Form des Detektivromans ist das schon von Poe in "The Murders in the Rue Morgue" verwendete "locked room puzzle". Manche Autoren, wie John Dickson Carr, spezialisieren sich auf immer kompliziertere Variationen dieses Problems. Carr läßt sogar in seinem Roman *The Hollow Man* seinen Detektiv Dr. Gideon Fell einen Vortrag, "The Locked-Room Lecture", über alle

[6] Vgl. Kapitel VI dieses Buches.

logischen Möglichkeiten dieses Rätsels halten.[7] Aber ein solcher Verzicht auf die formalen Möglichkeiten des Romans und die Reduzierung auf *ein* logisches Problem kann nicht mehr unbedingt den Anspruch erheben, Literatur zu sein, sondern stellt eher die erzählerisch wenig verhüllte Lösung von Kreuzworträtseln dar.

Autoren, die diese Form von Detektivromanen mit Short Story-Struktur schreiben, sind Freeman Wills Crofts, das Ehepaar Cole, Ronald A. Knox, Dorothy Sayers (in ihren frühen Romanen), John Dickson Carr (der hier, obgleich er von Geburt Amerikaner ist, bei den englischen Detektivromanen behandelt sein soll) und vor allem Agatha Christie.

Häufig bieten diese Romane, die alle dem gleichen Schema der Aufklärung folgen, nur Variationen in bezug auf den Detektivhelden, den Nachfolger des "Great Detective". Fast alle Autoren bevorzugen innerhalb ihres Werkes den Seriendetektiv. Dieser ist meist Privatdetektiv, der aber auf gute Beziehungen zur Polizei nicht verzichtet. Er löst den Fall, indem er auf sein logisches Denken (wie Hercule Poirot auf seine "little grey cells") vertraut, auf seine Intuition (wie Baileys Reginald Fortune) oder (wie Miss Marple) auf die Lebenserfahrung. Oder der Detektiv — und das ist im frühen englischen Detektivroman verhältnismäßig selten — ist ein Polizeioffizier, der mit Routine und Geschick seine Fälle aufklärt: Freeman Wills Crofts' Inspector Joseph French ist das wohl berühmteste Beispiel.

Von den kraß überzeichneten, exzentrischen Privatdetektiven wie Hercule Poirot und Lord Peter Wimsey (und vielleicht auch Agatha Christies Miss Marple) abgesehen, entwickeln sich die Detektive mehr und mehr vom "Great Detective" zum unauffälligen, aber intellektuell brillanten Durchschnittsmenschen. Aber immer bleibt der englische Detektiv — im Vergleich zur späteren Entwicklung und seinen amerikanischen Kollegen von der "hard-boiled-school" — ein Gentleman.

2. *Der Detektivroman als "novel of manners"*

Die zweite Form, die der Detektivroman in dieser Zeit annimmt, liegt in der Tradition der englischen *novel of manners* begründet; der Detektivroman kehrt so zu seinem englischen Vorbild William Wilkie Collins zurück. Um diese Form hatte sich von 1930 an Dorothy Sayers

[7] John D. Carr, *The Hollow Man* (Harmondsworth, 1951), S. 187 bis 199.

bemüht.[8] Das Schwergewicht dieser Romane liegt auf der psychologisch feinfühligen Charakterzeichnung der Hauptgestalten (ein Element, das in der typisierenden Beschreibung der "crossword puzzle"-Form völlig vernachlässigt wurde), auf der Liebesgeschichte in der Nebenhandlung und auf der Betonung des Humors. Verbrechen und Detektion treten zurück. Diese Entwicklung bedeutet sowohl eine Umkehr zum viktorianischen Gesellschaftsroman wie eine Rückwendung auf den romanzenhaften amerikanischen Detektivroman zwischen 1875 und 1914.[9] Als erstes Beispiel für diesen Typ des *romanhaften* Detektivromans könnte man A. E. W. Masons *The House of the Arrow* (1924) ansehen (der von manchen Kritikern auch als *der* Detektivroman schlechthin bezeichnet wird).

Weitere Beispiele sind Dorothy Sayers Romane nach *Strong Poison* (1930), die Romane Margery Allinghams nach *Death of a Ghost* (1934) und die Romane von 'Nicholas Blake' und 'Michael Innes'.

Dorothy Sayers sieht sich in ihrem Essay über *Gaudy Night* als Vertreterin dieser neuen Richtung des Detektivromans[10]:

> We also took occasion to preach at every opportunity that if the detective story was to live and develop it *must* get back to where it began in the hands of Collins and Le Fanu, and become once more a novel of manners instead of a pure crossword puzzle.

Und darin stimmt sie mit Anthony Berkeley Cox überein, der die Abwendung von der oben beschriebenen ersten Form des Detektivromans in dem Vorwort zu seinem Roman *The Second Shot* (1930) so beschreibt:

> ... I am personally convinced that the days of the old crime-puzzle pure and simple, relying entirely upon plot and without any added attractions of character, style or even humour, are in the hands of the auditor; and that the detective story is in the process of developing into the novel with a detective or crime interest, holding its readers less by mathematical than by psychological ties. The puzzle element will no doubt remain, but it will become a puzzle of character rather than a puzzle of time, place, motive, and opportunity.

[8] A. C. Ward, der als erster in einer Literaturgeschichte dem Detektivroman Platz einräumte, sagt über ihre Romane: "The Wimsey books are for the most part better as novels than as detective novels; they have wit, humour, good character-drawing, and a quality of high seriousness imparted to them by the author's religious sense." (*Twentieth-Century Literature* [London, 1964], S. 78.)

[9] Etwa die Romane von A. K. Green, Carolyn Wells, Mary Roberts Rinehart.

[10] Dorothy Sayers, "Gaudy Night", in: Haycraft, *Art of the Mystery Story* (New York, 1946), S. 209. Der Essay erschien ursprünglich in Denys K. Roberts *Titles to Fame* (London, 1937).

3. *Der psychologische Kriminalroman*

Das Zitat von A. B. Cox charakterisiert zudem auch die dritte Form des englischen Detektivromans zwischen 1914 und 1939, die der "inverted detective story", für die wir hier den Begriff „psychologischer Kriminalroman" verwenden werden. War der Detektivroman bisher eine Rekonstruktion des Unerzählten und die Jagd nach dem Täter die eigentliche Handlung des Romans, so werden diese Formen hier umgekehrt. Der Roman beschreibt Vorgeschichte, Vorbereitung und Hergang der Tat, der Täter ist oft bekannt: es sind psychologische Studien eines Mordfalles. Der Mörder scheint davonzukommen, aber durch einen überraschenden Schluß, meistens durch Zufall, wird das Verhältnis von Gut und Böse wiederhergestellt. In 'Francis Iles" (= Anthony Berkeley Cox) Roman *Malice Aforethought* (1931) wird Dr. Bickleigh des Mordes an seiner Frau (den er begangen hat), freigesprochen, wird aber wegen eines anderen Mordes (den er nicht beging) gehängt.[11] Beispiele für diesen Typ des psychologischen Kriminalromans sind die frühen Romane von C. S. Forester, *Payment Deferred* und *Plain Murder,* und jene Romane von A. B. Cox, die er unter dem Pseudonym 'Francis Iles' schrieb: *Malice Aforethought* und *Before The Fact* (1932).[12] Die englische Kritik jener Zeit spricht von den Nachahmern der damals hochberühmten und weitverbreiteten Romane von Cox als der "Frances Iles School" (von denen noch 'Richard Hull' mit *Murder of My Aunt* oder *Keep it Quiet* erwähnt werden muß).

Man könnte dieser Form des Romans auch die "Entertainments" von Graham Greene *A Gun For Sale* (1936) und *Brighton Rock* (1938), diese romanhaften Studien junger Verbrecher, zurechnen. Und auch Romane wie Daphne Du Mauriers *Jamaica Inn* (1936) und *Rebecca* (1938) — die in der Nachfolge von Charlotte Brontës *Jane Eyre* stehen — können in diesem Zusammenhang gesehen werden.

Die Grenze zwischen der zweiten und der dritten Form des Detektivromans ist nicht so scharf zu ziehen wie die von der ersten zur zweiten Form. Die strengen Regeln des "crossword puzzle"-Romans werden aufgegeben, aber manche Kritiker weigern sich, diese Romane noch zu den „echten" Detektivromanen zu zählen. Die so oft gefor-

[11] Eine ähnliche Fabel benutzt auch der englische Spielfilm *Kind Hearts and Coronets* (dt.: *Adel verpflichtet*) mit Alec Guinness in der Hauptrolle.

[12] *Before the Fact* wurde schon 1940 von Alfred Hitchcock, dem Meister des psychologischen Kriminalfilms, verfilmt. Die psychologischen Kriminalromane dieser Zeit boten sich als Vorlage für den Film geradezu an.

derte „echte Detektiverzählung", in der der Leser alle "clues" erhält, nicht getäuscht wird und den Mörder selbst nicht nur erraten, sondern beweisen kann, ist als logische *tour de force* wohl nur in der Kurzgeschichte möglich.

Man kann jedoch feststellen, daß auch die Detektivkurzgeschichten in der Zeit des Aufblühens der zweiten und dritten Form des Detektivromans stark zurückgehen. Während der Detektivroman um 1930 die Ansprüche auf einen echten *Detektiv*roman aufgibt und sich dem Romanhaften zuwendet, bewahrt die Detektivkurzgeschichte von R. A. Freeman bis zu ihren neuesten Vertretern wie Edmund Crispin *(Beware of the Trains)* und Harry Kemelman *(The Nine Mile Walk)* jene Merkmale, die schon die Geschichten von Edgar Allan Poe kennzeichneten.

Mit der Hinwendung zum Romanhaften gibt der Detektivroman allerdings auch jene Kongruenz von Herkunft und Bildung zwischen Publikum und Autor auf, die er bis 1930 besaß. Einen handwerklich guten Detektivroman — vielleicht sollte man besser sagen „Detektionsroman" — vom "crossword puzzle type" konnte jeder Gelehrte schreiben, der sich für das Genre interessierte, ohne daß er deshalb je versucht hätte, einen wirklichen Roman zu schreiben.

In den 30er Jahren treten auf dem Gebiete des Detektivromans ausgesprochene Romanciers hervor: Margery Allingham, Nicholas Blake (= Cecil Day Lewis), Graham Greene, Michael Innes (= J. I. M. Stewart) und Georges Simenon. Ihre Romane — und hier sei nur auf wenige wie Allinghams *Black Plumes,* Sayers' *Gaudy Night* und Blakes *The Beast Must Die* hingewiesen — leben davon, daß sie Romane sind. Verbrechen und Aufklärung werden nicht mehr zum technischen Vorwand für Gedankenakrobatik. Der vielleicht einflußreichste Autor dieser Zeit (seine Romane wurden schon sehr früh ins Englische übersetzt) ist Georges Simenon[13], über den Nicholas Blake 1942 sagte:

> Perhaps the detective story, as we know it, will be supplanted by the crime novel. If so, future generations will look back on Simenon and Iles as the fathers of the new genre.[14]

[13] Es bliebe zu fragen, ob die Thematik der *crime novel* nicht eine allgemeine Thematik der 30er Jahre ist, die sich in Amerika in den Romanen der "hard-boiled school" ebenso findet wie zur gleichen Zeit in Marcel Carnés berühmten Filmen *Quai des Brumes* und *Le Jour se Lève.*

[14] Nicholas Blake, "The Detective Story — Why?", in: Haycraft, *The Art of the Mystery Story* (New York, 1946), S. 405.

4. *Der "thriller"*

Die vierte Form des Detektivromans ist die des *thriller* (auch "shocker" und "novel of suspense" genannt). Diesen Typ definierte John Buchan in der Vorrede zu einem der berühmtesten Beispiele eines *thriller, The Thirty-Nine Steps,* als "the romance where the incidents defy the probabilities, and march just inside the borders of the possible".

Der *thriller* lebt — wie die Romane Conan Doyles — von der Verherrlichung des Helden, der sich im ständigen Kampf für das Recht gegen einen "master criminal" befindet. E. M. Wrong warnte schon 1926 (wohl unter dem Eindruck der Popularität der Romane 'Sappers') die Autoren von Detektivromanen:

> ... one temptation the detective novelist does well to avoid ... is that of including in the same book a Napoleon of crime and a Wellington of detection, drawing a master villain who controls a huge organization of iniquity and impartially directs robbery, forgery, blackmail and murder ...[15]

und diese Warnung beinhaltet eine ziemlich genaue Beschreibung des *thriller*.

Man könnte einwenden, daß bei einer strengen Definition des Detektivromans die *thriller* ausgeschlossen werden müßten. Aber andererseits befindet sich der „reine Detektivroman" um 1930 in einer Krise, die Schablonengeschichten sind bei der steigenden Produktion erschöpft.[16] Währenddessen ist der literarisch gehobene *thriller*, der in seine Handlung Detektiv und Detektion lose integriert, ungleich erfolgreicher. Und nicht wenige Detektivromanautoren haben Themen und Motive von *thriller*-Autoren wie John Buchan, 'Francis Beeding', 'Leslie Charteris', 'Gerald Fairlie', 'Sapper', 'Dornford Yates' und Edgar Wallace in ihre Werke aufgenommen.

In den Werken des „reinen Detektivromans" war die Phantasie, das Unwahrscheinliche kaum vorhanden, man bemühte sich um eine pedantische Wiedergabe der Realität im Detail. Die *thriller* verdrängen die Realität, sie leben vom Unwahrscheinlichen und der phantastischen Handlung; eben das macht sie zur spannenden Lektüre. Die Beliebtheit des *thriller* ist gleichzeitig die Krise des Detektivromans. 1942 sieht Nicholas Blake die Situation so, daß dem Autor von Detektivromanen nur zwei Auswege bleiben:

[15] E. M. Wrong, "Crime and Detection", in: Haycraft, *The Art of the Mystery Story* (New York, 1946), S. 26.

[16] Diese Problematik sieht auch schon A. E. Murch, *The Development of the Detective Novel* (London, 1968), S. 228.

He can put unreal characters into realistic situations, or he can put realistic characters into fantastic situations.[17]

Der erste Weg ergibt die Romane, die wir in der ersten Form beschrieben haben, im besten Fall den *roman policier* von der Art der Romane Freeman Wills Crofts'. Die zweite Methode, "to place 'real' characters in unreal, fantastic, or at least improbable situations", bedeutet eine Anleihe beim *thriller* — man vergleiche dazu Buchans *Thirty-Nine Steps* mit Innes' *Secret Vanguard.* Aber diese Methode des bewußten Einbeziehens des Unwahrscheinlichen, des Verzichtes auf die Realität von Ort und Handlung, hat auf den Detektivroman immer großen Einfluß gehabt, wie in den frühen Romanzen von Margery Allingham und den Romanen von John Dickson Carr und Michael Innes. (Bei dieser Betrachtung wird davon abgesehen, daß der Anspruch auf Realität bei gleichzeitiger höchster Unwahrscheinlichkeit ein Grundparadoxon des Detektivromans ist.)

Das Operieren mit einer völlig unwahrscheinlichen Handlung, das Auftreten von Doppelgängern, verwechselten Zwillingsbrüdern, "master-criminals", Familiengeheimnisse, riesige Erbschaften, versteckte Schätze, Schlösser mit Geheimgängen und -zimmern, "happy-endings": das alles sind Motive der Trivialliteratur, wie sie dem „reinen Detektivroman" *wesentlich* nicht eigen sind. Sie werden jedoch gerne in den Detektivroman integriert. Die vollständige Anhäufung solcher Elemente findet sich wohl nur im *thriller,* aber man muß hier nach der Funktion solcher Elemente fragen: dienen sie nur der Schauererweckung, der Ersatzbefriedigung, oder sind sie ein intelligentes Spiel mit bekannten literarischen Clichés? Für den ersten Fall findet man viele Beispiele in den Romanen von Edgar Wallace, ein Beispiel für das Spiel mit dem Cliché wäre Margery Allinghams *Sweet Danger.*[17a]

Das Vorhandensein von einzelnen Elementen der Trivialliteratur genügt jedoch nicht, um den *thriller* als Trivialliteratur zu werten, denn welches Werk der Weltliteratur wäre ohne triviale Elemente? Das Literaturphänomen *thriller* erscheint als eine Rückwendung auf die "sensational novel" der viktorianischen Zeit. Was vermöchte der *thriller* des 20. Jahrhunderts Neues zu bringen, das nicht schon bei Dickens oder Collins angelegt ist? Die Stellung des *thriller* in der Literatur wird vielleicht am besten von T. S. Eliot in seinem Essay "Wilkie Collins and Dickens" formuliert:

[17] Nicholas Blake, a. a. O., S. 402—403.

[17a] Zu M. Allingham vgl. J. P. Becker, *Sherlock Holmes & Co.* (München, 1975), S. 28—36.

Those, who have lived before such terms as "high-brow fiction", "thrillers", and "detective-fiction" were invented realize that melodrama is perennial and that the craving for it is perennial and must be satisfied. If we cannot get this satisfaction out of what publishers present as "literature", then we will read—with less and less pretence of concealment—what we call "thrillers". But in the golden age of melodramatic fiction there was no such distinction. The best novels *were* thrilling ...[18]

Erstaunlich ist, wie bürgerlich-moralisch sich der englische *thriller* gebärdet. Die Helden sind Gentlemen, selbst wenn sie — in der besten Robin-Hood-Tradition — von der Gesellschaft verstoßen sind, bleiben sie ein Gentleman. Das war zu Doyles Zeiten Hornungs Held Raffles (der in der Arsène-Lupin-Nachfolge steht), der tagsüber Cricket spielte und nachts auf Beutezüge ging. Und das ist in den 20er Jahren Captain "Bulldog" Drummond (der in den Ex-Soldaten nach dem Ersten Weltkrieg eine große Leserschaft hatte) und Leslie Charteris' Held Simon Templar, "The Saint". Die Gerechtigkeit siegt, auch wenn sie von Dieben und Mördern wiederhergestellt werden muß, wie z. B. in Edgar Wallaces Roman *The Four Just Men.*[18a] Die bösen Verbrecher des *thriller* sind die Projektionen der Xenophobie, sie sind Ausländer, Kriegsgewinnler oder Juden, während der Held Projektion aller Wunschträume des Lesers ist: diese Grundformel des *thriller* hat sich bis zu den Romanen Ian Flemings nicht geändert.

Aber es gibt kein Verbrechen um des Verbrechens willen, es gibt keine negative Weltsicht; der englische *thriller* bewahrt sich ein bürgerlich-moralisches Stützgerüst in der Handlung. Verhältnismäßig spät importiert Peter Cheyney Stil und Form der amerikanischen "hardboiled school", und seine Romane um die Helden Slim Callaghan und Lemmy Caution tragen ihm Bestseller-Erfolge ein.[19]

J. P. B.

Literaturbericht

Die Literaturkritik nahm sich des Detektivromans der Zeit nach 1914 erst sehr spät an, kritische Aufsätze und Kommentare finden sich verstreut in den

[18] T. S. Eliot, "Wilkie Collins and Dickens", in: *Selected Essays 1917—1932* (New York, 1932), S. 373.

[19] Man scheint es in der Kritik zum Detektivroman nicht recht wahrhaben zu wollen, daß Cheyney und James Hadley Chase — der mit *No Orchids For Miss Blandish* die Formel für den grausamen "sex and crime"-Roman fand — Engländer und nicht Amerikaner sind.

[18a] Zu Edgar Wallace vgl. J. P. Becker, *Sherlock Holmes & Co.* (München, 1975), S. 15—27.

Zeitschriften. Sie sind meistens von Detektivromanautoren geschrieben (wobei man bedenken muß, daß diese in England immer größeres Ansehen genossen haben als in Deutschland). Die wenigen Aufsätze aus dieser Zeit haben auch heute noch nichts von ihrer Bedeutung verloren. E. M. Wrongs Vorwort zu *Crime and Detection* (London, 1926), einer der ersten Anthologien von Detektivgeschichten, ist immer noch eine der wichtigsten Aussagen. Die Detektivliteratur befand sich lange Zeit (vielleicht heute noch) in einer Defensivstellung, da sie sich gegen das Primat der „hohen" Literatur verteidigen mußte, aus dieser Haltung ist der Essay von R. Austin Freeman, "The Art of the Detective Story" (1924) entstanden. In den Vorworten zu *Great Short Stories of Detection, Mystery and Horror* (London, 1928, 1931, 1934) gibt Dorothy L. Sayers einen Überblick über die historische Entwicklung des Detektivromans, der — von einer Kennerin geschrieben — immer noch eine der bedeutendsten Publikationen über den englischen Detektivroman von Poe und Collins bis zu den 30er Jahren darstellt.

T. S. Eliot schreibt 1928 ein Vorwort zu der Oxford-University-Press-Ausgabe von Collins *Moonstone*, in der er diesen als den ersten, längsten und besten englischen Detektivroman rühmt. 1931 erscheint das erste englische Buch, das sich ausschließlich dem Detektivroman widmet, H. Douglas Thomsons *Masters of Mystery*. In Frankreich war schon 1929 ein Buch über den Detektivroman erschienen, Régis Messacs *Le 'detective novel' et l'influence de la pensée scientifique*, jedoch widmet sich dieses wissenschaftlich sehr fundierte Werk nur dem 19. Jahrhundert. Den kürzesten Überblick und gleichzeitig die erste Erwähnung in einem Lexikon gibt der Artikel von Ronald A. Knox in der *Encyclopaedia Britannica* (1929). 1942 veröffentlichte Howard Haycraft mit *Murder For Pleasure, The Life and Times of the Detective Story* (neue Auflage mit geringen Zusätzen: New York, 1968) eines der inhaltreichsten Werke, das sich aber mehr an den Liebhaber und Leser wendet, als den Detektivroman literaturwissenschaftlich zu bestimmen. In dem Band *The Art of the Mystery Story* (New York, 1946) hat Haycraft die wichtigsten Kritiken zur Detektivliteratur vom Ende des 19. Jahrhunderts bis zum Ende des Zweiten Weltkrieges gesammelt.

Die bisher neueste Untersuchung zum englischen Detektivroman der 30er Jahre ist Colin Watsons Buch, *Snobbery With Violence* (London, 1971), das eine interessante Untersuchung zur Soziologie des Lesepublikums beinhaltet.

Nachtrag 1977: Die soziologischen Wechselbeziehungen werden in der Arbeit von Gerd Egloff, *Detektivroman und englisches Bürgertum. Konstruktionsschema und Gesellschaftsbild bei Agatha Christie* (Düsseldorf, 1974) noch vertieft. Ein großer Teil der im Text des vorangegangenen Kapitels erwähnten kritischen Essays zum Detektivroman aus der Feder von Detektivromanautoren liegt jetzt mit dem Sammelband von Buchloh/Becker, *Der Detektiverzählung auf der Spur* vor. Das lange vergriffene Standardwerk zum Detektivroman der 30er Jahre von H. D. Thomson, *Masters of Mystery* ist durch einen Reprint der New Yorker Folcroft Press wieder erreichbar.

Sechstes Kapitel

DIE SPIELREGELN DER DETEKTIVERZÄHLUNG

Viele Kritiker und Historiker der Detektiverzählung versäumen nicht, auf das Bestehen von „Regeln“ innerhalb des Genres hinzuweisen. So zeigt Fritz Wölcken in seinem Buch *Der literarische Mord*, wie sich im Laufe der Zeit eine Reihe von Gesetzen für das Verfassen von Detektiverzählungen herausgebildet hat.[1] Und A. E. Murch erwähnt in *The Development of the Detective Novel*, daß der Londoner Detektivclub solche Regeln kenne[2] und daß die zehn Regeln von Ronald Knox großen Einfluß auf die Entwicklung der Detektiverzählung gehabt hätten.[3]

Wenn allerdings die prominente Präsidentin des Detection Club, Agatha Christie, mir auf eine Anfrage schrieb:

> I do not think you are quite clear about what the Detection Club is. *It does not have any particular 'rules'*.

und weiter betont, Schreiben sei “a profession in which there are no rules ...”, dann muß gefragt werden, ob die Kritik nicht die Verbindlichkeit der Regeln überbetont hat.

Die Regeln entwickeln sich erstmals im sogenannten “Golden Age” der Detektiverzählung. Es sind Vorschriften für den Autor, das einmal erreichte Niveau zu konservieren oder gar das Verfassen von Erzählungen zu perfektionieren. Die Regeln bestimmen, welche Möglichkeiten dem Leser zu geben sind, den Mordfall zu lösen. Schon der Ausdruck „Spielregeln“ weist darauf hin, daß wir es bei den Autoren der oben definierten ersten Form des Detektivromans mit Erzählern zu tun haben, die das Spiel um die Lösung des Falles in den Vordergrund stellen. Leser und Autor unterwerfen sich scheinbar den gleichen Bestimmungen, um ein rein intellektuelles Problem zu klären; an Charakterdarstellung, Stil und Form wird so stark gespart, daß nur noch ein „literarisches Feigenblatt“ bleibt. Über eine Extremform der hier beschriebenen Detektiverzählung unterrichtete mich Nigel Morland, Verfasser mehrerer Detektivromane in den 30er Jahren: Dennis Wheatley

[1] Wölcken, a. a. O., S. 193.
[2] Murch, a. a. O., S. 229.
[3] Murch, a. a. O., S. 225.

schrieb unter anderem *Murder off Miami, Who Killed Robert Prentice;* diesen Romanen sind Fotos, Faksimiles von Briefen, Knöpfe, Haarbüschel oder Zigarettenstummel beigegeben. Die Romane wurden etwa Mitte der 30er Jahre verfaßt. Auch Morland versuchte sich in einer Variante des Rätselromans: die letzten 50 Seiten des Buches waren in einem Umschlag verschlossen, ein Preis war ausgesetzt für Leser, die das Geheimnis enträtselten, so zum Beispiel in *Death Took A Publisher.* Etwa ab 1937 waren diese "Sealed Mysteries" in Mode. Diese Auswüchse sind symptomatisch für eine Zeit, in der diese spezielle Richtung der Detektiverzählung in England sich totgelaufen hatte, in der sie zu einer Art Kreuzworträtsel geworden war. Nigel Morland kennzeichnet in seinem Büchlein *How To Write Detective Novels* (London, 1936) diese Romane:

> . . . the novel of pure detection, in which action and physical excitement are at a minimum, and the whole emphasis falls on the niceties of deduction; these stories are puzzles pure and simple and entirely intellectual in their appeal.[4]

Wie ist es zu solchem Manierismus des Detektivromans gekommen? In dem eben genannten Zitat ist das Schlüsselwort für die Entwicklung enthalten: Deduktion. Schon bei Poe, dem Erfinder der „detective story", spielt die Deduktion eine wesentliche Rolle. Poe schrieb die *tales of ratiocination* und verwob darin seinen Glauben an die Allmacht des Verstandes; sein Detektiv Dupin ist eine Verkörperung dieses Glaubens: durch logische Deduktion kann er jedes Problem lösen, und ein Leser, der die Kunst der Deduktion beherrscht, müßte dazu ebenfalls in der Lage sein. Im klassischen Detektivroman des "Golden Age" hat sich diese Ansicht überliefert, die den Detektivroman als ein Spiel der Vernunft betrachtet — dazu waren Spielregeln notwendig.

Als einer der ersten stellte R. A. Knox (1888—1957), Verfasser von fünf Detektivromanen, 1924 einen Katalog von 10 Regeln zusammen, den "Detective Story Decalogue". Regel 1 verlangt, daß der Autor den Täter früh zu erwähnen hat. Der berühmte große Unbekannte, den der Leser nicht verdächtigen konnte, weil er erst im letzten Kapitel auftauchte, wird als unzulässig abgetan. In der 2. Regel werden übernatürliche Elemente, die der Autor als Lösung des Problems anbietet, ausgeschlossen. "Not more than one secret room or passage is allowable" sagt die 3. Vorschrift. Desgleichen sind unbekannte Gifte (4), verdächtige Asiaten (5), unvorhergesehene Zufälle (6) und vor allem die Unter-

[4] A. a. O., S. 20.

schlagung von "clues" (8) verpönt. Das Auftreten von Zwillingsbrüdern, von denen nur der eine schuldig sein kann, ist ebenfalls unzulässig (10). Wenn der Autor den Detektiv ausdrücklich als solchen bezeichnet, darf sich dieser nicht am Schluß selbst als Täter herausstellen (7). Regel 9 verlangt, daß die Watson-Figur ihre Vorstellungen über den Fall nicht geheimhalten soll und daß sie etwas dümmer zu sein hat als der Durchschnittsleser. Die Regeln sind als Polemik gegen den Mißbrauch der Versatzstücke zu verstehen, die seit Poe in der Detektiverzählung benutzt wurden.

Gemeinsam ist allen Regeln das Prinzip der Fairneß gegenüber dem Leser. Vor allem die Forderung, ihm alle zur Lösung notwendigen "clues" anzugeben, zeigt, daß Knox faire Voraussetzungen für einen Wettkampf zwischen Detektiv und Leser schaffen will. Knox ist sich jedoch darüber im klaren, daß eine Chancengleichheit zwischen den beiden nur scheinbar bestehen kann, wie sein Kommentar zur Regel 8 deutlich macht: mit der Angabe aller "clues" ist eine oberflächliche Fairneß gegeben, aber die eigentliche Arbeit des Autors fängt nun erst an:

> The skill of the detective author consists in being able to produce his clues and flourish them defiantly in our faces: 'There!' he says, 'what do you make of that?' and we make nothing.

Der Leser hat also die "clues", er soll aber nichts mit ihnen anfangen können. Knox lehnt es ab, wenn in auffälliger Weise Indizien unterschlagen werden und der Vorsprung des Detektivs vor dem Leser so eindeutig demonstriert wird wie etwa bei Doyle. Als ein Beispiel nennt Knox die Methode des "Picklock Holes", womit natürlich Sherlock Holmes gemeint ist. Der Name ist keine Erfindung von Knox, er ist im Titel einer frühen Doyle-Parodie enthalten: schon 1901 machte sich R. C. Lehmann in seinem Buch *The Adventures of Picklock Holes* über Doyles Erzählungen lustig, in denen der Leser nicht einmal zum Schein mitraten darf. Knox' Spielregeln wenden sich einmal gegen Autoren wie Doyle, dessen Romane in den 20er Jahren überholt waren, zum anderen gegen Schriftsteller, die in der Nachfolge Doyles in einer großen Produktion von Detektivromanen den Leser ganz offensichtlich an der Nase herumführten und mit simplen Tricks nicht sparten. Knox lehnt den billigen Detektivroman ab, der auf primitive Klischeevorstellungen des Lesers spekuliert und z. B. den Asiaten grundsätzlich als verdächtig hinstellt (vgl. Regel 5). Der „Dekalog" verurteilt plumpe Kunstgriffe und plädiert für dezente Unredlichkeiten — so z. B. in Regel 3, die den sparsamen Einsatz von Geheimgängen gestattet. In einer Literaturgattung, die vom Geheimnis lebt, muß die Benutzung von Tricks selbstverständlich sein. Es kommt darauf an, wie geschickt sie verwendet werden, so daß der Leser meint, mitraten zu können. Fairneß besteht also bei Knox weitgehend in der feineren Nuancierung von Tricks.

Die Tatsache, daß der „Dekalog" vorwiegend Fairneßregeln enthält und damit das Verhältnis Leser/Autor bestimmt, zeigt, daß Knox den Detektivroman als ein Spiel zweier Partner auffaßt. Eine Bestätigung dieser Annahme gibt Regel 1, die das frühe Erwähnen des Täters postuliert; denn ein dem Leser Fremder "spoils the play altogether". Eindeutige Aussagen in seinen Aufsätzen tragen zu dieser Charakterisierung bei: "... every detective story is a game played between the author and the reader ..."[5] Aus dem Inhalt des „Dekalogs" können wir schließen, daß bei Knox die Lösung des Problems im Mittelpunkt der Erzählung steht. Daß der Schwerpunkt auf Deduktion, nicht auf Aktion liegen soll, sagt Knox in seinen Aufsätzen; hier definiert er den Detektivroman als eine Erzählung, deren Handlung schon nach dem Mord, also spätestens nach den Anfangskapiteln zu Ende ist — was folgt, ist die Aufklärung:

> The real action ... is now over. And here is one of the chief difficulties about writing detective stories — to keep the interest alive in spite of the fact that what remains of the plot is, strictly speaking, not action at all, but more unravelling.[6]

Den einzelnen kurzen Spielregeln läßt Knox jeweils einen ausführlichen Kommentar folgen. Der Text der Regeln allein mag dazu verführen, sie für strikte Vorschriften zu halten — sie sind in der Form präskriptiv. Der Kommentar macht jedoch deutlich, daß Knox altmodische oder billige Detektiverzählungen (Regel 5 und 8) mit seinen „Regeln" parodieren will und die Einhaltung seiner Regeln bei einem guten Autor für ganz selbstverständlich hält. Knox glaubt, daß zu seiner Zeit die Detektiverzählung bereits am Aussterben sei: "The game is getting played out ..."[7] Ausgehend von dieser Ansicht kann man den „Dekalog" als Versuch verstehen, den englischen klassischen Detektivroman auf seiner höchsten Entwicklungsstufe in den 20er Jahren in Form von Regeln zu skizzieren und gleichzeitig über bestimmte Romane dieser Gattung schmunzelnd ein abfälliges Urteil abzugeben. Die Schriftstellerin Mary Kelly, die zur Zeit Sekretärin des Detection Club

[5] "The Detective Story. Its Rules and its Prospects", *The Tablet* (Dec. 28, 1946), S. 354 f.

[6] R. A. Knox, a. a. O., S. 354.

[7] "Detective Stories", S. 194.

ist, schrieb mir, daß sie Knox' Regeln als humorvollen Ausdruck seiner Überlegenheit minderwertigen Detektiverzählungen gegenüber deute; sie sagt über Knox und seine Regeln:

> ... he took them seriously in so far as they expressed his and his fellow writers' assumption of superiority. (Brief vom 1. 5. 1970)

Es ist anzunehmen, daß Knox der erste war, der eine Art Regelsystem aufstellte; vor seiner Zeit gab es bereits Autoren, die Gesetzmäßigkeiten der Detektiverzählung erkannten oder — wie Carolyn Wells in Amerika — einzelne Regeln formulierten. Der Einfluß des Knoxschen "Decalogue" in England zeigt sich bei der Gründung des Detection Club. 1932 schlossen sich berühmte englische Detektivromanautoren zu einem Klub zusammen. Das Ritual bei der Aufnahme neuer Mitglieder enthielt einen Schwur, den sogenannten "Detection Club Oath". Zu den Gründungsmitgliedern des Klubs gehörten G. K. Chesterton, Anthony Berkeley Cox, Agatha Christie, Dorothy Sayers und wahrscheinlich Ronald Knox, wie die Sekretärin des Klubs mir mitteilte. In dem Schwur wurden offenbar Knox' Regeln weitgehend berücksichtigt; der Sinn des Schwurs scheint dem des „Dekalogs" zu entsprechen; er zeigt, daß die Autoren zur Zeit der Gründung 1932 sich zum Prinzip der Deduktion und Fairneß bekennen.

> *Ruler:* Do you solemnly swear never to conceal a vital clue from the reader?
> *Candidate:* I do.

Hier ist die Parallele zu Regel 8 von Knox offensichtlich. Weitere Entsprechungen bieten Regel 3 (Geheimgänge), 4 (unbekanntes Gift), 5 (der Chinese) und 6 (das Verbot von Zufall und Intuition), die im Schwur folgendermaßen wieder auftauchen:

> *Ruler:* Do you promise to observe a seemly moderation in the use of ... Trap-Doors, Chinamen ... and utterly and for ever to forswear Mysterious Poisons unknown to science?

Intuition oder Zufall werden als "Feminine Intuition, Mumbo-Jumbo, Jiggery-Pokery, Coincidence" bezeichnet und verboten. Die zitierten Beispiele für das Fairneßgebot des Detection Club lassen erkennen, daß der Schwur keine ernsthafte Aufforderung an die Mitglieder war: die komische, scheinbar aber sehr ernste Form der Aufnahme in den Klub und die Übertreibung, die sich in der Anhäufung von Verboten und in der Wortwahl manifestiert, sind der eindeutige Beweis dafür. Was Knox auf sehr dezente Weise ausdrückt, besagt der

Schwur ebenfalls: für die Autoren des Klubs ist Fairneß selbstverständlich, auf humorvolle Weise sollen schlechte Detektivromane lächerlich gemacht werden — und ihre Verfasser aus dem Klub ausgeschlossen sein.

Was Agatha Christie zur Bedeutung der Regeln heute meint, wurde schon gesagt. Aber auch sie hält ganz selbstverständlich an den einfachsten Ansprüchen der Fairneß fest: "You must not mislead the reader by giving false claims which you yourself state to be true. Any character in the book could of course lie, and presumably frequently does." (Brief vom 26. 6. 1969)

Howard Haycraft, dessen zwei Bücher über die Detektiverzählung die verschiedenen Spielregeln abdrucken, meint, der Schwur sei "mostly humorous" (Brief vom 26. 3. 1970); und wen auch das noch nicht überzeugt, der sollte die witzige Schilderung Margery Allinghams über ihre Aufnahme in den Klub nachlesen.

Schon in der ersten Zeit des Klubs waren seine Spielregeln also kaum sehr ernst gemeint, der Schwur ist aber bis heute bei der Aufnahmezeremonie abzulegen; er ist jedoch lediglich als ein komisches Relikt aufzufassen, das an ein frühes Stadium der Detektiverzählung erinnert, in dem Fairneß noch nicht selbstverständlich war. Mary Kelly wies mich darauf hin, daß heute der Neuankömmling nur noch aufgefordert wird "to remember, not to follow the rules"; und wenn man erfährt, daß selbst ein Autor wie Len Deighton Mitglied ist, dann darf man wohl den Schluß ziehen, daß hier nicht mehr mit Hilfe von Regeln der klassische englische Detektivroman weiter gezüchtet werden soll. Die Sekretärin faßte die Auffassung der meisten Mitglieder so zusammen: "They take the club seriously, not the rules." John Dickson Carr, seit 1936 Mitglied, sieht Fairneß als eine Selbstverständlichkeit an; er meint über die Regeln, sie seien "far from being as solemn or as grim" (Brief vom 13. 5. 1970) wie der Regelkomplex des Amerikaners S. S. Van Dine.

Hinter dem Pseudonym S. S. Van Dine verbarg sich der Schriftsteller und Journalist W. H. Wright (1888—1939), der 12 Detektivromane unter diesem Namen schrieb. Er verfaßte das Gegenstück zu dem „Dekalog" von Knox, die "Twenty Rules For Writing Detective Stories". Von diesen Spielregeln existieren zwei Versionen, eine von 1928 und eine längere von 1936.

Die 1. Regel verlangt, daß dem Leser "equal opportunity with the detective for solving the mystery" gegeben wird. Diese Aussage deutet darauf hin, daß Van Dine von der Annahme ausging, Leser und Detektiv könnten faktisch mit den gleichen Voraussetzungen ein Problem lösen. Wenn Van Dine tatsächlich daran glaubt, so hat er hier die

Relation zwischen Autor und Detektiv übersehen: der Detektiv ist eine vom Autor geschaffene Person, derselbe Autor hat auch das Problem samt seiner Lösung erdacht; sein Detektiv ist also zwangsläufig dem ratenden Leser überlegen. Im zweiten Teil der Regel fordert Van Dine genau wie Knox die Angabe aller zur Lösung notwendigen "clues". Die 2. Regel verbietet dem Autor, den Leser mit Tricks zu täuschen, es sind nur solche Tricks erlaubt, die eine der handelnden Personen im Roman benutzt. Van Dine verwendet lediglich das erlaubte Mittel der Darstellung durch den Erzähler, der auf eventuelle Tricks des Täters ebenso hereinfällt wie der Leser. Wenn der Autor also durch einen seiner Charaktere den Leser und den Detektiv täuscht, so gilt das als legitim. Positiv ausgedrückt heißt diese Regel: eine Figur der Erzählung darf die Unwahrheit sagen, der Autor selbst jedoch nicht — ein Grundsatz, den auch Agatha Christie vertritt. Regel 1 und 2 wurden hier relativ ausführlich referiert, denn sie zeigen, wie sehr Van Dine auf Fairneß Wert legt; besonders die 1. Vorschrift scheint mir bezeichnend für den Charakter des ganzen Regelkomplexes, der sich über 4 (1928) bzw. 8 (1936) Seiten erstreckt und hier nur kurz angesprochen werden kann. Regel 1 macht augenfällig, daß für Van Dine die Detektiverzählung ein Spiel zweier Wettkampfpartner um die *deduktive* Lösung des Falles (anhand der "clues") ist.

Die 20 Regeln sollen in einer Übersicht, nach inhaltlichen Gesichtspunkten geordnet, dargestellt werden. Die wichtigste Forderung betrifft die Fairneß, die Van Dine in den Regeln 1, 2, 4, 9, 10, 13, 14 und 18 jeweils unter einem anderen Blickwinkel betrachtet. Die bereits erwähnte Regel 1 bezeichnet die Fairneß zwischen Leser und Detektiv. Was Van Dine darunter versteht, führt er in (2) aus (s. o.). Auch (4), (9) und (10) beziehen sich auf Fairneß im Verhältnis von Leser und Detektiv: ähnlich wie Knox untersagt Van Dine in (4), daß der Detektiv sich als Täter erweist; Regel 9 schreibt dem Autor vor, nur *einen* Detektiv, einen "protagonist of deduction" einzusetzen. Der Grund: der Leser sei nur einem, nicht mehreren „Gegnern" gewachsen! Die Begründung ist ebenso wie Regel 1 möglicherweise als Naivität Van Dines zu deuten, der die zwangsläufige Überlegenheit, die auch schon bei einem Detektiv vorhanden ist, nicht sieht. Regel 10 gebietet (vgl. Knox), daß der Täter in der Erzählung eine relativ wichtige Rolle spielen muß, es darf nicht erst im letzten Kapitel ein Fremder auftauchen, der dann zum Täter gemacht wird. In Regel 13 untersagt Van Dine Verbrecherorganisationen zum Schutz des Mörders; hier also soll die Gewinnchance des Detektivs gegenüber dem Verfolgten fair sein. Neben der Fairneß zwischen Leser und Detektiv sowie zwischen Detektiv und Verbrecher wird sogar ein fairer Wettbewerb zwischen Leser und Autor in (14) und (18) angedeutet: dem Autor wird das Erfinden phantastischer Mordmethoden verboten, damit er den Leser nicht übervorteilt, der auf der Basis von Logik und Vernunft vielleicht mitdenken könnte (14). Paragraph 18 besagt, daß der Autor dem Leser durch Vortäuschen eines Mordes, der sich nachher als Zufall, Unglück oder Selbstmord herausstellt, nicht betrügen darf. Außer dem Grundsatz der Fairneß vertritt Van Dine in Regel 3, 5, 6 und 8 die Forderung nach einem strikt rational gestellten und auf rationale Weise lösbaren Fall. Die Regeln spiegeln Van Dines Ansicht wider, das allein Wesentliche im Detektivroman sei das Problem der *detection*. Regel 3 verbietet als störend eine Liebesgeschichte in der Erzählung; Regel 5 bestimmt, daß der Mordfall ausschließlich mit der Ratio aufzulösen sei; diese Forderung wird in (8) wieder aufgenommen. Regel 6 verlangt einen deduzierenden Detektiv als Zentralfigur — der Detektiv ist bei Van Dine gewissermaßen als Personifizierung des Rationalen zu verstehen. Viele Äußerungen Van Dines und besonders Regel 15 und 16 drücken die Ansicht aus, daß Darbietung und Lösung eines Problems ein Spiel sind, in dem Leser und Detektiv um die Lösung wetteifern. Regel 15 führt aus, was in (1) bereits postuliert wurde: die Lösung muß so deutlich sein, daß der Leser sie zumindest nach der Enthüllung durch den Detektiv wie einen roten Faden in der Handlung sieht. Der intelligente Leser soll — nach Van Dine — Gelegenheit haben, gleichzeitig mit dem Detektiv das Problem aufzuklären. In Regel 16 wird stärker noch als in (15) der Spielcharakter hervorgehoben, hier tauchen Vergleiche mit Ballspielen und Kreuzworträtseln auf; "long descriptive passages", "style", "the projection of moods" wirken nur störend, und auch die Schilderung von Charakteren ist auf das Notwendigste zu beschränken. So tritt in Van Dines Romanen an die Stelle einer Charakteristik eine oberflächliche Schilderung aller Personen, die er sich noch dadurch erleichtert, daß er dem ersten Kapitel eine kurze Einführung jeder Person voranstellt. Dieses Verfahren treffen wir auch bei anderen Autoren. Der Held Philo Vance wird mehr typisiert als charakterisiert, das geforderte Minimum an Charakterschilderung wird durch die Verwendung „suggestiver Details“ garantiert, die sozusagen leitmotivisch mit der jeweiligen Person aufgezählt werden. Von Dupin über Holmes zu Hercule Poirot hat sich das Mittel der suggestiven Details überliefert; was bei Hercule Poirot die kleinen grauen Zellen, der schlechte Akzent sind, das sind bei Philo Vance die Régie-Zigaretten, die Benutzung von Zitaten und Fremdwörtern.

Aus der Tatsache, daß der Detektivroman als reines Spiel, nicht als ein Werk der Literatur betrachtet wird, ergibt sich bei Van Dine die Möglichkeit, zur Erläuterung Skizzen zu benutzen. So enthält z. B. *The Dragon Murder Case* eine zweiseitige Kartenskizze, andere seiner Romane haben vier bis fünf Zeichnungen. In diesem „Spiel" beschränkt sich der Autor nicht mehr auf das Mittel der Sprache.

Regel 7, 12 und 19 lassen erkennen, daß Van Dine mit seinen Romanen Ersatzerlebnisse und Ersatzbefriedigungen bieten und damit der Lesererwartung nachkommen will. Während die 7. Vorschrift einen Mord als einzig ausreichendes Verbrechen für den Energieaufwand des Lesers beim Mitraten erachtet, der Leser also nur durch einen Mord zufriedengestellt wird, hält er es in (12) für nötig, das Böse auf eine Person zu konzentrieren, damit der Leser sich über einen Übeltäter entrüsten kann. Regel 19 spricht es deutlich aus: Der Detektivroman fungiert als Ventil für unterdrückte Wünsche:

> The motives for all crimes in detective stories should be personal. ... a murder story ... must reflect the reader's everyday experiences, and give him a certain outlet for his own repressed desires and emotions.

Regel 20 und 11 wurden noch nicht erwähnt; sie lassen sich schwer in eine der Kategorien ordnen. Regel 11 verbietet, Personen aus niederen Gesellschaftsschichten als Täter zu wählen. Ein Diener oder ein Koch sind ungeeignet, denn "it is unsatisfactory, and makes the reader feel that his time has been wasted. The culprit must be a decidedly worthwhile person ..." In dieser Regel drücken sich Arroganz und „Standesbewußtsein" Van Dines aus; es lohnt sich nicht für ihn, den „einfachen" Menschen eine wesentliche Rolle spielen zu lassen. Bei Van Dine sind dann auch die Täter regelmäßig Intellektuelle, mit denen es nur Philo Vance aufnimmt. Van Dines „Standesbewußtsein" beschränkt Intelligenz auf Angehörige einer bestimmten Schicht — z. B. Professoren. Bedienstete sind nicht klug genug, um ein lohnendes Ziel für den Detektiv zu bieten, an dem er seine Deduktionskunst demonstrieren kann.

Den Abschluß des Regelkatalogs bildet eine Aufzählung der Mittel zur Lösung des Falles bzw. der Mordmethoden, die schon damals nicht mehr zulässig waren, weil sie zu häufig benutzt worden waren. Regel 20 ist das Ergebnis einer Lektüre von etwa 2000 Romanen; sie wendet sich gegen abgegriffene Tricks wie z. B.

> (a) Determining the identity of the culprit by comparing the butt of a cigarette left at the scene of the crime with the brand smoked by the suspect.

Unschwer erkennt man, daß sich dieser Teil der Regel auf Doyle bezieht. Regel 20 ist die Konsequenz aus der Einsicht, daß bei zunehmender Produktion von Romanen der Leser immer klüger wird und den Autor durchschaut; um dennoch etwas Spannung zu erhalten, muß der Autor mit immer neuen Tricks aufwarten. Die Idee Van Dines, den Leser in fairer Weise an der Aufdeckung des Geheimnisses teilhaben zu lassen, war nicht ganz neu. Bereits 1913 verlangte Carolyn Wells, daß der Autor fair sein müsse.[8] Van Dines Regeln sind allerdings insofern einmalig, als sie den Gedanken der Fairneß sehr viel stärker als andere Schriftsteller berücksichtigen. Wells hatte schon 1913 gesehen — wie später auch Knox —, daß es lediglich auf den Anschein von Fairneß ankommt, auf ein Minimum an Offenheit: der Autor darf nicht lügen (vgl. Agatha Christie). Weitere amerikanische Stimmen, die das *fair play* propagieren, sind Howard Haycraft[9] und Marie F. Rodell[10]. Die Bemerkungen beider zum Thema Deduktion, Fairneß und Spielcharakter der Detektiverzählung sind den Aussagen Van Dines ähnlich. Ebenso wie dieser bekennen sie sich zum klassischen Typ der Detektiverzählung. Bei Rodell finden sich einige der Regeln Van Dines sogar fast wörtlich wieder.

Im Gegensatz zum "Detection Club Oath" und zum „Dekalog" von Knox fehlt den Regeln Van Dines der Sinn für Humor. Während Knox mit einem Augenzwinkern in seinen Regeln Kritik an Detektivromanen äußert, scheint Van Dine seine Aussagen sehr ernst zu nehmen und mit seinen Regeln eine Art von Poetik erstellen zu wollen; ein Zitat aus dem Vorwort der Regeln zeigt klar, wie wichtig sie ihm sind:

> For the writing of detective stories there are very definite laws — unwritten, perhaps, but none the less binding . . .[11]

Knox gibt eine weitgehende humoristische Definition von *fair play*, Van Dine aber erhebt den Anspruch, das Genre Detektiverzählung in seinen Regeln erfaßt zu haben. Knox beschreibt in seinem „Dekalog" den Entwicklungsstand des klassischen Detektivromans, Van Dine will präskriptiv sein.

Mit dem Erscheinen der "Twenty Rules" 1928 fällt der Höhepunkt des "Golden Age" der Detektiverzählung in Amerika zusammen; in diesen Jahren haben wir aber auch den Wendepunkt — die Entwicklung der *hard-boiled story* hatte bereits eingesetzt. 1936 war diese Richtung der Detektiverzählung allgemein verbreitet. Man kann daher vielleicht

[8] C. Wells, *The Technique of the Mystery Story*, S. 328.
[9] In: *Murder For Pleasure*, S. 225 f.
[10] 1943 in: *Mystery Fiction, Theory and Technique*, S. 97.
[11] *Philo Vance Murder Cases*, S. 74.

annehmen, daß die Ausgabe der 20 Regeln 1936 — sehr viel ausführlicher als die von 1928 — als eine Art Verteidigung der traditionellen Form gedacht war, zumal z. B. Regel 11 1936 länger ausfällt als 1928 und ausdrücklich alles Gemeine, Schmutzige aus der Detektiverzählung ausschließt, während ja die *hard-boiled story* das Verbrechen gerade in seine gemeine ("sordid") Umgebung zurückversetzt.

Einer der wichtigsten Vertreter der *hard-boiled story* ist neben Hammett Raymond Chandler. In "The Simple Art of Murder" sowie in seinen Notizen über den Detektivroman kritisiert er die klassische Detektiverzählung und definiert seinen eigenen Standpunkt. Van Dine gibt offen zu, daß der klassische Detektivroman nur wenig mit der Realität zu tun hat: Regel 17 schließt z. B. den Berufsverbrecher aus; der "professional criminal" sei ein Problem der wirklichen Kriminalpolizei, nicht aber im Roman darzustellen. Dieses Bekenntnis Van Dines kennzeichnet die gesamte Richtung des klassischen Typs, die von Chandler in "The Simple Art of Murder" mit der vernichtenden Kritik bedacht wird, sie sei künstlich, habe im Laufe der Jahre nicht dazugelernt und enthalte "not more truth". Chandler fordert in seinen Notizen vor allem Realismus. Im Gegensatz zu Knox und Van Dine und anderen Vertretern der klassischen Richtung ist für Chandler nicht mehr das Problem die Hauptsache, er sieht den Detektivroman nicht in erster Linie als Spiel und in zweiter Linie als ein Werk der Literatur. Für ihn ist es umgekehrt; er möchte Charakterisierung und Stil in den Vordergrund gestellt sehen. Eine realistische Darstellung der Charaktere, der Atmosphäre und der Umgebung sind das Wesentliche des Detektivromans. Chandler möchte der Detektiverzählung ihre Sonderstellung nehmen, sie „literaturfähig" machen. Während Van Dine gerade auf dieser Sonderstellung besteht, will Chandler den Detektivroman als Roman überhaupt in die Literatur einordnen und ihn nach denselben Kriterien geschrieben, beurteilt und gewürdigt wissen wie jedes andere Werk der Literatur auch — wie es vor ihm schon Chesterton gefordert hatte. Chandlers Ansicht ist hier beispielhaft für eine Abwendung von der Formelhaftigkeit des klassischen, reinen Rätsel-Romans, dessen Starrheit sich etwa in der Erstellung der Van Dineschen Regeln zeigt.

Die Detektiverzählung als Spiel des Intellekts wurde in England mit Dorothy Sayers überwunden; ein Dokument der Weiterentwicklung ist das Vorwort von Anthony Berkeley zu seinem Roman *The Second Shot* von 1930 [12], in dem er eine stärkere Charakterdarstellung und Berück-

[12] Vgl. S. 74 dieses Buches.

sichtigung des Stils postuliert und dem "old crime-puzzle" das Ende voraussagt; er glaubt, daß die Detektiverzählung sich entwickelt zur "novel with a detective or crime interest, holding its readers less by mathematical than by psychological ties". Berkeley behielt mit seiner Prophezeiung recht, wie zahlreiche moderne Detektiverzählungen (z. B. von Patricia Highsmith oder die Romane von Mary Kelly) beweisen. Ihre Entsprechung hat Berkeleys Aussage in Chandlers Bemerkungen: mit der Herausbildung der *hard-boiled story* überlebte sich in den USA die herkömmliche Detektiverzählung und erstarrte in der einmal festgelegten Form, die wir allerdings in vielen Detektivromanen jüngeren Datums noch finden.

In England haben wir es heute nur mit den Relikten von Spielregeln zu tun, dem "Detection Club Oath", über dessen Bedeutung schon gesprochen wurde. Fritz Wölcken hält den Detection Club offenbar für eine wesentliche Institution, er meint, der Klub „verfügt über eine umfangreiche Spezialbibliothek"[13]. Dem ist nun nicht so, es handelt sich bei dieser „Bibliothek" um etwa 200 Ausgaben von Detektivromanen, die die Sekretärin des Klubs in einer Ecke ihres Arbeitszimmers stapelt. Julian Symons mißt den Regeln von Knox große Bedeutung bei[14], ähnlich wie Murch[15]; Boileau/Narcejac glauben, daß Van Dines Regeln tätsächlich als bindende Gesetze verstanden und befolgt wurden.[16]

Angeregt durch die Sekundärliteratur habe ich einige Autoren gefragt, ob sie die Regeln kennen. Von den sieben englischen Schriftstellern, die in den 20er Jahren bekannt wurden, kannte keiner den „Dekalog" oder die "Twenty Rules" — weder Nicholas Blake, Christopher Bush, James Hadley Chase, Agatha Christie noch Michael Innes, Sir John Masterman oder Nigel Morland. Der "Detection Club Oath" dagegen ist natürlich allen Mitgliedern bekannt und wird von einigen wenigen — wie Nicholas Blake — noch befolgt. John Dickson Carr ist auch Mitglied des Klubs, obwohl er Amerikaner ist. Er akzeptiert das Prinzip der Fairneß, das sich in dem komischen Schwur zeigt, er kennt auch Van Dines Vorschriften und anerkennt sie noch heute:

> Yes, I am familiar with the rules drawn up by S. S. Van Dine. And they are very sound. Any writer of detective stories who takes his job seriously will work according to some such code . . .

[13] A. a. O., S. 12.
[14] A. a. O., S. 22 ff.
[15] A. a. O., S. 225.
[16] *Der Detektivroman*, S. 94, 68.

Auch Manfred B. Lee und sein Vetter Frederic Dannay (= Ellery Queen) sind mit Van Dines Regeln vertraut: "Yes, we know the Van Dine rules and generally approve of them." In einem zweiten Brief äußerten sie sich ausführlicher zum Thema *fair play*; der Brief zeigt eine enge Verwandtschaft mit den Ideen Van Dines. Erstaunlicherweise glauben M. B. Lee und F. Dannay noch jetzt an die Möglichkeit, Leser und Detektiv gleichberechtigt wetteifern zu lassen:

> The presumption is that if the reader is as astute as the detective he will also be able to put the clues together in the logical form moulded by the detective ...

Weitere acht Stimmen von Autoren, die in den 40er Jahren bekannt wurden, liegen vor; von ihnen kennen drei die Regeln von Knox: die Frau des verstorbenen Roy Vickers charakterisiert sie als komisch, Mary Kelly und Frank Arthur (Sekretär der "Crime Writer's Association") schließen sich dieser Ansicht an. Von den acht Autoren weiß nur Nicolas Freeling von Van Dines "Twenty Rules" und kritisiert sie heftig. Ähnlich wie Chandler lehnt er den klassischen „Krimi" ab und betont, daß gerade Chandler ihn und alle Kriminalschriftsteller, die er kennt, beeinflußt hat. So wie er Chandler lobt, lehnt er Van Dine ab:

> Around 1930 Van Dine was thought marvellous. Now he is just a joke. His 'detective' is used as an example among writers of bad, idiotic writing.

Sein Urteil über die "Twenty Rules" lautet:

> They are pure pedantry. He was trying to perfect a 'pure' form with rules to keep it pure.

Über den Schriftsteller der klassischen Richtung urteilt Freeling folgendermaßen:

> Most "detective" writers, even if still alive, never were anything but dead ...

Wenngleich nur 17 Antworten zu meinen Fragen vorliegen, so ist doch auch schon aus diesen wenigen Beiträgen ersichtlich, daß die Bedeutung der Regeln für ihre Zeit weit überschätzt wurde. Erstaunlich bleibt, daß Ellery Queen noch jetzt ähnlich strikte Regeln befolgt, wie Van Dine sie schrieb.

Wölcken, Murch, Symons und Boileau haben recht: es gibt Spielregeln, sie sind jedoch weitgehend heute von historischem Interesse und dürfen nicht in ihrer Bedeutung überbewertet werden. Und so ist Agatha Christie ebenfalls im Recht, wenn sie feststellt, daß ihr Klub keinen besonderen Regeln folge: der "Detection Club Oath" wird in Erinnerung an alte Zeiten geschworen, und selbst damals war er nicht als Vorschrift gedacht.

A. W.

Literaturbericht

Die ersten Spuren von Spielregeln finden wir bei C. Wells, *The Technique of the Mystery Story* (Cambridge Mass., 1913). Bei Wells wird ein wenig *fair play* verlangt, das die Illusion eines Wettstreits zwischen Leser und Detektiv vermittelt. Einzelne der späteren Regeln Van Dines kommen hier bereits vor. 1924 erscheint "A Detective Story Decalogue" von Knox; er ist 1929 abgedruckt in *The Best English Detective Stories of 1928* (London, 1929) und ist heute zugänglich in H. Haycrafts Anthologie *The Art of the Mystery Story* (New York, 1946), S. 194—196. Die witzigen Regeln haben einen nur z. T. ernsten Hintergrund: sie kritisieren den billigen „Krimi". Wahrscheinlich war der Dekalog auch Grundlage des "Detection Club Oath"; in dem Schwur erscheinen Knox' Forderungen in stark komisch überzogener Form. Der Schwur ist abgedruckt in *The Art of the Mystery Story,* S. 197—199. Van Dines "Twenty Rules For Writing Detective Stories" erschien 1928 im *American Magazine* und als Wiederabdruck in *The Art of the Mystery Story,* S. 189 bis 193. Haycraft selbst stellt einige Regeln zusammen in *Murder For Pleasure* (New York, 1941), S. 225 f.; noch 1952 erscheint ein Buch, das die Van Dineschen Grundsätze z. T. wieder aufnimmt: M. F. Rodell, *Mystery Fiction. Theory and Technique* (Boston, 1943). Wesentlich für die Entwicklung vom reinen Problemroman weg ist das Datum des Romans von A. Berkeley, *The Second Shot,* 1930, der das Ende der "puzzle story" voraussagt und neue Maximen aufstellt.

In Amerika ist für die Weiterentwicklung vor allem R. Chandler zu nennen mit seinem Aufsatz "The Simple Art of Murder", zuerst 1944, abgedruckt in *Pearls Are A Nuisance* (Harmondsworth, 1950). Daneben sind seine posthum herausgegebenen Notizen zu erwähnen, die die Grundlinie der *hardboiled story* aufzeigen. Diese Notizen liegen nur in einer deutschen Übersetzung vor, da die englische Ausgabe vergriffen ist; sie sind enthalten in *Chandler über Chandler* (Frankfurt und Berlin, 1965), S. 51—59. In der Sekundärliteratur werden die Spielregeln zwar erwähnt, aber kaum behandelt. In A. E. Murch, *The Development of the Detective Novel* (London, rev. ed. 1968) wird der Dekalog referiert und sein Einfluß sehr überschätzt. Mit Knox befaßt sich auch *The Detective Story In Britain* (London, 1969), ein sehr gutes, kleines Buch von J. Symons. Boileau/Narcejac (*Der Detektivroman,* Berlin und Neuwied, 1967) äußern sich zu Van Dines 20 Regeln und überbewerten sie stark.

Neben den genannten Titeln gibt es zahlreiche Aufsätze, z. T. von Zeitgenossen Van Dines und Knox', in denen hier und da auch Spielregeln angeführt werden (vgl. die Anthologie Haycrafts). Die beste Sammlung moderner Aufsätze ist *Crime In Good Company,* ed. by M. Gilbert, London, 1959. Außer den Bemerkungen zu Knox und Van Dine enthalten die mir vorliegenden Briefe teilweise kurze Ausführungen darüber, welche Prinzipien die Autoren selbst ihrer Arbeit zugrunde legen. Eine ausführliche Untersuchung zum Thema Spielregeln existierte bisher nicht.

Siebtes Kapitel

DIE AMERIKANISCHE "HARD-BOILED SCHOOL"

Der ehrliche Held in der korrupten Gesellschaft

> Der amerikanische Roman sucht seine Einheit dadurch zu finden, daß er den Menschen reduziert, sei es aufs Elementare, sei es auf seine äußerlichen Reaktionen und auf sein Verhalten,

sagt Albert Camus in *Der Mensch in der Revolte* [1], und er fügt in einer Fußnote hinzu, daß er „natürlich" den „harten" Roman der 30er Jahre meine. Das erscheint dem deutschen Leser gar nicht so natürlich. Die Romane der "hard-boiled" oder "tough guy writers" haben sich hier nie recht durchsetzen können, wogegen in Frankreich André Gide schon sehr früh Dashiell Hammett als den größten zeitgenössischen amerikanischen Schriftsteller pries [2] und die französischen Existentialisten Horace McCoy (der in Amerika schon längst wieder vergessen war) als einen amerikanischen Existentialisten feierten. Während nur wenige herausragende Romane der "hard-boiled school" in Deutschland bekannt wurden, sind die (durchweg schlechten) Substitute von Autoren wie Mickey Spillane, Carter Brown oder dem Engländer James Hadley Chase, die hierzulande unter dem immer noch zugkräftigen Etikett *sex and crime* verkauft werden, vielgelesen.[3] Das ist um so erstaunlicher, als die Romane der "hard-boiled school" von fast allen englischen und amerikanischen Kritikern als der einzige Beitrag der Gattung Detektivroman zur Literatur des 20. Jahrhunderts betrachtet werden.

Die Geschichte der "hard-boiled school" ist — was den Detektiv*roman* betrifft — vornehmlich die Geschichte zweier Autoren, Hammett und Chandler, und des berühmten *Black Mask Magazine.*

Im Jahre 1919 gründeten die amerikanischen Schriftsteller und Lite-

[1] Albert Camus, *Der Mensch in der Revolte* (Hamburg, 1953), S. 285.

[2] Leslie Fiedler wertete das als "symptom of European cultural malaise" (*Love and Death in the American Novel,* New York, 1960, S. XVIII).

[3] Dies ist auch symptomatisch für das Taschenbuchangebot auf dem deutschen Markt. Es werden Unmengen von drittklassiger Literatur (wie Jerry Cotton Romane) angeboten, in deren Schatten wirklich gute Detektivromane in schlechten Übersetzungen und lieblosen Editionen ihr Leben fristen. Nur wenige Verlage verlegen gute Autoren und versehen die Bücher mit Vorworten und Hinweisen auf die englischen Originalausgaben.

raturkritiker H. L. Mencken und G. J. Nathan ein Magazin mit dem Namen *Black Mask*, das vor allem Kriminalliteratur abdruckte und den Herausgebern einen solchen Umsatz brachte, daß sie es nach einem Jahr mit großem Gewinn wieder verkauften. Berühmt für die Detektivliteratur wurde *Black Mask* allerdings erst später unter seinem Herausgeber Joseph T. Shaw (von 1926—1936), der ein außergewöhnliches Talent hatte, vielversprechende Autoren zu entdecken und den Stil der Autoren zu formen.[4] Shaw entdeckte Caroll John Daly — dessen Held "Race Williams" der Prototyp für alle späteren "tough guys" war — und Dashiell Hammett. Die frühen Geschichten von Erle Stanley Gardner und Horace McCoy wurden hier ebenso gedruckt wie die erste Erzählung von Raymond Chandler. Das eigentliche literarische Verdienst unter allen Autoren der *Black Mask* aber kommt Dashiell Hammett zu. Über seinen Lebenslauf ist nicht allzuviel bekannt. Er wurde 1894 geboren, seine Vorfahren mütterlicherseits waren Franzosen ("De Chiel", Hammetts Vorname, kommt daher). Im Ersten Weltkrieg war er Freiwilliger, wie Chandler, Hemingway und Faulkner. Er kehrte mit einer Gasvergiftung, die sich bald in Tuberkulose verwandelte, nach Amerika zurück, heiratete 1920 eine Krankenschwester, von der er bald geschieden wurde; den größten Teil seines Lebens lebte er mit der amerikanischen Dramatikerin Lillian Hellman zusammen.[5] Hammett war der einzige von den Autoren der "hard-boiled school", der auf eine einschlägige Berufserfahrung zurückblicken konnte: er war acht Jahre lang Detektiv bei der Pinkerton Agency, bevor er zu schreiben begann. Nach seinem letzten Roman, *The Thin Man* (1934), schrieb er nichts mehr[6], blieb eine zum Mythos gewordene Figur der amerikanischen Literatur. Obgleich schon schwerkrank, meldete er sich im Zweiten Weltkrieg freiwillig zur Armee und ging 1951 für kurze Zeit ins Gefängnis, weil er sich in der McCarthy-Ära weigerte, Namen der Sympathisanten des Civil Rights Congress anzugeben. Als er 1961 an

[4] Die Rolle von Joseph Shaw als Herausgeber von *Black Mask* und als "promoter" der amerikanischen Detektivgeschichte kann wohl nur mit der Rolle von 'Ellery Queen' und dem *Ellery Queen Mystery Magazine* verglichen werden.

[5] So finden sich auch die wenigen Äußerungen über sein Leben bei Lillian Hellman, zum einen in dem Vorwort zur Kurzgeschichtensammlung *The Big Knockover and Other Stories* (Harmondsworth, 1969) und zum anderen in ihrer Autobiographie, die unter dem Titel *Eine unfertige Frau* 1970 im Insel-Verlag erschien.

[6] Abgesehen von einem Romanfragment "Tulip", abgedruckt in *The Big Knockover and Other Stories.*

Lungenkrebs starb, hatte Amerika den Erfolgsautor der 30er Jahre längst vergessen.

Die Kurzgeschichten wie die ersten Romane Hammetts haben einen anonymen Ich-Erzähler als Helden. Erst später erhalten die Helden einen Namen, wie Sam Spade in *The Maltese Falcon* (unsterblich geworden durch Humphrey Bogart im gleichnamigen Film), Ned Beaumont in *The Glass Key* (1931) und Nick Charles in *The Thin Man* (1934). Der "tough guy" Hammetts ist kein Übermensch (wie etwa Dorothy Sayers Detektiv Lord Peter Wimsey); er ist ungefähr 45 Jahre alt, etwas dicklich und als Privatdetektiv ein eiskalter Profi, dem keine Fehler unterlaufen (in der äußeren Beschreibung ist er, wie ein Kritiker gezeigt hat, das genaue Gegenbild seines Schöpfers Hammett). Er ist kein unabhängiger Privatdetektiv (wie Chandlers Philip Marlowe), sondern arbeitet in einer großen Detektei, die einen Eindruck von Pinkertons[7] vermittelt. Seine Aufträge bekommt er von seinem Chef, der als übermenschliche Vaterfigur gezeichnet ist; das erscheint nicht unwichtig, denn es nimmt dem Helden die letzte moralische Verantwortung des Tötens; Morde erscheinen dem Leser somit gerechtfertigt.[8]

Der Detektivroman gerät hier in Gefahr, seine demokratische Grundlage, die Wiederherstellung einer einsichtigen Ordnung, deren höchstes Ziel das Recht des einzelnen Bürgers ist, zu verlassen. Recht und Ordnung bekommen (wie schon bei dem Puritaner Allan Pinkerton) eine

[7] Pinkertons, benannt nach dem Firmengründer Allan Pinkerton (1819 bis 1884), haben sich zu einem eigenen Mythos entwickelt. Ihr Slogan "We Never Sleep" mit dem Argusauge (das auch an das Auge Jahwes erinnert) und der Ruf absoluter Ehrlichkeit machten Pinkerton — nicht nur in der Welt der Fiktion — zu einem Unternehmen, das sich nur mit CIA und FBI vergleichen läßt. Die Verherrlichung dieser Firma findet sich u. a. in dem Buch von Walter Gerteis, *Detektive* (München, 1953). Die Realität sieht jedoch etwas anders aus. In den ersten Arbeitskämpfen in Amerika im 19. Jahrhundert vermietete Pinkerton Privatarmeen, die im Auftrag der kapitalistischen Großunternehmer Streiks niederschlugen. Die Einstellung des Firmengründers zu diesen Dingen findet sich am besten in seiner Schrift "Strikers, Communists and Tramps" (1878). Erst im 20. Jahrhundert wurde Pinkerton zu dem heute bekannten Detektivunternehmen. Man muß jedoch anmerken, daß die Agentur für die amerikanische Detektivliteratur von einiger Bedeutung ist, denn häufig haben die Berichte der Pinkerton Agency amerikanischen Autoren als Vorlage für ihre Detektivromane gedient.

[8] Eine solche Vaterfigur, die das Töten lizenziert, findet sich in der Nachfolge Hammetts häufig in der Trivialliteratur (und den amerikanischen Fernsehserien), man denke an "M" in den James-Bond-Romanen, und auch in den populären Jerry-Cotton-Romanen scheint es eine solche Figur zu geben.

transzendente Komponente, die wir sonst nur in *thrillers*, Spionageromanen, Detektivromanen autoritärer Staaten und faschistischer Science Fiction finden.

Dieser anonyme Held findet sich — ohne daß er eine Charakterentwicklung durchmacht — zwischen 1924 und 1929 in den Kurzgeschichten "The Gutting of Couffingal", "Fly Paper", "The Scorched Face", "This King Business", "The Gatewood Caper", "Dead Yellow Women", "Corkscrew" und in den Erzählungen "The Big Knockover" und "$ 106.000 Blood Money" (die beide unter dem letzten Titel als Hammetts erster Roman veröffentlicht wurden) und in den Romanen *Red Harvest* (1929) und *The Dain Curse* (1929). Die ersten Erzählungen sind noch traditionell, der Held wird in verschiedene Milieus versetzt, in denen er sich bewährt: so überlebt er in einer Revolution in einem ruritanischen Balkanland ("This King Business") und stellt das Gesetz unter Cowboys wieder her ("Corkscrew"): In einer solchen Erzählung wird die literarische Verwandtschaft des Detektivromanhelden amerikanischer Prägung zum Westernhelden besonders deutlich. Denn der amerikanische einsame Privatdetektiv, der in der korrupten Großstadt für Ordnung sorgt, entstammt letztlich der amerikanischen Westernliteratur. So sagt Leslie Fiedler in *Love and Death in the American Novel* über die "hard-boiled school":

> Our essential contribution to the form in the twentieth century is a strange offshot of the '30's novel of urban violence: a "realistic" exposé of corruption in the big city, presided over by the private eye. But the private eye is not the dandy turned sleuth; he is the cowboy adapted to life on the city streets, the embodiment of innocence moving untouched through universal guilt. As created by Dashiell Hammett, the blameless shamus is also the honest proletarian, illuminating by contrast the decadent society of the rich.[9]

In seinen frühen Erzählungen übt sich Hammett in einer Technik, die man nur als "violence-is-fun"-Technik bezeichnen kann und die in den über 25 Toten in *Red Harvest*[10] ihren Höhepunkt findet. Hier weigert sich der Held, nachdem sein eigentlicher Fall gelöst ist, die Stadt zu verlassen, statt dessen will er auf eigene Faust die Ordnung in dieser von Gangstern beherrschten Stadt wiederherstellen:

[9] Leslie A. Fiedler, *Love and Death in the American Novel* (New York, 1960), S. 476.

[10] Ursprünglich kein Roman, sondern eine Reihe von Kurzgeschichten unter dem Titel *The Cleansing of Poisonville.*

Your fat chief of police tried to assassinate me last night. I don't like that. I'm just mean enough to want to ruin him for it. Now I'm going to have my fun. I've got ten thousand dollars of your money to play with. I'm going to use it opening Poisonville up from Adam's apple to ankles ...[11]

Poisonville is ripe for the harvest. It's a job I like, and I'm going to do it ...[12]

Und diese selbstgestellte politische Erlösungsaufgabe führt der Held dann auch durch, indem er die rivalisierenden Banden gegeneinander ausspielt, bis alle Übeltäter tot sind. Der Roman enthält Kritik an den zur Zeit der Prohibition korrupten Zuständen in den Städten der USA; Poisonville ist, wie mehrere amerikanische Kritiker gezeigt haben, ein Symbol für das zugrundegerichtete Amerika, für den Zusammenbruch des "American Dream", den Zerfall des Kapitalismus.

Aber in diesem Roman zeigt Hammetts anonymer "tough guy" auch die ersten Anzeichen von moralischen Bedenken:

I've got a hard skin all over what's left of my soul, and after twenty years of messing around with crime I can look at any sort of a murder without seeing anything in it but my bread and butter, the day's work. But this getting a rear out of planning deaths is not natural to me ...[13]

Solche Anzeichen einer Reflexion — die dem Typ des "tough guy" zuwiderlaufen — verstärken sich in dem Roman *The Dain Curse.* Hier verhindert der Held mehrere Versuche, ein junges Mädchen zum Wahnsinn zu treiben oder es zu töten; dabei übernimmt er die Rolle eines väterlichen Beschützers:

Well, Gabrielle was rehabilitated, but at what a price. Dashiell Hammett virtually traded a hard-boiled hero for a part-time sentimentalist ... for Hammett it could mean only that his hero had grown old and soft. Long live the Op. He was ready to discard ...[14]

Ob das nun der Grund war, daß Hammett den Agentur-Detektiv nicht mehr als Romanhelden verwandte, bleibt dahingestellt. Sein nächster Roman hat als Helden einen selbständigen Privatdetektiv, Sam Spade, und der Roman ist auch nicht in der bisher gewohnten Ich-Form geschrieben.

The Maltese Falcon (1930) ist vielleicht der berühmteste Roman

[11] *Red Harvest* (New York, 1961), S. 53.

[12] A. a. O., S. 56.

[13] A. a. O., S. 130.

[14] Philip Durham in seinem vorzüglichen Essay "The 'Black Mask' School" in: *Tough Guy Writers of the Thirties* (Carbondale, 1968), S. 69.

Hammetts, sicherlich ist er sein bester. Hammett hatte seinen Stil in den *Black Mask*-Geschichten immer mehr vervollkommnet, bis zu einer Sprache, die an Hemingway erinnert:

> Babe liked Sue. Vassos liked Sue. Sue liked Babe. Vassos didn't like that. Jealousy spoiled the Greek's judgment. He kept the speakeasy door locked one night when Babe wanted to come in. Babe came in, bringing pieces of the door with him . . .[15]

Der *Maltese Falcon* ist eine Absage an den englischen Detektivroman im Stile von Agatha Christie. Es geht nicht mehr um die Frage, wer Spades Kompagnon Miles Archer erschossen hat (was die konventionelle Frage des Detektivromans wäre). So sagt Spade am Ende des Romans, bevor er Brigid O'Shaughnessy der Polizei übergibt:

> When a man's partner is killed he's supposed to do something about it . . . it happens we were in the detective business. Well, when one of your organization gets killed it's bad business to let the killer get away with it . . .[16]

Die einfache Moral vom guten Detektiv und dem bösen Verbrecher des englischen Detektivromans läßt sich nicht länger auf den amerikanischen Kriminalroman anwenden. Sam Spade besitzt nicht die ritterlichen Qualitäten, die Philip Marlowe auszeichnen. Sein Credo ist der zynische Nihilismus des Großstadtmenschen und nur, weil er keinen Emotionen erliegt, überlebt er den Kampf der rivalisierenden Banden.

Es stellt sich die Frage, ob man die Romane der "hard-boiled school" überhaupt noch im Zusammenhang mit der Detektiverzählung behandeln kann. Denn zur gleichen Zeit schreiben in Amerika Autoren wie Ernest Hemingway, John Steinbeck, John O'Hara, Horace McCoy, James Mallahan Cain und William Faulkner Romane, die in der Thematik — die Behandlung des "outlaws" durch die Gesellschaft — von den Romanen der "hard-boiled school" kaum verschieden sind.[17] Diese

[15] Dieses Zitat ist aus "Fly Paper". Zitiert nach *The Big Knockover and Other Stories* (Harmondsworth, 1969), S. 56. Es ist zeitweise umstritten gewesen, ob Hammett durch Hemingway oder aber Hemingway durch Hammett beeinflußt wurde. Da "Fly Paper" nicht vor 1929 veröffentlicht wurde, kann man jedoch keinen Einfluß von Hammett auf Hemingway annehmen. Vgl. dazu Philip Young, "To Have Not: Tough Luck", in: *Tough Guy Writers of the Thirties* (Carbondale, 1968), S. 43.

[16] *The Maltese Falcon* (Harmondsworth, 1966), S. 198.

[17] Vgl. zu diesem Thema die größtenteils vorzüglichen Aufsätze in Maddens *Tough Guy Writers of the Thirties,* die sich um eine neue Bewertung der "hard-boiled novels" bemühen.

"novels of violence"[18] haben einen realen Hintergrund: das Amerika der 20er und 30er Jahre. Al Capone, "Legs" Diamond, Pretty Boy Floyd und John Dillinger sind keine Namen von Romanhelden, sie sind bittere Realität. Mögen Romane wie *Red Harvest* und *Blood Money* manchmal allzu blutrünstig erscheinen, angesichts der Realität der von Gangsterbanden regierten Großstädte wirken sie häufig wie Kindermärchen.

Das Thema der von Banden regierten Stadt, der Verflechtung von Politik und Gangstertum greift Dashiell Hammett nach *Red Harvest* wieder in *The Glass Key* (1931) auf, einem Roman, der der Form nach weniger als alle seine anderen ein Detektivroman ist.[19]

Hammett wurde für kurze Zeit berühmt, er ging nach Hollywood und schrieb Filmdrehbücher, aber seine literarische Schaffenskraft war verbraucht. Er brauchte sehr lange, um *The Thin Man* (1934) zu schreiben, es blieb sein letzter Roman. Und es ist sicherlich kein Zufall, wenn Nick Charles, der Held dieses Romans, ein ehemaliger Privatdetektiv ist, der sich sträubt, je wieder einen neuen Fall zu übernehmen. So wird *The Thin Man* zu einem Stück Autobiographie, zur Kritik an der Gesellschaft und zu einer Absage an den Detektivroman. Und es ist erstaunlich, daß dieser Roman (es ist wohl nur durch die zahlreichen Verfilmungen zu erklären)[20] zu dem bekanntesten Roman Hammetts geworden ist. Es bleibt die Frage, ob die Begeisterung für seine Romane nur ein vorübergehender "camp taste" ist oder ob sich nicht doch eines Tages die Kritiker dem Urteil André Gides anschließen werden und Hammett Hemingway für ebenbürtig erklären werden.

Ungleich bekannter als Hammett wurde der zweite große Vertreter der "hard-boiled school", Raymond Chandler, der aber erst zu schreiben begann, als Hammetts letzter Roman erschien. Chandlers Lebenslauf ist so außergewöhnlich, daß er hier kurz erwähnt werden soll. Raymond Thornton Chandler wurde am 23. Juli 1888[21] in Chicago geboren, seine

[18] Vgl. dazu auch W. M. Frohock, *The Novel of Violence in America* (Dallas ^{2}1957), der allerdings Hammett und Chandler nicht behandelt.

[19] Für eine ausführliche Würdigung der Romane Hammetts vgl. Robert I. Edenbaum, "The Poetics of the Private Eye. The Novels of Dashiell Hammett", in: David Madden (ed.), *Tough Guy Writers of the Thirties*, S. 80 bis 103.

[20] Die Verfilmungen in mehreren Teilen zwischen 1937 und 1946 betonen — mehr noch als der Roman — die Gesellschaftskomödie.

[21] Also im gleichen Jahr — wie Philip Durham bemerkt — wie T. S. Eliot und Eugene O'Neill: drei Autoren, die auf verschiedene Weise die amerikanische Literatur des 20. Jahrhunderts darstellen.

Mutter stammte aus Irland. Chandler war acht Jahre alt, als die Ehe seiner Eltern geschieden wurde; er ging mit seiner Mutter nach England und machte dort die Ausbildung des „typischen Engländers" durch. Er besuchte eine Public School, Dulwich College (an der auch P. G. Wodehouse gewesen war), und bestand die Staatsprüfung für den höheren Staatsdienst. Er lebte dann als freier Schriftsteller im Intellektuellen-Vorort Bloomsbury und schrieb Gedichte für verschiedene literarische Magazine. Nichts deutete in diesem Lebenslauf darauf hin, daß er zu einem der bekanntesten Autoren des amerikanischen Detektivromans werden würde. Im ersten Weltkrieg diente Chandler als Freiwilliger bei den kanadischen Gordon Highlanders und wurde 1919 als Sergeant ehrenvoll entlassen. Er kam nach Los Angeles, einer Stadt, in der er 40 Jahre bis zu seinem Tode leben sollte und die durch seine ausführlichen Beschreibungen in seinen Romanen untrennbar mit dem amerikanischen Detektivroman verbunden erscheint.

Er absolvierte einen dreijährigen Buchhaltungskurs in sechs Wochen — was er seiner klassischen Bildung zuschrieb — und wurde Angestellter, später Direktor und Präsident einer Reihe von Ölgesellschaften. In der Zeit der Wirtschaftsdepression verlor er, wie so viele andere, seinen Job. Er machte allerdings keinerlei Anstalten, ihn zurückzugewinnen, er widmete sich dem Schreiben, was ihm zunächst nicht viel einbrachte. So gab er mit 45 Jahren eine Karriere als Geschäftsmann auf — so wie er mit Dreißig Europa den Rücken gekehrt hatte — zugunsten einer unsicheren Tätigkeit, die ihn allerdings berühmter (und reicher) machen sollte als alles andere, was er zuvor unternommen hatte.

Seine erste Erzählung "Blackmailers Don't Shoot" erschien 1933 in *Black Mask,* und sehr schnell wurde Chandler zum führenden Vertreter der "hard-boiled story":

> Ich habe die knallharte Mordgeschichte nicht erfunden und habe nie ein Hehl aus meiner Meinung gemacht, daß das größte oder das ganze Verdienst dafür Hammett zukommt. Jeder ahmt am Anfang nach ... Da Hammett seit 1932 nichts mehr für eine Veröffentlichung geschrieben hat, wurde ich von einigen Leuten als ein führender Vertreter dieser Schule herausgegriffen.[22]

Von 1933 bis 1939, dem Entstehungsjahr seines ersten Romans, *The*

[22] Dorothy Gardiner und Kathrine Sorley Walker (Hrsg.), *Chandler über Chandler* (Frankfurt und Berlin, 1965), S. 43. Die lange vergriffene Originalausgabe *Raymond Chandler Speaking* (London, 1962) ist inzwischen wieder lieferbar: London: Hamish Hamilton, 1973.

Big Sleep, schrieb Chandler 20 Detektivgeschichten, die vor allem in den "pulp magazines" *Black Mask* und *Dime Detective Magazine* erschienen. Einen großen Teil der frühen Kurzgeschichten beutete Chandler später für seine Romane aus ("cannibalizing" nannte er diesen Vorgang). Zu seinen Lebzeiten wurden diese Erzählungen nicht wieder gedruckt, Chandler nahm sie auch nicht in seine „offizielle" Kurzgeschichtensammlung *The Simple Art of Murder auf.*[23]

Hatte *The Big Sleep* in Amerika nur mäßigen Beifall gefunden, so etablierte sich Chandler endgültig mit seinem zweiten Roman *Farewell, My Lovely* (1940) als Hammetts Nachfolger und „literarisch guter" Autor von Detektivromanen. Er schrieb noch fünf weitere Romane: *The High Window* (1942), *The Lady in the Lake* (1943), *The Little Sister* (1949), *The Long Good-Bye* (1953), *Playback* (1958) und die ersten Kapitel eines unvollendeten Romans *The Poodle Springs Story* (in dem der gealterte Held Philip Marlowe mittlerweile verheiratet ist). Chandlers wahre stilistische Kunst zeigt sich am besten in seinen Kurzgeschichten und den frühen Romanen, über die W. H. Auden sagte: "Raymond Chandler's powerful books should be read and judged, not as escape literature but as works of art ..." [24]

Raymond Chandler, der Literat von Bloomsbury, der amerikanische Businessman der "Roaring Twenties" war für den Rest seines Lebens Amerikas Detektivromanautor Number One geworden — wobei man anmerken muß, daß sein Ruf als Schriftsteller in Frankreich und England immer größer war als in Amerika.

Seine Romane und Erzählungen sind (wie die Hammetts) in einem wesentlichen Punkte von der Detektivliteratur seiner Zeit verschieden. Sie sind keine formalen "crossword puzzle"-Romane der englischen Schule etwa in der Art von Freeman Wills Crofts, Agatha Christie oder des Ehepaars Cole. Sie sind auch keine romanzenhaften Erzählungen in der Art von Anna Katherine Green, Carolyn Wells oder Mary (Roberts) Rinehart, die die Szene des amerikanischen Detektivromans bis 1930 beherrschten. Die englische Detektiverzählung hatte die Figur des Privatdetektivs zu mythischen Gentleman-Detektiven heraufstilisiert

[23] Diese Geschichten erschienen 1966 mit einem Vorwort des Chandler-Kenners Philip Durham bei Penguin als *Killer in the Rain.* Die Kurzgeschichten enthalten *in nuce* alle Romane Chandlers. Mit den Bänden *Killer in the Rain, Pearls Are A Nuisance, Trouble is My Business* und *Smart-Aleck Kill* liegen die Kurzgeschichten Chandlers beinahe vollständig bei Penguin als Taschenbuchausgaben vor.

[24] W. H. Auden, "The Guilty Vicarage", *Harper's Magazine,* 196 (May 1948), S. 408.

— "detectives of exquisite and impossible gentility" nennt Chandler sie[25] —, die in einer fiktiven Welt von Landhäusern und Clubs lebten. Dagegen versetzten *Black Mask*-Autoren wie Carroll John Daly und Dashiell Hammett „reale" Detektive in eine „reale" Welt. Chandler übernahm von seinen Vorgängern diese Figur des "tough guy", der in seinem ersten Roman so auftritt:

I'm a very smart guy. I haven't a feeling or a scruple in the world. All I have the itch for is money. I am so money greedy that for twenty-five bucks a day and expenses, mostly gasolene and whisky, I do my thinking myself, what there is of it; I risk my whole future, the hatred of the cops ... I dodge bullets and eat saps, and say thank you very much, if you have any more trouble, I hope you'll think of me, I'll just leave one of my cards in case anything comes up. I do all this for twenty-five bucks a day ...[26]

Aber hier hört man schon Untertöne der Selbstironie, die bei Sam Spade unmöglich waren, Untertöne, die einen melodramatischen, romantischen Helden verraten: im Vergleich mit Hammetts "tough guys" ist Philip Marlowe "soft". Denn der Held Hammetts war für Chandler nicht genug, sein Held ist zusätzlich ein Gentleman, ein anachronistischer Ritter in einer korrupten Zeit. "Knights have no meaning in this game. It wasn't a game for knights" sagt Philip Marlowe in *The Big Sleep*[27], und der romantische Held Philip Marlowe scheint seinem Schöpfer Raymond Chandler näherzustehen als seinen literarischen Vorläufern:

For the Continental Op, his work is no more than a job; but for Marlowe, his work is a defense of people and values that can be related to Chandler's own traditional and orthodox background and education in the Anglo-Irish family and the English public school system. Thus the paradox of the mastery of the American language, with a hero in the tradition of the American folk-hero exposing the corruption of American urban society and defending essentially conservative values.[28]

Chandler selbst hat seinen Helden in seinem Essay "The Simple Art of Murder" so beschrieben:

But down these mean streets a man must go who is not himself mean, who is neither tarnished nor afraid. The detective in this kind of story must be

[25] In seinem Essay "The Simple Art of Murder" in: *Pearls Are A Nuisance* (Harmondsworth, 1964), S. 193.

[26] *The Big Sleep* (Harmondsworth, 1967), S. 217/18.

[27] A. a. O., S. 153.

[28] Herbert Ruhm in *Tough Guy Writers of the Thirties*, S. 176.

such a man. He is the hero, he is everything. He must be a complete man and a common man and yet an unusual man . . .

If there were enough like him, I think the world would be a very safe place to live in, and yet not too dull to be worth living in.[29]

Und er hat, wie das Zitat zeigt, auch daran geglaubt, daß die Welt besser wäre, wenn alle so handelten wie Philip Marlowe. Insofern haben seine Romane durchaus moralische Intention (was man von seinen Nachfolgern, der "sex-and-crime-school" nicht mehr sagen kann). Über den Chandlerschen Helden, den ritterlichen Philip Marlowe, ist sehr viel geschrieben worden; am scharfsinnigsten wird seine Rolle wohl von Philip Durham umrissen:

Not only had Chandler described his detective hero, he had, and as artfully as it had ever been done, presented the American hero — the one who had been evolving in American fiction for more than a hundred years. It must be emphasized, however, that the detective hero was only a literary one . . . he was only what his creator intended him to be — pure fantasy. As a symbol the detective hero was superb, but as a symbol he could never achieve reality. The result was that Chandler was actually writing romantic fiction, but by simulating reality through the hard-boiled attitude he could stay within an American literary tradition. The action and violence more or less covered up the fact that everything came out all right in the end.[30]

Die Ansicht, daß man Hammett und Chandler zur „höheren Literatur" rechnen kann, hat sich in Deutschland noch nicht durchgesetzt. In England hingegen, wo Chandler zeitlebens bekannter und geachteter war als in Amerika, schrieb ein Rezensent 1969 im *Sunday Times Magazine,* das Chandler unter die "1000 Makers of the 20th Century" aufnahm:

He wrote his own epitaph in a letter: "To accept a mediocre form and make something like literature out of it is in itself rather an accomplishment." That's over-modest, really. The American crime story, which means Hammett and Chandler, is part of 20th Century literature.

J. P. B.

[29] *Pearls Are A Nuisance* (Harmondsworth, 1964), S. 198/99.

[30] Philip Durham, *Down These Mean Streets a Man Must Go. Raymond Chandler's Knight* (Chapel Hill, 1963), S. 96/97.

Literaturbericht

Die Werke Hammetts und Chandlers sind beinahe vollständig in amerikanischen und englischen Taschenbuchausgaben erschienen. Mit der Anthologie von Joseph T. Shaw (ed.), *The Hard-Boiled Omnibus* (New York, 1946) und der von Ron Goulart, *The Hard-Boiled Dicks. An Anthology and Study of Pulp Fiction* (London, 1967) liegen auch repräsentative Sammlungen von Kurzgeschichten der weniger bekannten "pulp writers" vor; hier kann der Leser auch die erstaunlich gleichmäßig hohe Qualität dieser von der Forschung lange vernachlässigten Kurzgeschichten erkennen. Literatur zu Hammett findet sich in der Dissertation von W. P. Kenny "The Dashiell Hammett tradition and the modern detective story", (University of Michigan, 1964) und in den neuerdings von der Kent State University Press herausgegebenen "checklists".

Das Buch von Philip Durham über Raymond Chandler, *Down These Mean Streets A Man Must Go. Raymond Chandler's Knight* (Chapel Hill, 1963), das auch eine ausreichende Bibliographie enthält, ist bisher einzig in seiner Art. Eine knappe, aber genaue Beschreibung des Werkes von Hammett und Chandler bildet J. MacLaren-Ross, "Chandler and Hammett", *London Magazine,* III (March 1964), 70—79. Das Werk der "pulp"-Autoren wird zur Zeit immer häufiger Gegenstand von Forschungs-Symposien in Amerika, das erste und zugleich bisher wichtigste Werk über diese Zeit ist herausgegeben von David Madden, *Tough Guy Writers of the Thirties* (Carbondale and Edwardsville, 1968, 2nd printing 1970), das 17 Essays führender amerikanischer Forscher zu Autoren wie Hammett, Chandler, Hemingway, James M. Cain, Horace McCoy und anderen enthält.

Nachtrag 1977: Zu Raymond Chandler liegt jetzt mit Frank McShanes *The Life of Raymond Chandler* (New York, 1976) eine definitive Biographie vor. Während die Forschungen und Sammlungen der University of California in Los Angeles zu den Autoren der *hard-boiled school* und die verschiedenen amerikanischen Dissertationen zu diesem Thema dem Leser wohl nur schwer zugänglich sind, muß ein Buch Erwähnung finden, das diesen Zweig der amerikanischen Literatur in neuem Licht zeigt. William Ruehlmann sieht in seiner exzellenten Studie *Saint With A Gun. The Unlawful American Private Eye* (New York, 1974) die selbsternannten Wiederhersteller von Recht und Ordnung in größerem gesellschaftlichen Kontext als ein speziell amerikanisches Phänomen.

Achtes Kapitel

DER ENGLISCHE SPIONAGEROMAN

Die Unterhaltungsliteratur der 60er Jahre wird geprägt durch die Figur des Geheimagenten, besonders durch Ian Flemings Romanhelden James Bond. In den Romanen existierte er schon seit 1953 *(Casino Royale)*, aber erst die Verfilmungen verhalfen ihm und anderen literarischen Spionen zu ungeahnten literarischen Erfolgen. In Sean Connery gewann "007" Gestalt, handfeste industrielle Interessen förderten seine Verbreitung (vom James-Bond-Rasierwasser bis zum Herrenanzug mit versteckten Taschen), und wie einst Bismarck Gaboriau las, so las jetzt Kennedy Ian Fleming. Als literarisches Phänomen ist dieser Held in Verbreitung und Bekanntheit wohl nur noch mit Sherlock Holmes oder den Gestalten Karl Mays wie Winnetou und Old Shatterhand zu vergleichen.[1]

Der Spionageroman in seiner Ausprägung bei Ian Fleming, Len Deighton, John le Carré und Peter O'Donnell stellte den Detektivroman in bezug auf Beliebtheit und Verbreitung in den Schatten. Ja, man könnte wieder einmal fragen, ob der englische Detektivroman nicht heutzutage tot ist, ob der Spionageroman nicht das Erbe des Detektivromans angetreten hat.

Während der Detektivroman vorwiegend in England, Amerika und Frankreich als ausgebildete Literaturform existierte, bleibt der Spionageroman ein beinahe vollständig englisches Genre. Nach dem zweiten Weltkrieg erschienen zwar bedeutende französische Spionageromane[2], die amerikanischen Beiträge — etwa die Romane von Helen MacInnes — bleiben kaum der Erwähnung wert. Das ist ein erstaunliches Phänomen, das man registrieren, aber wohl kaum überzeugend erklären kann.[3]

[1] Zur literarischen Herkunft der Figur James Bond vgl.: O. F. Snelling, *007 James Bond — A Report* (London, 1964); K. Amis, *The James Bond Dossier* (London, 1965), bes. S. 36; Laura Lilli, „Biographie der Figur", in: del Buono/Eco, *Der Fall James Bond* (München, 1966), S. 208—210; Colin Watson, *Snobbery With Violence* (London, 1971), S. 241 ff.

[2] Vgl. Boileau/Narcejac, *Der Detektivroman*, S. 171—178.

[3] Vgl. dazu: Anthony Boucher, "Trojan Horse Opera" in: Haycraft, *The Art of the Mystery Story*.

Ist der Spionageroman eine eigenständige Form des Romans?[4] Diese Frage kann nur eine Betrachtung seiner historischen Entwicklung beantworten.

Der Spionageroman entzieht sich — wie der Detektivroman — den Definitionsversuchen, und selbst ein so berühmter Autor von Spionageromanen wie Eric Ambler wußte ihn nur vage als "a spy story is a story in which the central character is a secret intelligence agent of one sort or another"[5] zu bestimmen, räumte aber dabei ein, daß selbst diese Definition nicht recht praktikabel sei. Einig sind sich die Kritiker nur darüber, daß es einen klar bestimmbaren *ersten* Spionageroman gibt: Erskine Childers' *Riddle of the Sands.* Er erschien 1903, wurde im gleichen Jahr nachgedruckt, 1915 in Amerika und Frankreich wiederaufgelegt und erlebte 1940 (zur Zeit einer drohenden Invasion Englands) wiederum eine Neuauflage. An den Jahreszahlen ist die propagandistische Tendenz der Auflagen ersichtlich. Der Roman selbst enthält, im Nachwort *expressis verbis* dargelegt, eine propagandistische "message": er will England vor einer Invasion durch die erstarkende Seemacht Deutschland warnen.

Die Helden des Romans, Davies und Carruthers, segeln im Herbst des Jahres 1902 mit ihrer Yacht "Dulcibella" in Ostsee und Nordsee und entdecken beim Segeln zwischen den Ostfriesischen Inseln, daß Deutschland von hier aus die Invasion Englands vorbereitet (Childers selbst hat an diese Möglichkeit geglaubt). Der „böse" Spion ist ein ehemaliger englischer Marineoffizier, der versucht hatte, Davies umzubringen und so den Anstoß zu allen folgenden Ereignissen gab. An den Roman angefügt ist ein Nachwort Childers', in dem er Pläne darlegt, wie einer deutschen Invasion am besten zu begegnen sei. England hat Childers diesen vaterländischen Dienst schlecht gelohnt, im irischen Bürgerkrieg wurde der irische Patriot standrechtlich erschossen.

Wenn man von dem propagandistischen Zug des Romans (der fortan allen Spionageromanen eigen war) absieht, bleibt *The Riddle of the Sands*[6] doch ein lesenswerter Roman, und das Urteil der *Irish Times*, "one of the most famous of all thrillers, and one of the best of all sea-stories", ist sicherlich nicht übertrieben. Hier treiben junge Engländer „Spionage", um einen Plan gegen England aufzudecken. Ihr

[4] Vgl. dazu die Ansicht von Boileau/Narcejac, a. a. O., S. 173.

[5] Eric Ambler (ed.), *To Catch A Spy* (London, 1966), S. 20.

[6] Das Buch ist auch heute noch in England in verschiedenen Ausgaben erhältlich. Die wohl beste Edition ist die im Verlage Rupert Hart-Davis (London, 1969) erschienene.

Handeln wird durch ihre persönlichen Auffassungen von Recht, Unrecht und *fair play* bestimmt. Die ersten Geheimagenten des englischen Spionageromans sind Amateure und Gentlemen — im Gegensatz zu dem heutigen Typ des Professionals.

Im zweiten Jahr des Ersten Weltkriegs erscheint mit John Buchans *The Thirty-Nine Steps* ein für die Geschichte des Detektiv- wie des Spionageromans bedeutsames Werk. Richard Hannay (ein Schotte wie sein Schöpfer Buchan), der Held dieses Romans, ist aus Südafrika zurückgekehrt und langweilt sich in der englischen Metropole, bis ein geheimnisvoller Fremder namens Scudder auftaucht, ihm von internationalen Verschwörungen berichtet und eines Tages tot in Hannays Wohnung liegt. Hannay flieht mit dem Geheimnis, das England bedroht, ins unwirtliche Schottland. Er beabsichtigt, sich bis zum Zeitpunkt des geplanten Attentats zu verstecken und erst kurz zuvor die Regierung zu unterrichten. Bald jedoch erkennt er, daß er von der englischen Polizei, der er sich nicht anvertrauen kann, weil seine Geschichte zu unglaublich ist, (das ist fortan ein immer wiederkehrendes Motiv des Detektiv- wie des Spionageromans) und den deutschen Spionen gejagt wird. Der Roman ist eine Beschreibung seiner ingeniösen Verkleidungen und Eskapaden. Es gelingt ihm, sich mit einem Mitglied der Regierung zu treffen und so England zu warnen. In den letzten Kapiteln jagt nun Hannay, an der Spitze der englischen Polizeikräfte, die deutschen Spione, die sich in den Besitz der englischen Flottenpläne gesetzt haben.

Abstrahiert man durchgehende Motive des Romans, so erhält man das folgende Schema:

1. das Vaterland wird durch den persönlichen Einsatz des einen Helden gerettet,
2. der Held ist ein Durchschnittsengländer (was für den Leser die Möglichkeit für eine Idenfikation bietet),
3. persönlicher Mut, List und Durchhaltevermögen retten den Helden,
4. der Roman wird durch das Thema der Menschenjagd strukturiert,
5. die Feinde sind Deutsche, die über eine große Organisation im Rücken der Engländer verfügen,
6. die Feinde haben einen Plan (eine Verschwörung) zur Vernichtung Englands,
7. es gibt einen ausgesprochenen Gegner des Helden, einen "master mind" des Verbrechens,
8. der Ort der Handlung ist die britische Insel,
9. es gibt einen schnellen Wechsel der einzelnen Schauplätze.

All diese Elemente (die auch schon mehr oder weniger pointiert in

Riddle of the Sands vorhanden waren) lassen sich durch die englische Spionageliteratur hindurch bis zu Ian Fleming verfolgen. In *Greenmantle* kämpft Major Hannay in Deutschland gegen den typenhaft gezeichneten Geheimdienstoffizier von Stumm, und in *Mr. Standfast* (1919) beseitigt Hannay, inzwischen zum General avanciert, den deutschen Meisterspion Graf von Schwabing.

Buchans Romane werden beherrscht vom Erfolg der Helden (der Calvinismus des Autors wirkt sich hier aus), diesen patriotischen Figuren, die immer wieder England retten und die größten Bösewichte zu Fall bringen, weil sie überaus einfach, patriotisch und rechtschaffen sind. Die Helden sind Männer Ende Dreißig, sie sind — abgesehen von ihren hervorragenden Verbindungen zu herausragenden Persönlichkeiten — normale Durchschnittsengländer, vom "public school"-Geist beherrscht.[7]

Zehn Jahre nach Ende des Ersten Weltkriegs beschreibt Somerset Maugham seine Erlebnisse als englischer Geheimdienstoffizier in dem Roman *Ashenden, or The British Agent,* und er beschreibt sie, "rearranged for the purposes of fiction". Während es Buchans Ziel in *Thirty-Nine Steps* war, eine Romanze zu schreiben, "where the incidents defy the probabilities, and march just inside the borders of the possible", sind Maughams Kurzgeschichten, die sich zu einem Roman fügen, von ganz anderer Art:

> I have written all this in order to impress upon the reader that this book is a work of fiction ... The work of an agent in the Intelligence Department is on the whole extremely monotonous. A lot of it is uncommonly useless. The material it offers for stories is scrappy and pointless; the author has himself to make it coherent, dramatic and probable.[8]

Die Erlebnisse des Schriftstellers und Geheimagenten Ashenden zeigen die Unsinnigkeit des Krieges, die Absurdität der Tätigkeit der Geheimdienste. Lobten Buchan und seine Nachfolger bis zu Ian Fleming die Tätigkeit des Agenten noch als "the great thing" [9], als einen Kampf für das Vaterland, so ist davon bei Maugham nichts mehr zu spüren.[10] Die

[7] Richard Usborne erläutert in seiner aufschlußreichen Studie *Clubland Heroes* (London, 1953) am Beispiel von Buchan und anderen, wie sehr diese Helden Personifikationen des englischen Public-School-Ideals sind.

[8] *Ashenden* (London, 1952), S. vii.

[9] In Rudyard Kiplings *Kim* (1901) wird die Spionage "the Great Game" genannt.

[10] Dieser „neue Realismus" kann nicht mit Maughams Kenntnis des englischen Geheimdienstes erklärt werden. Fast alle Autoren des englischen

Beschreibung der Sinnlosigkeit der Arbeit der Geheimdienste gerät in Compton Mackenzies *The Three Couriers* (1929) vollends zur humorvollen Groteske.[11]

Während des Ersten Weltkriegs dienen auch die etablierten Detektivromanautoren für ihr Vaterland, indem sie ihre Helden statt Mörder Agenten und Spione jagen lassen. So zum Beispiel Doyles Sherlock Holmes in "His Last Bow" oder Bramahs Max Carrados in "The Secret of Headlam Height".

Im Gegensatz zu seinem bekannten literarischen Nachfolger Commander James Bond ist Captain Hugh ("Bulldog") Drummond in Deutschland nie populär geworden. In England dagegen erfreuten sich die Romane 'Sappers' (= Herman Cyril McNeile, 1888—1937) immer allergrößter Beliebtheit.[12] Sappers Held Bulldog Drummond ist, wie der Untertitel des ersten Romans sagt, "a demobilized officer who found peace dull". Sein Gegenspieler Carl Petersen — eine Professor-Moriarty-Figur — steht hinter allen Verschwörungen gegen England, aber seine Pläne werden selbstverständlich immer wieder von Bulldog Drummond vereitelt. Drummond ist in sehr vielen Zügen ein Vorläufer von Dorothy Sayers' snobistischem Detektiv Lord Peter Wimsey, er ist aber auch — wie Kingsley Amis gezeigt hat[13] — der literarische Vorläufer von James Bond: er pflegt bei seinen Abenteuern im Dienste Englands Juden, Profitmacher und Kommunisten, diese Erzfeinde der bürgerlichen Welt, zu töten, und er tötet mehr Menschen als der als "Killer" verschriene James Bond.

In Sappers zweitem Roman *The Black Gang* (1922) bilden Drummond und seine Offizierskameraden eine Bande, die England von Juden und Kommunisten säubert: sie werden damit zu Exekutoren einer zeit-

Spionageromans von Childers, Buchan bis zu Ian Fleming waren englische Geheimdienstoffiziere.

[11] Mackenzie war während des Ersten Weltkrieges Chef des Geheimdienstes in der Aegeis, er wurde 1933 des Geheimnisverrats bezichtigt, weil er in seinen *Greek Memories* unter anderem „verraten“ hatte, daß sich der Chef des englischen Geheimdienstes hinter der Abkürzung "C" verbarg (Maugham hatte das in "R" geändert, bei Fleming heißt der Chef "M"). Nachdem Mackenzie zu einer Geldstrafe verurteilt und *Greek Memories* eingezogen worden waren, schrieb er eine Spionagegroteske, *Water on the Brain* (1933).

[12] Sie sind heute noch fast vollständig in Neuauflagen erhältlich. Zur Einführung in die Welt Sappers ist *Bulldog Drummond. His Four Rounds with Carl Petersen* (London, 1967) zu empfehlen, das vier Bulldog-Drummond-Romane in einem Band vereinigt.

[13] In: *The James Bond Dossier* (London, 1965), S. 23 ff.

genössischen bürgerlichen Weltanschauung. Zugegeben, der Einfall, daß Drummond Anarchisten und Kommunisten in einem privaten Straflager auf einer kleinen Insel Arbeit verrichten läßt, ist für einen Augenblick recht amüsant, aber die Idee der Konzentrationslager ist hier auch nicht fern.

So erscheint der *thriller* der 20er Jahre geprägt durch seinen latenten Faschismus — auch hierin ist Sapper ein Vorläufer von Ian Fleming. Damit wird diese Art des Romans zum soziologischen Dokument einer Geisteshaltung, die zur Zeit Hitlers ihre unglückselige Manifestation erfahren hat. Es ist unbestritten, daß diese Gedanken in der damaligen Zeit in allen Ländern vorhanden waren. Vielleicht sollte man einmal überlegen, inwieweit diese Gedanken dadurch, daß Helden der *thriller* sie verkörpern, noch verstärkt worden sind und den Leser beeinflußt haben. Der *thriller* ist so populär, weil der Held die Verkörperung eines weitverbreiteten Wunschbildes ist, die Gegner sind die Projektion nationaler Xenophobie. Juden, Sozialisten und Deutsche planen den Untergang Englands, der Held bekämpft sie wie der "Superman" der *comic-strips*. Aber diese Xenophobie findet sich nicht nur in den Romanen Sappers, man kann sie auch im englischen Detektivroman dieser Zeit entdecken.[14]

In den politisch unruhigen 30er Jahren erscheint ein neuer Krieg jederzeit möglich. Diese Gefahr zeigt Graham Greene 1936 mit *A Gun For Sale* auf. Hier steht hinter dem politischen Mord und der Verschwörung ein englischer jüdischer Industrieller, der Europa aus Gewinnsucht an den Rand des Krieges bringt. Greene geht jedoch von dem "Superman"-Schema des *thriller* ab. Der Mann, der das Komplott aufdeckt, ist zugleich das Opfer des Komplotts: der jugendliche Mörder Craven. Greenes Romane sind weniger manichäistisch in ihrer Argumentation, es geht nicht mehr darum, die Nation gegen einen "devilish fiend" zu verteidigen; die komplexen Verflechtungen von industriellen und politischen Interessen — die hinter jeder Spionage stehen — werden hier herausgearbeitet.

The Confidential Agent (1939), vor dem Hintergrund des (allerdings ungenannten) spanischen Bürgerkrieg spielend, steht zwar in mancher Weise noch in der Tradition der Romane Buchans und R. L. Stevensons, aber der Roman bringt zugleich eine sorgfältige psychologische Charak-

[14] In seinem Buch *Snobbery With Violence. Crime Stories and Their Audience* (London, 1971) zeigt Colin Watson Ansätze dazu bei allen populären Autoren der 20er Jahre, aber auch bei Detektivromanautoren wie Agatha Christie und Dorothy Sayers auf.

terzeichnung, ein Moment, das der Spionageroman mit der Betonung der Handlung vernachlässigt hatte. Die Figur des älteren, vom Leben enttäuschten Helden, dessen Kampf für sein Vaterland zugleich die Bewältigung seiner eigenen Konflikte ist, wird in der Nachfolge Greenes für die Romane John le Carrés bestimmend sein.

In den 30er Jahren beginnt Eric Ambler zu schreiben, ein Autor, der sich als erster vollständig dem literarisch gehobenen Spionageroman widmete. Seine Helden werden (wie in *Uncommon Danger,* 1937 und *Cause For Alarm,* 1938) plötzlich in die Netze der internationalen Geheimdienste verstrickt. So der Ingenieur Nicholas Marlow, der als Beauftragter einer englischen Waffenfirma im faschistischen Italien arbeitet. Ambler zeigt sehr geschickt, wie sich internationales Waffengeschäft und Politik auf ein Einzelschicksal auswirken, der *thriller* wird hier zu einer Information über die Politik Italiens und Deutschlands, zu einer Warnung vor dem Faschismus: der Spionageroman hat also wieder einmal propagandistische Funktion.

Amblers *A Coffin For Dimitrios* (von vielen Kritikern als der wichtigste Spionageroman bezeichnet) ist in der Technik einer der originellsten Beiträge zur Gattung. Charles Latimer, ein Autor von Detektivgeschichten, gerät auf die Spuren der Untaten eines tot aufgefundenen Spions. Er erforscht das Leben jenes Dimitrios, das sich puzzleartig zusammenfügt, um am Ende zu erkennen, daß Dimitrios noch lebt: Graham Greene gebrauchte später die gleiche Fabel in *The Third Man.* Der *thriller* der 30er Jahre ist im Gegensatz zu seinen Vorläufern (und Nachfolgern) eher „links" orientiert, eine Tatsache, die selbst in den Verfilmungen deutlich wird.[15]

Im Zweiten Weltkrieg können wir das gleiche Phänomen wie im Ersten beobachten: der Detektivroman übernimmt die Thematik des Spionageromans. Das kann in der Nebenhandlung geschehen, wie in Nicholas Blakes Roman *Malice in Wonderland,* oder der Detektivroman kann sich vollständig zum Spionageroman wandeln. Das bekannteste Beispiel ist Margery Allinghams *Traitor's Purse* (1941). Der Privatdetektiv Albert Campion ist hier Geheimdienstoffizier; er rettet Eng-

[15] "The drift, even in thrillers (which attract radicals like raw meat draws wasps), was towards the Right, and 1952 saw ... [films] in which the villains were stated explicitly to be Communists. This naming of names was a break with custom, although earlier political thrillers — *This Gun for Hire* (1942), *The Mask of Dimitrios* (1944), and *The Confidential Agent* (1945) had always managed to imply that virtue reposed on the Left." (Philip Oakes, "The Thriller", *Sunday Times Magazine* [Oct. 18, 1970], S. 27.)

land vor dem finanziellen Zusammenbruch, indem er den Plan der Unterminierung der englischen Finanzen durch Falschgeld aufdeckt (ein Plan, der ja auch in der Wirklichkeit bestand). Und Michael Innes' Held Appleby jagt in *The Secret Vanguard* [16] deutsche Agenten im heimatlichen Schottland: der Boden der Auseinandersetzung mit den feindlichen Agenten ist im Spionageroman fast immer das heimatliche England.

Die wohl größte Popularität aller Autoren dieses Genres errang Ian Fleming (1908—1965) mit seinem Helden 007 James Bond.[17] Bond besteht „im Dienste ihrer Majestät" Unmengen von gewalttätigen Abenteuern gegen allerlei Feinde. Die „Sicherheit des Staates" wird zu einer Legitimation des Tötens. Und Bond tötet vor allem Juden, Neger, Kommunisten und Deutsche: die alten Feind-Typen des *thriller.* Daß der Held bei seinen Abenteuern tötet, braucht nicht unbedingt verwerflich zu erscheinen; spätestens seit Dashiell Hammett ist die "violence-is-fun"-Technik in der Literatur etabliert. Fleming wird hier häufig der Vorwurf gemacht, daß er sadistische Grausamkeit verherrliche. Das hält jedoch einer genauen Überprüfung nicht stand: der Bond der Romane ist lange nicht so blutrünstig wie die Helden von Sapper, James Hadley Chase, Mickey Spillane und Peter Cheyney. Fleming selbst hat nie den Anspruch erhoben, daß seine Bücher wichtige Literatur seien, er sagte über seine Romane: ". . . my books are straight pillow fantasies of the bang-bang, kiss-kiss variety" [18]. Flemings Romane folgen einem alten Muster. Bernice L. Webb hat in einem Aufsatz formale Übereinstimmungen zwischen den James-Bond-Romanen und dem germanischen Heldenepos *Beowulf* gezeigt.[19]

Es ist einigermaßen schwierig, die plötzliche Beliebtheit der Flemingschen Romane erklären zu wollen. Die Kritik hat immer wieder darauf hingewiesen, daß sie sich kaum von den Romanen von Mickey Spillane, Peter Cheyney oder Jean Bruce unterscheiden. Neu ist in ihnen nur die

[16] Wie *The Secret Vanguard* ist auch Geoffrey Households *Rogue Male* (1939) nur eine Variation der von John Buchan mit *The Thirty-Nine Steps* gefundenen Formel des englischen Spionageromans.

[17] Jean Bruces Held "OSS 117" mag die Vorlage für "007" gegeben haben.

[18] In dem sehr lesenswerten Essay über Raymond Chandler im *London Magazine,* VI (Dec. 1959), S. 43—54.

[19] Bernice L. Webb, "James Bond as Literary Descendant of Beowulf", *South Atlantic Quarterly,* 67 (1968), S. 1—12. Vgl. auch die bei Laura Lilli in ihrem Forschungsbericht genannte Literatur (*Der Fall James Bond,* S. 222 bis 226), die das Romanzen- und Märchenhafte der Romane betont.

bizarre Welt der technischen Erfindungen[20], mit denen Bond lebt und gegen die er kämpft — aber genau betrachtet ist dies nur ein Rückgriff auf Jules Verne. "Sex, sadism and snobbery" kennzeichnen nach Meinung eines großen Teils der Kritiker das Werk Flemings, aber Kingsley Amis und Colin Watson haben gezeigt, daß selbst dieser Vorwurf nicht zu halten ist.[21]

Über Ian Fleming und seinen literarischen Helden ist inzwischen schon so viel geschrieben worden, daß man diese Sekundärliteratur kaum noch überblicken kann.[22] Am interessantesten ist das Buch von Kingsley Amis (der auch unter dem Pseudonym Robert Markham den letzten James-Bond-Roman, *Colonel Sun,* schrieb), *The James Bond Dossier* (London, 1965)[23], das James Bond als literarisches Phänomen vielseitig, kritisch, aber nicht ohne Sympathie betrachtet.

Im Gegensatz zu den Romanen Ian Flemings ist das Romanschaffen von Len Deighton (* 1929) in Deutschland wenig bekanntgeworden. Len Deighton ist neben seinen vielseitigen Hobbies — er schrieb mehrere Kochbücher, gab einen Londonführer heraus und war einige Zeit Redakteur für Touristik des *Playboy* — ein anerkannter Militärhistoriker, wie seine Beiträge in *Alamein and the Desert War* (London, 1967) und sein Buch über den Bombenkrieg, *Bomber* (London, 1970), ausweisen. Seine Romane *The Ipcress File* (1962), *Horse Under Water* (1963), *Funeral in Berlin* (1964), *Billion Dollar Brain* (1966) und *An Expensive Place to Die* (1967) sind im angelsächsischen Sprachraum zu den meistdiskutierten *thrillers* geworden. Ihr Erfolg war unwahrscheinlich, die erste Penguin-Ausgabe von *Horse Under Water* (60 000 Exemplare) war zum Beispiel innerhalb zweier Tage ausverkauft.

Deightons anonymer Held (nur in den Verfilmungen trägt er den Namen Harry Palmer) handelt kaum, er beobachtet die Ereignisse, und er scheint der einzige zu sein, der die Vielzahl der einzelnen Begebenheiten versteht. Die Philosophie des Helden (der genauso ein Meister seines Berufs ist wie sein literarischer Vorgänger in Dashiell Hammetts

[20] Vgl. auch G. B. Zorzoli, „Die Technik in der Welt des James Bond" in: del Buono/Eco, *Der Fall James Bond* (München, 1966).

[21] Kingsley Amis, *The James Bond Dossier* (London, 1965), bes. S. 150 bis 154, und sein Essay im *Observer Magazine* (March 31, 1968), bes. S. 12, sowie Colin Watson in *Snobbery With Violence,* bes. S. 233—251.

[22] Einen Überblick über die wichtigsten Positionen der Kritik gibt der Forschungsbericht von Laura Lilli in: del Buono/Eco, *Der Fall James Bond* (München, 1966), S. 201—232.

[23] Deutsch als *Geheimakte 007 James Bond* (Berlin, 1966).

Red Harvest) kommt — wenn überhaupt — nur an einer Stelle in *Horse Under Water* (nachdem er gerade einem Bombenattentat entgangen ist) zum Ausdruck:

> There is no room for heroics, vendettas and associated melodrama in an efficient shop. You stand up, get shot at, then carry on quietly ... Don't desire vengeance or think that if someone murders you tomorrow we will be tracking them down mercilessly. We won't. We'll all be strictly concerned with keeping out of the *News of the World* and the *Police Gazette*.[24]

Die englische Kritik ist sich in der Bewertung dieser kunstvoll verschachtelt erzählten Romane, die an den *nouveau roman* erinnern, erstaunlich einig. *The Ipcress File* war unter den "outstanding books of 1962", und die Lobesurteile reichen von "poet of the spy story" bis zu "Raymond Chandler of the cloak-and-dagger set".

Es lassen sich mancherlei Übereinstimmungen zwischen dem modernen Spionageroman und der Wirklichkeit finden; häufig antizipiert der Roman etwas, was die Wirklichkeit nachholt. Es scheint manchmal, als sei Arthur Rowes Traum aus Graham Greenes *Ministry of Fear* — "The thrillers are like life . . . The world has been remade by William Le Queux . . ."[25] — Wirklichkeit geworden.

Während Englands Geheimdienst sich mit den Burgess/MacLean-, Lonsdale- und Kim-Philby-Affären als antiquiert und unzuverlässig erwiesen hat, wird er in den Spionageromanen (und das schon seit John Buchan) als der beste Geheimdienst der Welt verherrlicht. Insofern wird eine Figur wie James Bond zu einer anachronistischen Verkörperung nationalen Wunschdenkens.

Ersten Zweifel an den bisher verherrlichten Agenten, am englischen Geheimdienst überhaupt, zeigen die Romane von John le Carré (= David Cornwell). Le Carré war Lehrer in Eton und danach im diplomatischen Dienst, vor allem in Deutschland (daher seine intime Kenntnis der deutschen Verhältnisse), tätig. Nach Erscheinen seines Welterfolgs *The Spy Who Came In From the Cold* (1963) verließ er den diplomatischen Dienst.[26] Die Helden le Carrés sind Einzelgänger, die — wie Leamas und Leiser — von ihren Auftraggebern im Stich gelassen werden. Sie kämpfen für ihre persönliche Auffassung von Ehre

[24] Len Deighton, *Horse Under Water* (Harmondsworth, 1967), S. 93.

[25] Graham Greene, *The Ministry of Fear* (London, 1960), S. 71 f.

[26] Zuvor hatte er zwei Romane geschrieben, die aber mehr Detektivroman als Spionageroman sind: *Call For the Dead* (1961) —verfilmt als *The Deadly Affair* — und *A Murder of Quality* (1962).

und Gewissen, sie sind romantische Helden, die an der Realität zerbrechen. Und sie sind literarische Nachfolger der Helden Graham Greenes: es besteht eine erstaunliche Nähe zwischen Leamas, Leiser, Turner und Figuren wie Craven, "D" und Rowe.

Le Carrés Helden sind aber auch eine Absage an die Verherrlichung des Geheimagenten im Stile James Bonds. Es gibt keine Glorifizierung mehr, nur noch Enttäuschung, wenn Alec Leamas kurz vor seinem Tod das Doppelspiel Londons durchschaut:

> What do you think spies are: priests, saints and martyrs? They're a squalid procession of vain fools, traitors too, yes; pansies, sadists and drunkards, people who play cowboys and Indians to brighten their rotten lives. Do you think they sit like monks in London balancing the rights and wrongs? [27]

Die von le Carré gezeichnete Geheimdienst-Welt erscheint so plausibel, so glaubhaft, daß le Carré sich in seinem nächsten Roman *The Looking-Glass War* (1965) davon distanzieren mußte:

> None of the characters, clubs, institutions nor intelligence organizations I have described here or elsewhere exists, or has existed to my knowledge in real life. I wish to make that very clear.

Und dieser Roman beschrieb noch deutlicher als der vorhergehende den Verfall des englischen Geheimdienstes, die Sinnlosigkeit der Agententätigkeit. Le Carrés letzter „Spionageroman", *A Small Town in Germany* (1968), war ein utopischer Roman. Was als Kritik an England gemeint war, wurde hierzulande als Kritik an den Deutschen verstanden. Vielleicht enthält der Roman implizit eine Warnung vor einem neuen Faschismus — das Thema des "it could happen again" —, aber die politische Situation der Bundesrepublik bleibt doch eine gewollte Utopie. *A Small Town in Germany* war le Carrés Versuch, einen „ernsthaften" Roman zu schreiben, wobei er allerdings nicht auf die Elemente des Spionageromans (die Flucht eines Diplomaten mit Geheimakten) und des Detektivromans (die Jagd nach dem Täter) verzichtete.

Es erscheint unmöglich, hier alle Vertreter des Spionageromans zu behandeln. Seit den Riesenerfolgen dieser Literatur anfangs der 60er Jahre ist das Genre nicht mehr zu übersehen. Immer häufiger integrieren selbst führende Detektivromanautoren (von den zweitklassigen ganz zu schweigen) wie Nicolas Freeling, John Bingham oder selbst Agatha Christie (mit *Passenger to Frankfurt*) Spionage und Agenten in die Handlung ihrer "who-dunits". Ein Autor muß jedoch noch erwähnt

[27] *The Spy Who Came in From the Cold* (London, 1964), S. 231.

werden, der in England und Amerika ein Bestseller geworden ist, der aber in Deutschland kaum bekannt ist. Und das ist auch kaum verwunderlich, da seine Romane spezifisch englisch sind. Die Romane des unter dem Pseudonym 'William Haggard' schreibenden Autors wurden von einer englischen Zeitung als "the adult's Ian Fleming" bezeichnet, eine Bemerkung, die sie recht treffend charakterisiert. Sie spielen auf der „höchsten Ebene", hinter den Kulissen der Politik. Sie sind den Romanen C. P. Snows ähnlich, wollen aber nicht mehr als Unterhaltungsliteratur sein. Wie die Detektivromane der 20er Jahre sind sie für einen Kreis von Kennern geschrieben, mit denen sie ein gemeinsames Verständnisalphabet haben. Und wie diese leben sie von der „heilen Welt" des Establishments: Public Schools, Universitäten, Rolls Royce und Regimentskrawatte sind ebenso wichtig wie die Diskussion über die Politik. In ihrer eigenen Art und Atmosphäre sind diese Romane faszinierend.

In Erskine Childers' *Riddle of the Sands* findet sich der Satz: "I don't think 'spy' is the right word; but I mean something pretty bad." Der englische literarische Spion hat seitdem einen langen Weg zurückgelegt: er war der Gentleman/Übermensch, der England rettete, war der Jedermann, der in die politischen Intrigen verstrickt wurde, war der vom Leben enttäuschte romantische Held, der nicht mehr an seine Mission glaubte, war der lizensierte Mörder, der für England kämpfte, und der Berufsagent, der mit dem russischen Oberst genauso fachsimpelte wie mit dem amerikanischen Kollegen.

Noch einmal die Frage: ist der Spionageroman ein eigenständiger Roman? Kaum in dem Sinne wie der Detektivroman. Er kann ein Roman sein (manchmal sogar ein sehr guter), der neben der häufig melodramatischen Struktur uns einen Ausblick auf die beständige Gefährdung unserer Welt bietet.

J. P. B.

Literaturbericht

Zum Thema „Spionageroman" gibt es erstaunlich wenig Literatur. Boileau/Narcejac widmen dem Spionageroman in ihrem Buch *Der Detektivroman* (Neuwied und Berlin, 1967) ein Kapitel, das aber hauptsächlich den französischen Spionageroman behandelt. Eine gute Einführung bietet das Vorwort von Eric Ambler zu dem Buch *To Catch A Spy* (London, 1964; als Four-Square-Taschenbuch mit erweiterter Einleitung 1966; deutsch als *Spione, Spione* Hamburg, 1967), in dem sich auch eine vorzügliche Auswahl von Spionagegeschichten findet. John Buchan, 'Sapper' und der *thriller* der 20er Jahre sind das Thema des sehr lesenswerten Buches von Richard Usborne *Clubland Heroes* (London, 1953). Über Ian Fleming gibt es eine Unmenge von

Büchern und Zeitungsartikeln, daraus seien Kingsley Amis, *The James Bond Dossier* (London, 1965; deutsch bei Ullstein) und Oreste del Buono/Umberto Eco, *Der Fall James Bond 007 — Ein Phänomen unserer Zeit* (München, 1966), zur Lektüre empfohlen. Gute Übersicht, vor allem über den neueren Spionageroman, gibt der kurze Aufsatz von Julian Symons "An End to Spying, or, From Pipe Dream to Farce", im *Times Literary Supplement* (Dec. 12, 1968), S. 1411—12 und das Kapitel XVI von Symons' Buch *Bloody Murder* (London, 1972).

Nachtrag 1977: Der erste größere Versuch, Form und Wandel des englischen Spionageromans von 1900—1970 aufzuzeigen, wurde mit Jens Peter Beckers *Der englische Spionageroman* (München, 1973) gemacht (mit Bibliographie). Richard Usbornes lange vergriffenes Buch wurde in einer überarbeiteten Neuauflage Ende 1974 wieder auf den Markt gebracht. Auch John Buchan wurde neu entdeckt: David Daniell, *The Interpreter's House: A Critical Assessment of the Work of John Buchan* (London, 1975). Leider kommt Daniell mit seinem Versuch, Buchan literaturfähig zu machen, nicht an die exzellente Biographie von Janet Adam Smith (1965) heran. Durch Übersetzungen des Diogenes-Verlags wurde das Werk Buchans auch deutschen Lesern bekannt. Auch Childers' *Riddle of the Sands* erschien bei Diogenes und wurde in Norddeutschland (sicherlich wegen der Segelszenen) zu einem kleinen Bestseller.

Nachdem die großen Autoren des neueren englischen Spionageromans, Len Deighton und John le Carré, ihren zahlreichen Nachfolgern das Feld überlassen hatten, griffen sie in den 70er Jahren erneut zur Feder. Diese Romane — Len Deighton, *Spy Story* (1974), *Yesterday's Spy* (1975), *Twinkle, Twinkle Little Spy* (1976); John le Carré, *Tinker, Tailor, Soldier, Spy* (1974), *The Honourable Schoolboy* (1977) — werden von vielen Kritikern zum Besten des Genres gezählt.

Mittlerweile ist der englische Spionageroman Gegenstand der Universitätsanglistik geworden, die Dissertation von Wolfgang Crass, „Untersuchungen zu Entwicklung, Struktur und Funktion des englischen 'Action Thrillers'" (Marburg, 1976) beschäftigt sich auch mit neueren Thrillerautoren. Weiterhin sind zwei Habilitationen im Entstehen bzw. abgeschlossen. Eine recht gute Materialsammlung von Essays (leider auf Schwedisch) lieferte Jan Broberg mit seinem Band *Spionen i spegeln* (o. O., 1973). Von den neuesten Publikationen — Bruce Merry, *Anatomy of the Spy Thriller* (Dublin, 1977) und Donald McCormick, *Who's Who in Spy Fiction* (London, 1977) — kann die letztere wegen zu großer Oberflächlichkeit nicht empfohlen werden.

Neuntes Kapitel

WESEN UND WANDEL DES DETEKTIVROMANS IM TOTALITÄREN STAAT

Angesichts der Ursprünge, der Tradition und Verbreitung des Detektivromans hat die Literaturkritik in ihm nahezu einhellig ein literarisches Produkt gesehen, das den Geist der Demokratie atmet. Insbesondere die englischsprachige Kritik hat nicht nur eine geistige Urheberschaft der angelsächsischen Länder auf den Detektivroman angemeldet, sondern zugleich immer wieder die enge Bindung an die politischen Lebensformen des Ursprungslandes hervorgehoben. Die Demokratie erscheint damit als Nährboden des Detektivromans, die demokratische Atmosphäre als eigentliches Lebenselement des Detektivs. Aus dieser Perspektive gewinnt der Detektivroman selbst sogar Züge einer demokratischen Institution an sich. In dem Kapitel "Dictators, Democrats, and Detectives" seines Buches *Murder for Pleasure* hat Howard Haycraft diese vorherrschende Ansicht sehr deutlich zum Ausdruck gebracht: "For the detective story is and always has been essentially a democratic institution; produced on any large scale only in democracies." [1]

[1] Howard Haycraft, *Murder for Pleasure* (New York, 1968), S. 313. Als besonders bezeichnendes Beispiel sei ferner Nicholas Blake zitiert, der den Detektivroman 1942 vor dem Hintergrund des politischen Geschehens in Europa sieht. Nach seiner Ansicht weist die Demokratie eine geringere Disposition zur Grausamkeit auf, und der unter ihr florierende Detektivroman schafft durch den fiktiven Mord eine Sublimationsmöglichkeit für die menschliche Aggressivität. Die auf Aggression bedachte Diktatur verbietet hingegen den Detektivroman und macht den Menschen dementsprechend für Gewalttaten empfänglich: "Democratic civilisation does not encourage us to indulge our instinct for cruelty: the quite different attitude of the dictatorships towards this, as well as their different conception of justice, legal evidence and legal proof, must . . . account for the Nazis' banning of all imported detective-fiction and characterising it as 'pure liberalism' . . . a people whose bloodlust was sublimated by reading and writing fiction murders would certainly have less zest for murdering real Poles." (Nicholas Blake [C. Day Lewis], "The Detective Story — Why?", in: Haycraft, *The Art of the Mystery Story*, S. 399.) Als einsame Stimme hebt sich W. O. Aydelotte von dem Chor der Kritiker ab: ". . . the detective story is no monument to the strength of democracy but rather a symptom revealing its weakness." (W. O. Aydelotte, "The Detective Story as a Historical Source", *Yale Review*, 39 [1949], S. 94.)

Aus den in der Literatur angeführten Kriterien für die Unvereinbarkeit von Detektivroman und totalitärem Staat kristallisieren sich drei Hauptgründe heraus: Nach Ansicht der Kritik korrespondiert die Arbeitsweise des Detektivs eng mit dem Grundprinzip des demokratischen Staates, wonach jeder Verurteilung ein detaillierter, logisch deduzierter Schuldbeweis vorauszugehen hat. Als zweites Argument wird ins Feld geführt, daß kaum ein Zweig der Literatur in so starkem Maße an die Verstandeskraft appelliert wie der Detektivroman, während nichtrationale Elemente, wie z. B. Propaganda, wesensmäßig zu den Herrschaftsprinzipien des totalitären Staates gehören. Schließlich muß sich nach Meinung der Kritik die Mehrheit der Bevölkerung wie im demokratischen Staat zu Recht und Gesetz bekennen, die im Detektiv ihren Vertreter finden.

Harold Hurwitz hat in seinem Buch *Der heimliche Leser* das Leserverhalten unter dem Totalitarismus eingehend untersucht.[2] Die von ihm gewonnenen Erkenntnisse zeigen, daß die Kritik bei gleichzeitiger Idealisierung des demokratischen Systems eine in diesem Grade nicht mehr zulässige Reduzierung eines komplexen Sachverhalts vornimmt. Auch der totalitäre Staat kann nicht ohne Spielregeln auskommen, und es ist durchaus zu fragen, ob mit dem Detektivroman ein literarisches Genus vorliegt, das unter dem Totalitarismus die aus der Ideologie resultierenden Normen adoptiert. Sieht man den Detektivroman ferner unter dem Gesichtspunkt der Massenliteratur, so werden durch ihn Wesenszüge eines breiten Publikums angesprochen, die sich nicht nur im Menschen der demokratischen Gesellschaft offenbaren. Es ist demnach nicht ohne weiteres einzusehen, weshalb sich der Detektivroman in diesem Zusammenhang wesensmäßig nur der Demokratie anbieten sollte. Geht man schließlich von der Neigung des Detektivromans aus, Zeiterscheinungen abzubilden, so kann die Identifikationsbereitschaft der Leser mit dem staatlich propagierten Normensystem ihn zu einer vielgelesenen Lektüre auch unter dem Totalitarismus machen.

Es ist demnach nicht ohne Reiz, einen Blick über die bisher gezogenen Grenzen hinaus in jenen Bereich zu werfen, der allgemein als antagonistische Sphäre des Detektivromans gilt, und hier seinen Wesenswandel

[2] Harold Hurwitz, *Der heimliche Leser, Beiträge zur Soziologie des geistigen Widerstandes* (Köln u. Berlin, 1966). Zur Wesensbestimmung des Totalitarismus insbes. Kap. I B.: „Über den Totalitarismus", S. 29—52 u. Kap. I D.: „Totalitarismus und Gesellschaft", S. 66—79. Ferner: Peter Ch. Ludz, „Entwurf einer soziologischen Theorie totalitär verfaßter Gesellschaft", in: P. Ch. Ludz, *Soziologie der DDR* (Köln u. Opladen, 1964), S. 11—58. (= Kölner Zeitschrift für Soziologie und Sozialpsychologie, Sonderheft 8.)

zu untersuchen. Dies soll exemplarisch für die zur Zeit des Nationalsozialismus erschienene Detektivliteratur geschehen. Daran schließt sich ein Ausblick auf die Detektivliteratur im kommunistisch regierten Teil Deutschlands an.

Es mag überraschen, daß der Detektivroman unter dem Nationalsozialismus eine größere Leserschaft fand als gemeinhin angenommen. So sieht sich die damalige Kritik auch immer wieder gezwungen, auf „die ungeheure Beliebtheit und Verbreitung der Detektivgeschichte“ [3] einzugehen und eine Erklärung für dieses Phänomen zu finden. Erich Thier stellt ab 1938 sogar ein starkes Anwachsen der Gruppe von Detektivromanen fest.[4] Zugleich konstatiert er, „daß in den letzten Jahren Deutsche in immerhin spürbarer Zahl als Verfasser von Kriminalromanen produktiv wurden“.[5] 1939 wurden in Deutschland etwa 500 000 Detektivromane produziert.[6] Die meisten der damals bekannten angelsächsischen Autoren waren vornehmlich in der „Rot-blauen-Reihe“ des Tal-Verlages erhältlich. Und in den Reihen des "Crime Club" und des "Mystery Club" der "Albatross Continental Library" (Hamburg) lagen sie sogar in der Originalsprache vor.

Anfang 1941 wurde jedoch allen Buchhandlungen untersagt, Detektivromane angelsächsischer Herkunft zu verkaufen, und die Büchereien wurden angewiesen, die Ausleihe derartiger Bücher einzuschränken. Das 1942 erschienene *Verzeichnis englischer und nordamerikanischer Schriftsteller* — „zusammengestellt ... als Hilfsmittel für die Herausnahme von Autoren der Feindländer“ [7] — enthält nahezu sämtliche angelsächsische Detektivschriftsteller, die damals Rang und Namen hatten. Dies kam jedoch keineswegs der Verbannung des Detektivromans aus dem Gesichtskreis des Lesers gleich. Man war sich der von den Detektivgeschichten ausgehenden Anziehungskraft und Massen-

[3] Helmut Günther, „Der Kriminalroman und die Zivilisation“, *Die Literatur*, 43 (1940/41), S. 490.

[4] Erich Thier, „Über den Detektivroman“, *Die Bücherei*, 7 (1940), S. 215.

[5] Thier, „Detektivroman“, S. 216.

[6] Erich Langenbucher, „‚Der Teufel spielt Verstecken‘ oder Einiges zur Frage des gegenwärtigen Kriminalromans“, *Die Buchbesprechung*, 3 (1939), S. 37.

[7] Reichsministerium für Volksaufklärung und Propaganda (Hrsg.), *Verzeichnis englischer und nordamerikanischer Schriftsteller* (Leipzig, 1942), S. 1. (= Schriftenreihe des Großdeutschen Leihbüchereiblattes, Heft 4.) Vgl. auch: Dietrich Aigner, *Die Indizierung „schädlichen und unerwünschten Schrifttums“ im Dritten Reich* (Frankfurt a. M., 1971). (Archiv für Geschichte des Buchwesens, Bd. XI, Lieferung 3—5.)

wirkung zu sehr bewußt, um durch ein bloßes Verbot ein gefährliches Vakuum entstehen zu lassen. Die Bestrebungen liefen vielmehr darauf hinaus, den englischen Detektivroman durch deutsche Varianten abzulösen und diese in den Dienst der eigenen Sache zu stellen. Mit den seit 1941 in sehr hoher Auflage erscheinenden Reihen wie „Das Forum. Die deutsche Kriminalreihe“ oder „Neuzeitliche Kriminalromane“ wird die während des Krieges noch wachsende Nachfrage nach Detektivliteratur zur Entspannung gestillt. Die große Leserzahl ist nicht nur eine Folge der propagandistisch bedingten hohen Auflagen, sondern zugleich ein Beweis für die ungebrochene Popularität des Detektivromans.

In der literarischen Auseinandersetzung mit dem angelsächsischen Detektivroman in den Jahren 1933 bis 1945 wird diesem insbesondere vorgeworfen, das Verstädterungsprodukt einer spätbürgerlichen, urban geprägten Gesellschaft zu sein. Es ist bezeichnend, daß in Peter von Werders *Literatur im Bann der Verstädterung* (1943) ein 16seitiges Kapitel dem Kriminalroman gewidmet ist.[8] Nach von Werder ist dem modernen Kriminalroman, und zwar meistens in der Erscheinungsform der Detektivgeschichte, der Stempel der Verstädterung am deutlichsten aufgeprägt — wohl der schwerwiegendste Vorwurf in der Ära des Blut-und-Boden-Mythos. Im Sinne dieser ideologischen Ausrichtung hebt Helmut Günther in seiner Darstellung der Wechselbeziehung von Kriminalroman und Zivilisation hervor: „Die Großstadt ist ... immer ein Zeichen, daß der Mensch herausgetreten ist aus den kreatürlichen Ordnungen; daß er das fromme und einfältige Natur- und Abhängigkeitsgefühl verlassen hat ...“ [9]

So konstruiert nach Meinung fast aller Kritiker der Detektivroman als literarisches Abbild der Großstadt eine künstliche, urbane Welt, ohne die kraftspendende Schönheit des naturhaften Lebens. Und so erhebt die damalige Kritik durchweg den Vorwurf, daß die Grundlage dieses Zusammenlebens ein übersteigerter Eigentumsbegriff und eine liberalistische Gesetzgebung ist, die im direkten Gegensatz zur nationalsozialistischen Volksgemeinschaft steht.

Als Grundlage des Detektivromans wird der Empirismus und Positivismus englischer Prägung angesehen. Kaum ein Kritiker versäumt, darauf hinzuweisen, daß die analytische Methode in enger Beziehung zur englischen Elementenpsychologie des 19. Jahrhunderts und zur mechanistischen, unorganischen Weltauffassung des westlichen Positi-

[8] Peter von Werder, *Literatur im Bann der Verstädterung* (Leipzig, 1943), Kap. IV, 5: „Der Kriminalroman“, S. 109—125.

[9] Günther, „Kriminalroman und Zivilisation“, S. 489.

vismus steht. Erich Thiers Feststellung vom „Unbelastetsein mit metaphysischem Gehalt. Es wird nur der Intellekt angesprochen ...“[10] findet sich in zahlreichen Varianten wieder. Die verschiedenen Urteile stimmen darin überein, daß die zweidimensionale Linearität der Detektivgeschichte, bedingt durch den kausalistischen Progressionscharakter, alles Seelische und Schicksalhafte verneint. Daraus wird die Schlußfolgerung gezogen, daß der Detektivroman dem nach Metaphysik und mystischer Welterfassung drängenden deutschen Wesen widerspricht.

Dennoch hat die Kritik den Detektivroman nicht durchweg abgelehnt. Noch 1939 schreibt Edmund Finke eine Apologie des Detektivromans.[11] Aber zugleich wird man immer empfindlicher gegenüber seinem unverkennbar angelsächsischen Charakter.[12] Das resultiert parallel zu den politischen Ereignissen in einem zunehmenden Druck auf das jetzt mit dem Makel der westlichen Zersetzung versehene Zeugnis angelsächsischen Denkens: „Der Einbruch des Detektivromans in Deutschland ist daher dem Einbruch eines fremden Geistes weithin vergleichbar“, stellt Erich Thier 1940 fest.[13] Eine Reihe von Aufsätzen schließt jetzt mit der Forderung nach dem deutschen Detektivroman. Von seiten des Staates werden nunmehr umfangreiche Maßnahmen eingeleitet, um das Entstehen eines von angelsächsischen Elementen gereinigten „Zeitromans“ zu fördern.[14] Selbst die bekannten Detektivschöpfungen der Trivialliteratur werden daraufhin „heim in's Reich“ geholt. So wird Tom Shark, Detektividol der zwanziger Jahre, nach

[10] Thier, „Detektivroman“, S. 213.

[11] Edmund Finke, „Über den Kriminalroman“, *Die Literatur,* 41 (1939), S. 333—335. Dieser Aufsatz erscheint im gleichen Jahr auch in der Zeitschrift *Deutsche Ostmark,* 4 (1939), S. 22—26.

[12] Vgl. hierzu: Helmut Günther, „Der Kriminalroman und die angelsächsischen Länder“, *Zeitschrift für neusprachlichen Unterricht,* 40 (1941), S. 250 bis 260. Karl Thielke, „Der englische Kriminalroman“, *Die Buchbesprechung,* 3 (1939), S. 42—43.

[13] Thier, „Detektivroman“, S. 207. Vgl. auch G. Brunner, „So stehen wir zum Kriminalroman“, *Zeitschrift für die Leihbücherei,* 11 (1942), S. 14. G. Zierau, „Für und gegen den Kriminalroman“, *Zeitschrift für die Leihbücherei,* 10 (1941), S. 15. E. Roboz, „85 Millionen Dollar im Jahr für Schundromane“, *Großdeutsches Leihbüchereiblatt,* 3 (1941), S. 230. „Geistige Kost für USA. Schundromane in Millionenauflage“. *Die Woche,* Nr. 43 (1941).

[14] Vgl. hierzu: „Zeitroman und Kurzgeschichte“, *Die Weltliteratur,* 17 (1942), S. 39. „Der Zeitroman“, *Der Buchhändler,* 7 (1942), S. 27—32. „Der Zeitroman — eine Aufgabe für unsere Dichter“, *Großdeutsches Leihbüchereiblatt,* 4 (1942), S. 122.

1933 zum „deutsch-amerikanischen Meisterdetektiv“ ernannt. In den Heften mit seinen Abenteuern findet sich fortan am Anfang die Erklärung „Wer ist Tom Shark?“:

> Tom Shark der unübertroffene Meisterdetektiv ist nun endlich heimgekehrt! Heimgekehrt? Ja, heimgekehrt nach Deutschland, denn in Deutschland wurde er geboren, das Blut einer deutschen Mutter fließt in seinen Adern.[14a]

Die von Axel Alt in seinem Vorwort zu *Der Tod fuhr im Zug* (1944) dargelegte Zielsetzung für den deutschen Kriminalroman gilt durchweg auch für die anderen Darstellungen dieses Literaturzweiges:

> So wie wir den Kriminalroman sehen ... In einer Zeit, in der Mensch und Staat das Äußerste leisten, um das Leben der Volksgemeinschaft auf Jahrhunderte hinaus zu sichern, ist es uns nicht möglich, eine gedankenlose Neugier nach Sensationen zu füttern oder für erschlaffte Nerven kriminalistische Kreuzworträtsel zu konstruieren ... wir wollen den Sinn wecken für den Kampf gegen den Verbrecher und für die Menschen und ihre Einrichtungen, die von Berufs wegen diesen Kampf rücksichtslos führen.[15]

Aufgrund der Gleichsetzung von Volksgemeinschaft und Staat wird das individuelle Vergehen innerhalb der Gesellschaft zu einem Verbrechen am Staat, der deshalb den Detektiv beauftragt, den Gesetzesbrecher zur Strecke zu bringen. Für nahezu alle Darstellungen werden dabei starre Grundmuster des Detektivromans übernommen. Die Wahl des Schauplatzes konfrontiert die damaligen Autoren allerdings mit einem nicht unerheblichen Dilemma. Vor dem Krieg bevorzugten die meisten deutschen Detektivromane die angelsächsischen Länder als Aktionsfeld ihrer Helden und ließen dabei mit unterschiedlicher Deutlichkeit eine Kritik der dortigen Lebensformen einfließen. Aber mit dieser Wahl des Schauplatzes bewiesen sie im Grunde nur ihre weitgehende Abhängigkeit von den angelsächsischen Vorbildern. Eine Verlegung des Schauplatzes nach Deutschland wiederum war auch nicht ohne weiteres möglich, da es im nationalsozialistischen Staat kein Verbrechen in größerem Umfange geben durfte. Ein Ausweg bestand

[14a] Pitt Strong [Pseud.], *Die Opiumschmuggler von Montmartre* (Heidenau/Dresden [1934]), S. 3.

[15] Axel Alt, *Der Tod fuhr im Zug* (Berlin und Leipzig, 1944), S. 6 f. Ganz entsprechend die Forderung von E. Langenbucher: „Wir sprachen davon, daß der Kriminalroman eine Aufgabe hat: der Polizei und allen mit der Verbrechensbekämpfung beauftragten Organen des Staates in diesem Kampf zu helfen, die Erziehung zur Achtung vor diesem Kampf und zur Ablehnung jeden verbrecherischen Tuns.“ (Langenbucher, „Zur Frage des gegenwärtigen Kriminalromans“, S. 40.)

häufig darin, das Geschehen im nicht-angelsächsischen Ausland spielen zu lassen, wie z. B. in *Karins Versprechen* (1943) von Paul M. Brandt. Hier schlägt sich der Detektiv Rolf Petersen mit einer Diamantenschmugglerbande in Kopenhagen herum. Da die Drahtzieher der verbrecherischen Machenschaften in Amerika zu suchen sind, findet sich für Brandt übereinstimmend mit den Vorkriegsromanen ausgiebig Gelegenheit zur Polemik gegen „Amerika, das Paradies der Gangster".[16] Die überwiegende Mehrzahl der Detektivromane läßt das Geschehen allerdings im Deutschland der Jahre 1935 bis 1939 spielen. Aber auch hier bietet sich noch Möglichkeit genug, den eigenen Staat in bezug auf die verschwindend geringe Kriminalität als vorbildlich mit den angelsächsischen Ländern zu kontrastieren. In Axel Alts *Der Tod fuhr im Zug* greift der auktoriale Erzähler wiederholt mit Kommentaren dieser Art in das Geschehen ein. Bei der Diskussion der hier im Mittelpunkt stehenden Serientat heißt es:

> Es tritt in kleiner und noch ungewisser Form das auf, was wir in seiner massierten und aggressivsten Form von jenseits des großen Teiches, aus den Vereinigten Staaten kennen: die unbekümmerte Lust am Verbrechen ... Das hat in Deutschland keinen Platz! (S. 48)

Obgleich die Kritik in dem Detektivroman durchweg ein Produkt angelsächsischer Urbanität sieht, ist auch in den deutschen Entsprechungen die Großstadt, vornehmlich Berlin, der Ort der Handlung. Edmund Sabotts *Schreck in der Abendstunde* (1943) ist sogar von einer äußerst eingehenden Schilderung des Berliner Mietskasernenmilieus bestimmt, eine unverkennbare Nachwirkung von Alfred Döblins *Berlin Alexanderplatz* und Hans Falladas *Ein Mann will nach oben*.[17] Und selbst dort, wo das Geschehen in kleinen Orten stattfindet, wie z. B. in dem Landstädtchen Kolgast in Zinns *Anlage 27*[18], liegen diese meist im Schatten Berlins. Die Autoren sind sich der Diskrepanz zwischen den Aussetzungen der Kritik und der eigenen Darstellung durchaus bewußt. Alt begründet in *Der Tod fuhr im Zug* die Wahl des Schauplatzes mit folgendem Argument: „Was auf den folgenden Seiten dargestellt wird, trägt so sehr das Gepräge einer modernen Großstadt, daß jeder andere erfundene Tatort die wahren Grundlagen zerstört haben würde" (S. 5). Häufig findet die Darstellung des großstädtischen Szenariums ihre Rechtfertigung durch die damit verbundenen Hinweise auf den negativen Einfluß dieser Lebenssphäre, so bei Axel Alt in den abschließenden Überlegungen zum Fall:

[16] Paul M. Brandt, *Karins Versprechen* (Leipzig, 1943), S. 159.

[17] Edmund Sabott, *Schreck in der Abendstunde* (Berlin und Leipzig, 1943).

[18] Zinn, *Anlage 27* (Berlin und Leipzig, 1944).

Je umfangreicher diese Gemeinschaften sind, um so gründlicher muß ein ehernes Gesetz walten. Erst recht aber muß es wirksam sein in dem Treiben der großen Städte, deren Bewohner oft den natürlichsten Gefühlen und Instinkten entfremdet worden sind. (S. 220)

Daneben steht ein Typ des Detektivromans, wie z. B. Rudolf von Lossows *Das Licht am Styx* (1943)[19], der das Geschehen ganz im Sinne der herrschenden Ideologie in eine ländliche Umgebung verlegt. Aber auch der hier als Schauplatz gewählte abgeschiedene Gutshof liegt im Einzugsbereich von „Berlin, der arbeitsamsten Stadt des arbeitsüberreichen Deutschlands". (S. 59)

Der Topos der Realitätsfiktion durch Ablehnung des Detektivromans im Detektivroman erhält in dieser Zeit eine Variante durch die Ablehnung der angelsächsischen Entsprechung. In *Der Tod fuhr im Zug* unterstreicht der Erzähler den Realitätscharakter der Darstellung mit der Bemerkung: „Jener bunte Reigen von Bobby- und Gunmennervosität aus USA und England sind phantasiereiche Darstellungen, wie sie uns in völlig unechten Romanen vorgesetzt worden sind ..." (S. 49) Zielscheibe der Polemik ist insbesondere der auf eigene Faust operierende Privatdetektiv, der als heldisch und romantisch verbrämter Verfechter der liberalistischen Plutokratie Englands und Amerikas angesehen wird. Dem deutschen Kriminalbeamten kann daher kein größeres Mißgeschick unterlaufen, als mit dem Verbrecherjäger des traditionellen Detektivromans verwechselt zu werden, so z. B. in Felicitas von Rezniceks *Shiva und die Nacht der 12* (1943): „‚Unsinn!' fährt Koloska hoch. Das hat ihm gerade noch gefehlt, daß man den Beamten der Kriminalpolizei mit dem Wunderdetektiv aus einem Schauerroman verwechselt. ‚Ich bin Kriminalbeamter'".[20]

Der deutsche Detektiv in der Gestalt des Kriminalbeamten ist jedoch keineswegs eine solch farblose Figur, wie man zunächst vermuten sollte. Obgleich die einzelnen Autoren immer wieder betonen, lediglich die mühevolle Arbeit der deutschen Kriminalpolizei darstellen zu wollen, wachsen ihre Detektivschöpfungen ausnahmslos in die traditionelle Gestalt des "Great Detective" hinein. Kriminalrat Dongen in *Shiva und die Nacht der 12* ist trotz seines nüchternen Amtszimmers im nicht weniger profanen Polizeipräsidium am Alexanderplatz eine äußerst exotische Erscheinung. Bei Vernehmungen bleibt er stets im Dunklen und spielt beim Kombinieren ständig mit einer kleinen indischen Elfenbeinfigur: „Kriminalrat Dongen — Shiva, um dessen Figur sich sogar

[19] Rudolf von Lossow, *Das Licht am Styx* (Berlin und Leipzig, 1943).

[20] Felicitas von Reznicek, *Shiva und die Nacht der 12* (Berlin, 1943), S. 48.

bei der nüchternen Kriminalpolizei Legenden gebildet haben." (S. 109) An Exzentrizität steht er ebenso wie zahlreiche seiner deutschen Kollegen Poes Dupin kaum nach. Insgesamt zeigt sich die Tendenz, den deutschen Detektiv gegenüber seinem angelsächsischen Gegenspieler stärker als Geistesmenschen und Akademiker herauszustellen. Von dem Helden in *Der Tod fuhr im Zug*, Kriminalrat Überfeld, ist zu erfahren: „Doch auch noch in dieser Haltung verriet sich nicht im entferntesten der Beruf des Kriminalisten, viel eher mochte man wähnen, einen Dichter, Architekten, Schauspieler oder Kunstgeschichtler vor sich zu haben." (S. 112) Aber auch durch die direkte Erörterung philosophischer Fragen versuchen zahlreiche Autoren, die bei dem angelsächsischen Detektivroman vermißte metaphysische Tiefe zu erreichen. So gibt das Geschehen in *Das Licht am Styx* wiederholt Anlaß zu ausführlichen Reflexionen über „Weltordnung" und „menschliche Freiheit". Der Erzähler kommentiert den Handlungsablauf durch Hinweise auf Goethes „Urworte Orphisch" sowie Jakob Böhmes Mystik und versucht auf diese Weise, eine philosophische Vertiefung der Vordergrundereignisse zu erzielen. Ein weiteres Verfahren, deutsche Geistigkeit im Detektivroman zu dokumentieren, zeigt *Karins Versprechen*. Hier rivalisieren der deutsche Meisterdetektiv Rolf Petersen und Inspektor Bright von Scotland Yard, der als traditionelle Detektivfigur des angelsächsischen Genres mit extrem pragmatisch-positivistischer Geisteshaltung karikiert wird, um die Lösung des Falls. Wenn Petersen die Aufklärung schließlich gelingt, triumphiert deutsche Denkungsart über die angelsächsische Geisteshaltung.

Einen auf eigene Faust operierenden Privatdetektiv kann es während dieser Zeit im deutschen Detektivroman nicht geben. Der totalitäre Staat ist allgegenwärtig, und seine Aktivität ist bis in den entlegensten Bereich hinein spürbar. Da bleibt kein Raum mehr für individuelle und unkontrollierbare Initiative; folglich wird der als beamteter Kriminalkommissar auftretende Detektiv zum Diener des Staates. Im angelsächsischen Detektivroman ermöglichte der Dualismus von Staat und Gesellschaft eine von den Vorstellungen des Staates unabhängige Tätigkeit des Detektivs zur Wahrung der Rechtsgüter dieser Gesellschaft. Durch die ideologische Gleichsetzung von Volksgemeinschaft und Staat kann der Detektiv im deutschen Kriminalroman nur als Willensträger des Staates fungieren.[21] Das Ziel der detektivischen Tätigkeit ist, wie es Kriminalrat Überfeld in *Der Tod fuhr im Zug* formuliert, die „Be-

[21] Die Figur des „Staatsdetektivs" wird bereits von Jaroslav Hašek in seiner Satire „Einige Rapporte des Staatsdetektivs Jandák" verspottet: Jaroslav Hašek, „Einige Rapporte des Staatsdetektivs Jandák" (Kennz.

freiung von einem Volksfeind". (S. 119) Wurden im angelsächsischen Detektivroman individuelle Belange durch den Detektiv vertreten, so handelt er im deutschen Kriminalroman stets wie z. B. in *Anlage 27* „im Dienste der Gemeinschaft". (S. 92) Ohne Ausnahme bemühen sich die Darstellungen daher, diesen Anspruch des Staates propagandistisch zu vertreten, d. h. die Furcht des Bürgers vor dem Polizeiapparat zu entkräften, um die Einheit von Volksgemeinschaft und Teilorganisation des Staatsapparates glaubwürdig erscheinen zu lassen. Besonders deutlich wird die Tendenz der Sympathisierung der Polizei in *Der Tod fuhr im Zug.* Der hier agierende Kriminalrat Überfeld strahlt nicht nur Güte aus, sondern es wird zugleich im Sinne der Ideologie betont, daß er trotz seiner Tätigkeit in der Großstadt nicht von urbaner Dekadenz angekränkelt ist: „Der Kern seines Wesens ist Güte und ein Humor, wie er in Moor und Heide zu Hause ist." (S. 115) Besonders eingehend werden die großen kriminologischen Institutionen beschrieben, derer sich der Detektiv bei seinen Ermittlungen bedient. Hierdurch wird das Bild des Staates als gigantische, allumfassende Maschinerie mit effektiv arbeitenden Apparaten in Teilbereichen vermittelt. Allein auf sich selbst gestellt, vermag der Detektiv wenig auszurichten: er ist in das Wirkungsgefüge dieser zentral gesteuerten Maschinerie eingegliedert und ein Funktionselement einer dieser Teilapparate. Wenn er jedoch in den meisten Fällen den letzten Lösungsschritt kraft seiner Genialität eigenständig unternimmt und seine ihn hierin bewundernden, jedoch die Zusammenhänge nicht erkennenden Untergebenen dirigiert, so verkörpert er damit das im damaligen Staat herrschende Führerprinzip.

In den meisten Darstellungen befällt das Verbrechen die Gemeinschaft mit der Unmittelbarkeit und Irrationalität einer Krankheit. Die beamteten Detektive fungieren entsprechend, wie es in *Der Tod fuhr im Zug* höchst bezeichnend heißt, als „Ärzte am Volkskörper; was da faul ist, muß erbarmungslos herausgeschnitten werden". (S. 62) Milieu, gesellschaftliche oder politische Faktoren werden als Ursache des Verbrechens weitgehend ausgeschlossen. In der Mehrzahl der Fälle ist das kriminelle Delikt auf die „verbrecherische erbliche Belastung" (*Das Licht am Styx,* S. 182) zurückzuführen. Damit entledigt sich der Staat jeglichen Erziehungsauftrags gegenüber dem Gesetzesbrecher. Bei der Deutung des Verbrechens als Folgeerscheinung des negativen Erbgutes kann er nur noch vergelten oder ausrotten: der Detektiv ist dabei sein Helfer.

‚Třebízský'). Erster Rapport, in: Bohumil Hrabal (Hrsg.), *Lesebuch* (Frankfurt a. M., 1969), S. 99—103. (Insel Bücherei Nr. 937.)

Zahlreiche der für den Detektivroman des Dritten Reiches als typisch beobachteten Aspekte treten auch unter der totalitären Herrschaft des Kommunismus in der DDR auf. Die anfänglich sehr spärliche Produktion von Detektivromanen in einem Staat, der das Literaturleben mit einer nicht zu überbietenden Perfektion reglementiert [22], läßt das offizielle Mißtrauen gegenüber dieser als „westlich“ empfundenen Literaturgattung erkennen. Von 1950 bis 1960 wurden lediglich 65 Detektivromane verlegt. Zwischen 1965 und 1967 waren es dagegen schon mehr als 30. Wie der Nationalsozialismus erkennt auch der Kommunismus die durch staatliche Maßnahmen kaum zu brechende Popularität des Detektivromans. Er versucht daher ebenfalls, dieses Genre seinen Absichten zunutze zu machen. Rulo Melchert hat diese Intention des staatlich gesteuerten Literaturbetriebes in seinem Aufsatz „Hauptsache, es ist ein Krimi — Chancen einer Romanform“ unverhüllt ausgesprochen:

> Warum ein Gebiet unserer Literatur vernachlässigen, das bei den Lesern viel gelesen wird, auf sie so großen Einfluß nimmt? Warum an einer Stelle ausschalten, wo sich sonst Ideologie westlicher Himmelsrichtung breit macht? [23]

Entsprechend ist seit 1968 die Produktion mit der „K“-Reihe, der „NB-Roman“-Reihe, der „Gelben Reihe“, der „DIE“-Reihe sowie anderen Ausgaben im großen Stil angelaufen. Diese Ausgaben zeigen, daß sich der Detektivroman für die zu propagierende Ideologie als beson-

[22] Zu System und Praxis der kommunistischen Literaturzensur siehe: Hans Peter Anderle, „DDR: Der Zensurapparat im Kopf“, in: Dieter E. Zimmer (Hrsg.), *Die Grenzen der literarischen Freiheit* (Hamburg, 1966), S. 150—159. Ferner: Jürgen Rühle, *Die Schriftsteller und der Kommunismus in Deutschland* (Köln und Berlin, 1960).

[23] Rulo Melchert, „Hauptsache, es ist ein Krimi — Chancen einer Romanform“, *Junge Welt*, 266 (1969), S. 13. Zur Diskussion um den Detektivroman in der DDR siehe auch: Hans Pfeiffer, *Die Mumie im Glassarg. Bemerkungen zur Kriminalliteratur* (Rudolstadt, 1960), insbes. Kap. 27 „Der sozialistische Kriminalschriftsteller als Arzt gesellschaftlicher Übergangskrankheiten“, S. 283—287; Wolfgang Schreyer, „Plädoyer für den Spannungsroman“, *Neue deutsche Literatur*, 14 (1966), 68—88. Hasso Mager, *Krimi und crimen. Zur Moral der Unmoral* (Halle/Saale, 1969). Konrad Franke, *Die Literatur der Deutschen Demokratischen Republik* (München und Zürich, 1971), S. 352 bis 354. *(Kindlers Literaturgeschichte in Einzelbänden.)* Dieter Wuckel, „Nicht gegen Krimis!“, in: *Von Jahr zu Jahr* (Leipzig, 1971), S. 78—79. Arkadi Adamow, „Sherlock Holmes nicht mehr gefragt?“, *Freie Welt*, 53 (1972), S. 24—25. Anselm Dworak, *Der Kriminalroman der DDR*. Marburg, Phil. Diss. 1973.

ders geeignet anbietet. Lothar von Balluseck hat in seinem Buch *Dichter im Dienst* darauf hingewiesen, daß die kommunistische Ideologie bereits den Keim der Kriminalisierung des Weltgeschehens in sich trägt.[24] Wenn die Geschichte als eine Geschichte von Klassenkämpfen, als Ringen der fortschrittlichen und guten Klassen mit dem reaktionären Bösen angesehen wird, dann sind die Grenzen zur Detektivgeschichte nicht mehr eindeutig festzulegen.

Während die traditionellen Schemata der Detektivgeschichte durchaus beibehalten werden, erfährt der Schauplatz, die Stellung des Detektivs zum Staat und zur Gemeinschaft sowie seine Ausrichtung auf eine bestimmte Wertwelt eine ähnliche Variation wie im Dritten Reich. Als vom zentralistischen Staatswillen gesteuerte Exekutivkraft tritt der Detektiv insbesondere in Fritz Erpenbecks „Peter-Brückner-Serie" auf.[25] Hier zeigt sich die gleiche Tendenz der Sympathisierung der Polizei wie unter dem Nationalsozialismus, wenn Hauptmann Brückner und sein Mitarbeiter Oberleutnant Becker jene kleinen Fälle lösen, die es im sozialistischen Alltag eigentlich gar nicht geben darf.

Da die entwickelte Kriminalität als Symptom der spätbürgerlichen Gesellschaft gedeutet wird, ist „das Stoffgebiet imperialistisches Ausland weit wichtiger, weil auch ergiebiger" [26]. Dieser Typ des Detektivromans hat dieselbe Entlarvungsfunktion wie sein Pendant in der Vorkriegszeit, das den Schauplatz in ähnlicher Absicht ins Ausland verlegte: es sollen die „antihumanistische Tendenz der kapitalistischen Gesellschaft" und die „Brüchigkeit des bürgerlichen Rechtssystems" demonstriert werden. Zu diesem Zweck werden zwei neue Varianten des Detektivs erfunden, die vorzugsweise in der Bundesrepublik agieren.

In seiner typischen Form tritt er einmal in Gestalt des linksintellektuellen Kommissars Wensierski in Bernd Diksens *Der Mörder trug Sandalen* (1969) auf.[27] Als Beamter eines kapitalistischen Staates fühlt sich Wensierski sehr unwohl in seiner Haut. Die Bestrebungen der bürgerlichen Gesellschaft, einen Mordfall zu vertuschen, geben ihm Anlaß,

[24] Lothar von Balluseck, *Dichter im Dienst. Der sozialistische Realismus in der deutschen Literatur* (Wiesbaden, 1956; 2. Aufl. 1963), Kap.: „Kriminal-Literatur", S. 106—108.

[25] Fritz Erpenbeck, *Künstlerpension Boulanka* (Berlin, 1964), *Tödliche Bilanz* (Berlin, 1965), *Aus dem Hinterhalt* (Berlin, 1967), *Nadeln im Heu* (Berlin, 1968), *Der Fall Fatima* (Berlin, 1969).

[26] Melchert, „Hauptsache, es ist ein Krimi", S. 12 f.

[27] Bernd Diksen, *Der Mörder trug Sandalen* (Berlin, 1969).

ausführlich über Neofaschismus und Rassismus in der Bundesrepublik zu reflektieren.

Im anderen Fall wird er als alter, bewährter Genosse einem bürgerlichen Kriminalkommissar zugeordnet und verrichtet die eigentliche detektivische Arbeit. So ist es in Werner Steinbergs *Und nebenbei: Ein Mord* (1970) [28] dem bürgerlichen Oberinspektor Joachim Christ erst durch die entscheidende detektivische Mitarbeit des Genossen Ebert — ein Paradekommunist der ersten Stunde — möglich, den Kriegsverbrecher Grob aufzuspüren, der in der westdeutschen Wohlstandsgesellschaft „noch nebenbei einen Mord" begangen hat. Der Detektiv, dessen Aktionsfeld im „imperialistischen Ausland" liegt, wird damit zum ideologischen Handlanger des totalitären Systems außerhalb seiner Grenzen: Er will nicht mehr Hüter der Rechtsnormen sein, sondern durch Aufdeckung ihre Fragwürdigkeit beweisen.

Der Detektivroman lebt also auch im totalitären Staat weiter, nicht in anderer Gestalt, aber mit einer anderen weltanschaulichen Orientierung. Einerseits wirkt die Popularität des Genre fort, andererseits okkupiert der Staat den beliebten Literaturzweig für seine Zwecke. Zwischen beiden Kräften steht die Neigung der Detektiverzählung, Zeiterscheinungen abzubilden. Schon G. K. Chesterton hatte gezeigt, daß die Detektiverzählung in den Dienst einer weltanschaulichen Heilslehre gestellt werden kann, ohne dadurch ihre Popularität einzubüßen. Nach einer anfänglichen Phase des Mißtrauens gegenüber dem Detektivroman erkennt der totalitäre Staat, daß er ihn nicht einfach negieren kann und besinnt sich auf die Massenwirksamkeit dieses Literaturzweiges. Entsprechend löst er den Detektivroman von seiner Bindung an eine liberale Weltanschauung und tauscht die Ideale der Demokratie gegen seine eigenen Wertvorstellungen aus. Struktur und weltanschaulicher Gehalt bilden dabei keine untrennbare Einheit. Der Detektivroman mag im demokratischen Klima groß geworden sein, aber er ist auch in anderen Zonen lebensfähig, sogar als beliebte Lektüre. Wie sich gezeigt hat, ist sein Schema gegenüber anderen Wertsetzungen durchaus offen und sein Wesenswandel unter dem Einfluß der hier untersuchten totalitären Systeme weitgehend gleichsinnig.

W. T. R.

Wertet man verschiedene Angaben des Leipziger *Börsenblattes* aus, so wurden 1952—1970 von mitteldeutschen Verlagen mehr als 160 Bände Detektivliteratur (ohne Nachdrucke) mit einer Gesamtauflage von 7,5 Mio. Exemplaren produziert. In der gleichen Zeit erschienen über 190 Heft-Krimis mit

[28] Werner Steinberg, *Und nebenbei: Ein Mord* (Berlin, 1970).

Produktion dieser Heft-Krimis wird seit 1970 forciert, erkenntlich an dem einer Gesamtauflage von mehr als 20 Mio. Exemplaren. Insbesondere die ständig wachsenden Titelangebot. Mit dem Grundsatzreferat des sowjetischen Innenministers Schtschelokow in der *Prawda* vom März 1973, demzufolge auch die „entwickelte sozialistische Gesellschaft" mit dem Verbrechen rechnen muß, haben sich die Voraussetzungen wesentlich zugunsten einer „sozialistischen Kriminalliteratur" geändert. Als 1976 Autoren, Lektoren und leitende SED-Kulturfunktionäre diese Frage erörterten, verwarfen sie zwar den „sozialistischen Sherlock Holmes", einigten sich aber gleichzeitig auf einen literarischen Detektiv (in der Erscheinungsform des Mitarbeiters der Abteilung K der „Volkspolizei") mit dem Auftrag, denjenigen zu ermitteln, der „gegen die strenge Disziplin der hochorganisierten sozialistischen Gesellschaft verstößt".[29] Bei allen grundsätzlichen Unterschieden nähert sich damit die Darstellung dem Ursprungsschema Störung der Ordnung-Wiederherstellung: In wachsendem Maße wird seit 1973, insbesondere in den Übersetzungen aus dem Russischen, der innenpolitische Gegner des Staates als Täter entlarvt. So sind es vornehmlich Dissidenten, Christen und selbst aus Straflagern oder psychiatrischen Anstalten entwichene Oppositionelle, die zur Strecke gebracht werden müssen, damit der Idealzustand der erstrebten Ordnung wiederhergestellt wird.

[29] „Hilft uns ein Sherlock Holmes mit sozialistischem Vorzeichen?", in: *Börsenblatt für den Deutschen Buchhandel* (Leipzig), 143 (1976), 961—966; vgl. auch: Henryk Keisch, „Agatha Christies Nervengas", in: *Die Weltbühne*, 27 (1971), 853—854; Lothar Kusche, „Beim Wiederlesen eines Chandler-Romans", in: *Die Weltbühne*, 35 (1976), 1097—1098.

Zehntes Kapitel

DER MODERNE ENGLISCHE DETEKTIVROMAN: RÜCKKEHR ZUR TRADITION UND "CRIME NOVEL"

Der englische Detektivroman zeigt in der Zeit vom Ende des Zweiten Weltkrieges bis in die späten 50er Jahre kaum eine Entwicklung und bietet kaum Neues. Der größte Teil der englischen Detektivromanautoren scheint die Lektion, die 'Francis Iles' und Georges Simenon dem Detektivroman erteilten, nicht gelernt zu haben. Im Gegensatz zum französischen Kriminalroman (und hier verwenden wir das Wort im bewußten Gegensatz zum „Detektivroman") mit Autoren wie Simenon und Boileau/Narcejac erscheint der englische Detektivroman in den 50er Jahren, der sich noch immer am "Golden Age of Detective Fiction" orientiert, wie ein lebender Anachronismus. Wenn man Boileau und Narcejac — die in dieser Zeit bedeutende Romane wie *Les Louves* (1955) und die Vorlage zu Clouzots Film *Die Teuflischen* schrieben — glauben will, so ist die "crime novel" kein *Detektiv*roman mehr:

> Hiermit sind wir vom Problemroman und vielleicht sogar vom Detektivroman weit entfernt. Dieser kann schaudererregend sein; niemals jedoch ist er bedeutungsvoll. Stets nimmt er sich — auf einigen Umwegen — vor, uns zu „entführen". Simenon dagegen versucht eine bestimmte menschliche Wahrheit, die hic et nunc gilt, ein bestimmtes Drama des menschlichen Wesens auszudrücken, des Menschen, der sich im Leben nicht zurechtfindet. Selbst wenn er die Technik des Detektivromans respektiert: das Imaginäre verwirft er. Stets ersetzt er das Wunderbare oder das Phantastische durch das Menschliche. Darum kann man ihn nicht zu den Detektivromanautoren rechnen. Lediglich dank eines Mißverständnisses gilt Maigret als einer der größten Detektive ... Maigret stammt von Balzac, nicht von Edgar Allan Poe ab.[1]

Aber auch diese Romane müssen für einen Augenblick unter dem Blickwinkel Detektivroman gesehen werden, da die Forschung noch keinen Namen und keine Kategorien für das Niemandsland zwischen *Detektiv*roman und Detektiv*roman* gefunden hat.

Im ganzen gesehen bemühen sich die meisten englischen Autoren um einen Typ des Detektivromans, wie er vor 1930 üblich war. Und offensichtlich muß es in England noch immer einen Bedarf für diesen Typ geben — dabei erstaunt dann allerdings, daß ein großer Teil der „Klas-

[1] Boileau/Narcejac, *Der Detektivroman,* S. 126.

siker“ der 30er Jahre nach dem Kriege nie wieder aufgelegt wurde; eine Neuauflage von Alan Alexander Milnes *Red House Mystery* (1921) wird man z. B. vergebens suchen.[2]

Die neue Zeit hat zum Teil neue Autoren, aber sie bewahrt die alten Formen. Der Detektivroman bewahrt auch das Schema von Gut und Böse und sorgt am Ende dafür, daß das Böse der weltlichen Gerechtigkeit überantwortet wird. Man glaubt weiterhin an den Satz “murder will out”, und die Enthüllungsszene des Schlusses ist eine Vorwegnahme des Tribunals. Der Detektivroman schließt hingegen die Darstellung der Gewalt wie die Darstellung von sexuellen Beziehungen aus (erlaubt manchmal eine harmlose Liebes-Nebenhandlung) und interessiert sich nicht für die Schuldigen und die psychologische und menschliche Bewertung der Schuld.[3] Man kann dies nun „Trivialliteratur“ oder „verlogene bürgerliche Literatur“ nennen: literaturgeschichtlich gesehen ist es ein Erbe der viktorianischen Geisteshaltung.

Der „klassische Detektivroman“ konnte nur in einem kleinen Kommunikationssystem von Autoren und Lesern bestehen. Aber die gesellschaftliche Schichtung Englands ist nicht mehr die von 1920, und so wirkt es heute anachronistisch — wenn nicht gar lächerlich — wenn Autoren immer noch die Klischees des Gentleman-Detektivs mit Oxford-Bildung und Rolls-Royce, der Landhäuser mit Butlern und Dienern verwenden. Das kann man zwar noch — erstaunlicherweise —, wie Francis Durbridge es tut, dem deutschen Fernsehpublikum als typisch englisch verkaufen. Aber es ist doch bemerkenswert, wie wenig an „Realität“ der englische Detektivroman insgesamt gesehen — im Gegensatz zum französischen und amerikanischen Detektivroman — aufgenommen hat. Nicht nur Simenon, auch Chandler und Hammett sind ohne spürbaren Einfluß am englischen Detektivroman vorbeigegangen.

Die schon in den 30er Jahren berühmten Autoren schreiben immer noch — häufig nur gering modisch aufgeputzt — ihre alten Schablonenromane. So schreibt Agatha Christie jetzt seit 50 Jahren (ihr erster

[2] Selbst *The Poisoned Chocolates Case* (1929) von Anthony Berkeley Cox, der ein Bestseller mit Millionenauflagen gewesen sein soll, wurde nach dem Kriege nicht wieder bei Penguin aufgelegt.

[3] Diese Verallgemeinerung gilt hauptsächlich für den oben beschriebenen ersten Typ des Detektivromans, sie gilt nicht für die Romane von Dorothy Sayers, die sich gerade um die Beantwortung dieser Fragen innerhalb mancher ihrer Romane bemühte. Vgl. dazu Paul G. Buchloh, „Entwicklungstendenzen des modernen Detektivromans in England und Amerika“, *Blätter für Erwachsenenbildung,* 45/46 (1961), bes. S. 37—38.

Roman datiert von 1921). Weiterhin schreiben noch nach dem Kriege Nicholas Blake († 1972), Margery Allingham († 1966), Leslie Charteris, John Dickson Carr, John Creasey, Cyril Hare († 1958), Patricia Wentworth († 1961), Georgette Heyer, Dennis Wheatley, Eric Ambler und viele andere Autoren der „alten Garde" aus den 30er Jahren.

Manche Detektive wirken dann auch wie Relikte aus einer anderen Zeit: der liebenswerte Albert Campion (ein Publikumsfavorit seit Ende der 20er Jahre) muß noch 1968 in *Cargo of Eagles* (er wäre inzwischen 68 Jahre alt)[4] einen Kriminalfall lösen, damit der englische Geheimdienst genügend Geld erhält, um einen eigenen Agenten freizukaufen; die bemühte Anpassung an den inzwischen weit erfolgreicheren Spionageroman wird an diesem Beispiel deutlich. Nun werden Margery-Allingham-Fans einwenden, daß ein Roman von Margery Allingham immer ein Lesegenuß ist, aber das ist auch das einzige Argument, das für diese Autoren spricht: man liest sie, weil man ihren Stil liebt, ihren Detektiv sympathisch findet und die Phantasiewelt schätzt, in die die Autoren den Leser entführen. So stellen viele Detektivromane kein Problem mehr dar, haben keinen Bezug zur Wirklichkeit — sie sind "escape literature", deren Funktion man in unserer Zeit nicht unterschätzen darf.

Man kann sicher mit Dorothy Sayers sagen, daß alle Variationsmöglichkeiten des Detektivromans in den 30er Jahren (zumindest in den Ansätzen) ausgeschöpft worden sind und daß der „neue" Detektivroman so zwangsläufig nur zu den alten Formen zurückkehren und sie variieren kann:

> There certainly does seem the possibility that the detective-story will come to an end, simply because the public will have learnt all the tricks.[5]

1. Der humorvolle Detektivroman

Eine dieser möglichen Variationen ist der komische, der humorvolle Detektivroman. Waren die Stilmittel des Humors in dem weiter oben

[4] Margery Allingham ist eine der wenigen Detektivromanautorinnen, die ihre Detektivfigur mit den Jahren älter (und reifer) werden lassen. Die meisten Autoren lassen ihre fiktiven Figuren kaum altern, ein Problem, daß Mia I. Gerhardt in ihrem Essay "'Homicide West': Some Observations on the Nero Wolfe Stories of Rex Stout", *English Studies,* 49 (1968) exemplarisch am Beispiel von Nero Wolfe und Archie Goodwin behandelt hat.

[5] Dorothy Sayers im Jahre 1928. Vorwort zu *Great Short Stories of Detection, Mystery and Horror I* (London, 1960), S. 44.

beschriebenen englischen Detektivroman der ersten Form fast ausgeschlossen und gab es Stimmen, die forderten, daß der echte Detektivroman keinen Humor enthalten dürfe, so wurden diese Stilmittel doch auch von einigen Autoren bewußt in ihren Romanen verwendet (Anthony Berkeley Cox, Dorothy Sayers). Aber nur wenige Romane sind durchgehend so voller Komik wie Edmund Crispins (= Robert Bruce Montgomery) *The Moving Toyshop* (1946) und *Buried for Pleasure* (1948). Crispin, der in seinen Romanen stark von Michael Innes abhängig ist, bereicherte den Typ des „Great Detective“ um die Variante des gelehrten und exzentrischen Literaturprofessors Gervase Fen. Seine späteren Romane sind konventionell und leben nur von dieser Figur. Erwähnenswert aber ist Crispins Versuch der Neubelebung der "detective short story". In *Beware of the Trains* (1953) sind diese Geschichten gesammelt, die in ihrer Logik an die besten Kurzgeschichten von E. A. Poe und R. A. Freeman erinnern[6] und die die "Nicky Welt"-Geschichten von Harry Kemelman vorwegnehmen. Leider schreibt Crispin seit Jahren keine Detektivromane mehr, seine Verbundenheit zu dem Genre bezeugt er durch die kritischen Rezensionen in der *Sunday Times* — so wie einst in den 30er Jahren Nicholas Blake im *Spectator* die Detektivliteratur seiner Zeit rezensierte.

Der humorvolle Stil findet jedoch Nachfolger. Robert Robinsons *Landscape With Dead Dons* (1956) und die Romane von H. R. F. Keating sind lesenswerte Beispiele dafür, daß die Nebenhandlung des "comic relief" (die der Roman der 30er Jahre schon kannte) zum wesentlichen Charakteristikum des Detektivromans werden kann, ohne daß diese Tatsache dem Detektivroman abträglich wäre. Auch Joyce Porter (* 1924) mit ihrem fetten, dummen Inspector Dover[7] schreibt in dieser Richtung. Bei alledem ist natürlich auch eine gute Portion jenes spezifisch angelsächsischen schwarzen Humors, den man schon in den Kurzgeschichten des Juristen Gordon Clark (der als 'Cyril Hare' vor allem traditionelle Romane aus dem Gerichtsleben schrieb) beobachten kann, im Spiel.[8]

[6] Lesenswert ist auch seine Erzählung "Who Killed Baker?" in: *Best Detective Stories* (London, 1959), ed. by E. Crispin.

[7] Sechs Romane von Joyce Porter sind bei Rowohlt erschienen.

[8] Unter dem Titel „Mörderglück“ beim Diogenes Verlag, Zürich, erschienen.

2. *Der „literarische" Detektivroman*

Einer der wenigen Autoren, die über 30 Jahre gleichbleibende Qualität und Originalität bewiesen haben, ist Michael Innes (* 1906). Hinter dem Pseudonym verbirgt sich der schottische Gelehrte John Innes Mackintosh Stewart, der unter anderem den Band *Eight Modern Authors* in der Reihe *Oxford History of English Literature* schrieb. Schon in den 30er Jahren begründete Innes seinen Ruf als Autor literarischer Detektivromane mit Werken wie *Hamlet, Revenge!* (1937) und *Lament For A Maker* (1938) — einer modernen Paraphrase von Collins' *The Moonstone*. Selbst wenn Innes die Form des konventionellen Romans im Stile Agatha Christies wählt, wie in *There Came Both Mist and Snow* (1940), behandelt er diese Form eher spielerisch. Sein Held, Inspector (später Sir John und Chef von Scotland Yard) John Appleby scheint mehr auf der Suche nach Zitaten und literarischen Anspielungen als auf der Suche nach dem Täter zu sein. Die Handlung seiner Romane ist indessen atemberaubend; bizarre und phantastische Ereignisse überstürzen sich, wie in *The Secret Vanguard* (1941)[9], *Appleby's End* (1946) oder *Operation Pax* (1951), und auch jene Romane ohne Appleby, wie *The Journeying Boy* (1949) oder *What Happened at Hazelwood* (1946), bewahren die Elemente großer Belesenheit, sorgfältiger Charakterisierung, subtilen Humors und phantastischer Handlung. Michael Innes ist in Deutschland kaum bekanntgeworden, seine Romane sind mit ihrer Vielzahl von Informationen und Anspielungen ein intellektuelles Lesevergnügen für Kenner, und das werden sie wohl leider immer nur für einen kleinen Kreis von Lesern bleiben.

3. *Der „realistische" Detektivroman*

Unser obiges Urteil, daß es in England keinen „realistischen" Detektivroman in der Art der "hard-boiled novels" oder der Romane Simenons gebe, muß an dieser Stelle eingeschränkt werden. Schon Raymond Postgate zeigt in seinen Romanen (*Verdict of Twelve*, 1940; *Somebody at the Door*, 1943; *The Ledger is Kept*, 1953) mehr Interesse an der Schilderung der sozialen Zustände und der psychologischen Beschreibung des Täters als an der Form des traditionellen Detektivromans.

Ein Versuch, die Realität eines Tages im Leben eines Scotland-Yard-

[9] Mit *The Secret Vanguard, The Journeying Boy* und *Operation Pax* erwies sich Innes (lange vor Fleming) als ein Meister des englischen Spionageromans.

Offiziers wiederzugeben, ist 'J. J. Marrics' *Gideon's Day*, und es gibt einige weitere Romane, deren Thema die Psychologie des Mörders, die genaue Schilderung des Tathergangs und der Polizeiarbeit sind. Als bester Roman dieser Art wäre vielleicht Michael Underwoods *The Crime of Colin Wise*[10] zu erwähnen, in dem mit unbeteiligter Distanz ein sorgfältig geplanter Mord, die Bemühungen der Aufklärung und die langwierige Gerichtsverhandlung beschrieben wird. Alle diese Romane haben keinen "Great Detective" mehr zum Helden, diese Figur scheint endgültig tot. M. Hanaud, Hercule Poirot, Lord Peter Wimsey, Albert Campion, Roderick Alleyn, Nigel Strangeways: sie alle gehören in die Zeit des "Golden Age of Detective Fiction".[11]

Marrics Gideon ist eine liebenswerte Figur; seit Charles Dickens hat sich in der englischen Detektivliteratur nichts geändert, alle Scotland-Yard-Detektive (sofern sie nicht Exzentriker wie Sir John Appleby sind) ähneln Inspector French, dem Helden von Freeman Wills Crofts. Und selbst die Biographien der realen Chefs von Scotland Yard lesen sich, als seien sie von Inspector Joseph French geschrieben. So vertrat vor kurzem ein Rezensent der *Sunday Times* (angesichts der Rezension von mehreren Lebenserinnerungen von CID-Chefs) die These, daß sich die realen Scotland-Yard-Chefs in ihren Tugenden und ihrer Dienstauffassung an der Fiktion orientierten und daß sie in einer modernen Polizei letzten Endes nur noch liebenswürdige Anachronismen seien.[12]

Den Engländern ist ihr Bild vom ehrlichen Bobby, das sie auf alle Teile des Polizeiapparates ausdehnen, liebgeworden. John Bingham merkte das, als er in seinen Romanen beamtete Detektive in unvorteilhaftem Licht zeigte. Er entschuldigte sich bald in einem Vorwort bei der englischen Polizei.

Wenn wir den „realistischen" Detektivroman betrachten, müssen wir auch berücksichtigen, daß die Realität des Alltags anders ist. 1970 erschien in England ein (fiktiver) Bericht von G. G. Newman, *Sir, You Bastard*, der in überzeugender Weise den Alltag eines korrupten Detektivs beschreibt. Der Mythos vom ehrlichen Bobby ist bedroht, wie der Kolumnist der *Sunday Times* Alan Brien in seiner Kolumne "Second Opinion" schrieb:

[10] Als *Lebenslänglich* im Scherz-Verlag erschienen.

[11] Symons wertet in *The Detective Story in Britain* (S. 32 ff.) die Tatsache, daß nach dem Krieg nur noch ein Autor (Crispin) versucht hat, die Figur eines "Great Detective" zu schaffen, als Beweis für die Entwicklung der "detective novel" zur "crime novel".

[12] Richard F. Sparks, "Detective Super", *The Sunday Times* (Sept. 12, 1971), S. 39.

But, bit by bit, year by year, the police have become tarnished in the eye of the populace. The middle classes especially, who used to regard the man in blue as the trusty guardian of their property against the envious havenots, have experienced the machinery at work against themselves. They have been summonsed for driving offences, or watched their children prosecuted for drug possession or for demonstrating in the streets, and suspected that too often justice is not only not done but scarcely even bothered to be seen to be done. A large section of honest people are beginning to fear that the police may be their enemy.[13]

Möglicherweise kommt der Held der Romane von Joyce Porter der Realität näher als Marrics Gideon.

Eine spezielle Form der „realistischen" Detektivromane bilden jene in England besonders beliebten Erzählungen, die zum größten Teil im Gerichtsmilieu spielen.[14] Hier werden neben der Darstellung der Unbestechlichkeit des Gerichts die psychologischen Motivationen der Angeklagten und Zeugen in einem Netz von Verstrickungen, und die Schwierigkeiten von Richtern und Geschworenen bei der Rechtsfindung gezeigt. Aber auch Amerika kennt mit Erle Stanley Gardners Perry-Mason-Romanen diesen Typ des Romans, der dem Leser einen guten Einblick in die amerikanische Rechtspraxis verschafft.

Wie bei Gardners Perry-Mason-Romanen, die eine Mischung aus "hard-boiled novel" und Gerichtsprotokoll sind, ist auch der englische Gerichtsroman in den seltensten Fällen eine reine Form, die eine Einheit des Ortes (des Gerichtssaales) aufweisen kann. Die Handlung wechselt zwischen dem Pomp und der Zeremonie des Gerichtssaales und dem Alltagsleben, in dem der Verteidiger detektivisch die Wahrheit zu finden versucht (Josephine Teys *Franchise Affair* und der Film *Die Zeugin der Anklage* nach der Vorlage von Agatha Christie sind prominente Beispiele dafür). Diese Romane haben, trotz des intimen Einblicks den sie in die Rechtspraxis Englands (und Amerikas) gewähren, etwas Unbefriedigendes, weil es in den meisten Fällen dem Verteidiger oder Detektiv gelingt, einen bisher unbekannten Zeugen als *deus ex machina* zu präsentieren.

[13] *The Sunday Times* (Sept. 26, 1971), S. 32. Vgl. auch Barry Cox, John Shirley, Martin Scott, *The Fall of Scotland Yard*. Harmondsworth, 1977.

[14] Vgl. dazu auch Heissenbüttel, *Über Literatur. Aufsätze und Frankfurter Vorlesungen* (München, 1966), S. 92.

4. Der historische Detektivroman

Aus der Krise, die daraus entsteht, daß die Figur des "Great Detective" und die konventionelle Umgebung des alten Detektivromans nicht länger glaubwürdig wirken, gibt es originelle Auswege.

Der holländische Sinologe R. H. van Gulik entdeckte für das englische Lesepublikum aus dem reichen Schatz der chinesischen Detektivliteratur die wunderbaren Taten des Richters Di, einer historischen Persönlichkeit, die in der Tang-Dynastie von 630—700 gelebt hat. Dem ersten Roman *Dee Gong An* von 1949 (deutsch: *Merkwürdige Kriminalfälle des Richters Di*) folgten weitere Abenteuer des Richters Di, die sich in England bald wachsender Beliebtheit erfreuten [15] und die auch in deutscher Übersetzung erhältlich sind.[16]

John Dickson Carr geht in den 50er Jahren einen zweiten Weg, indem er von seinen traditionellen Romanen um die Detektive Henri Bercolin, Dr. Gideon Fell und Sir Henry Merryvale abgeht und Detektive in historischen Zeiten (in sogenannten "period pieces") geheimnisvolle (häufig reale) Mordfälle klären läßt. Diese Romane, *The Bride of Newgate* (1950), *The Devil in Velvet* (1951) und *Fire, Burn!* (1957) sind sehr lesenswert und historisch informativ; auf *Fire, Burn!* als besten Roman dieser "period pieces" sei besonders hingewiesen.[17] Der Roman gibt einen vorzüglichen Einblick in das London zur Zeit des Aufbaus von Scotland Yard.

Der herausragende aller „historischen" Detektivromane bleibt Josephine Teys *The Daughter of Time* (1951).[18] Elizabeth Mackintosh schrieb seit 1928 unter dem Pseudonym 'Gordon Daviot' [19] und 'Josephine Tey' konventionelle Detektivromane, in deren Mittelpunkt der sympathische Inspektor Allan Grant stand (z. B. *The Man in the Queue, A Shilling For Candles*). Der Durchbruch zum modernen Detek-

[15] Zwei Bände *(The Chinese Gold Murders, The Red Pavillon)* sind bei Penguin erhältlich.

[16] Gut ediert, mit einem erklärenden Nachwort versehen, ist der Taschenbuchband des Knaur-Verlages, *Merkwürdige Kriminalfälle des Richters Di.*

[17] Sehr amüsant ist auch die Kurzgeschichte "The Gentleman From Paris", in der Carr einen Fall durch Edgar Allan Poe lösen läßt. Abgedruckt in Crispin, *Best Detective Stories* (London, 1959).

[18] Bei Penguin 1968 in der 10. Auflage erschienen. Der Roman hatte immerhin soviel Einfluß, daß er an einigen deutschen Universitäten als Background-Literatur zu Shakespeare-Seminaren empfohlen wurde.

[19] Als 'Gordon Daviot' schrieb sie u. a. das in England sehr bekannte Drama *Richard of Bordeaux.*

tivroman gelang ihr mit *The Franchise Affair*, von dem noch an anderer Stelle die Rede sein wird. *The Daughter of Time* ist einer der wirklich originellen Detektivromane. Inspektor Grant liegt im Krankenhaus und macht sich, erst aus Langeweile, dann aus wachsendem Interesse an die Frage, ob Richard III. für den Mord an seinen beiden Neffen verantwortlich war (wie es zum Beispiel in Shakespeares *Richard III.* dargestellt wird). Grant läßt sich mit historischen Büchern versorgen, nur um den Unwert der historischen Berichterstattung zu erkennen, und er kommt endlich zu dem Schluß, daß Richard am Tod seiner Neffen unschuldig war, ja, daß diese ihn eventuell überlebt haben. Eine These, die dem Leser, der nur Shakespeares Interpretation kennt, zuerst verblüffend erscheint, die allerdings historisch längst gesichert ist. Faszinierend ist, wie der Leser schrittweise — wirklich detektivisch — der logischen Gedankenentwicklung folgen kann.

5. Der psychologische Detektivroman

Howard Haycraft erwähnt in seiner Neuauflage von *Murder For Pleasure* an englischen Detektivromanen nur die von Edmund Crispin und Josephine Teys *The Franchise Affair* (1948). *The Franchise Affair* ist die moderne Wiederaufnahme eines *cause célèbre* aus dem 18. Jahrhundert, und mehrere englische Kritiker haben diesen Roman als einen der besten Detektivromane überhaupt bezeichnet.

Wenn Haycraft Crispin und Tey als die einzigen bedeutsamen Autoren der Nachkriegszeit erscheinen, so muß man noch ergänzend hinzufügen, daß ihre wichtigen Romane vor 1950 geschrieben wurden. Es ist interessant festzustellen, daß England in den 50er Jahren kaum Detektivromanautoren von Rang besitzt. Der Detektivroman befindet sich auf einem Tiefpunkt, und so nimmt es nicht wunder, wenn die *thriller* von Autoren wie James Hadley Chase, Peter Cheyney und Dennis Wheatley und die Spionageromane von Ian Fleming in bezug auf Verbreitung und Beliebtheit den Detektivroman in den Schatten stellen. Den Anstoß für die neuerliche Aufwertung des englischen Detektivromans bringt die Rückbesinnung auf die Tradition des psychologischen Kriminalromans von Francis Iles und Georges Simenon.

Es klingt fast ironisch, aber der bekannteste und meistgelesene englische Detektivromanautor der 60er Jahre ist eigentlich kein Engländer, und seine Romane spielen meistens in Holland. Nicolas Freeling (* 1927) ist Holländer, wuchs in Frankreich auf und arbeitete 15 Jahre lang als Hotelkoch in ganz Europa. 1962 erschien bei Gollancz in London sein erster Roman *Love in Amsterdam.* Nach dem Erfolg dieses Romans erschienen in rascher Folge *Because of the Cats* (1963), *Gun Before Butter* (1964), *Double Barrel* (1964), *Criminal Conversation* (1965), *The Dresden Green* (1966), *King of the Rain Country* (1966), *This is the Castle* (1968) und *Tsing-Boum* (1969). Freeling ist in seinen Romanen zwar Simenon verpflichtet, sein Inspektor van der Valk ist Maigret in vielen Zügen ähnlich, seine Behandlung des Stoffes und sein Stil sind aber durchaus originell. Freelings Romane wurden inzwischen in 13 Sprachen übersetzt, sie sind — obwohl in Englisch geschrieben — kaum noch *englischer* Detektivroman, sondern müssen eher in einem neuen Zusammenhang eines *europäischen Kriminalromans* gesehen werden.

John Bingham, Lord Clanmorris (* 1908), ist in Deutschland sehr bekannt geworden, fast alle seine Romane sind bei Rowohlt verlegt und in der ZEIT rezensiert worden. Bingham ist ein Beispiel dafür, wie ein Autor „gemacht" werden kann. Als 1963 bei Rowohlt der von der Kritik als wirklich neuer Detektivroman gefeierte *Warum haben Sie gelogen, Sir?* erschien (der im gleichen Jahr eine Auflage von fast 30 000 erreichte), verschwieg der Verlag, daß der Roman schon elf Jahre alt war: 1952 war er als *My Name is Michael Sibley* bei Victor Gollancz erschienen. In England ist Bingham kaum so berühmt wie hierzulande. Bingham ist zwar ein guter Schriftsteller, aber er ist nicht *der* Neuerer des englischen Detektivromans, als den ihn in Deutschland eine geschickte Verlagswerbung hinstellte. Er ist ein literarischer Nachfolger von Francis Iles und Graham Greene und müßte an ihnen gemessen werden. Interessant ist seine Vorrede zu *Murder Plan Six* (1958) — sicherlich seinem originellsten Roman:

> Als ich begann, Kriminalromane zu schreiben — und hier meine ich Romane, in denen das Verbrecherische eine Rolle spielt; nicht das sattsam bekannte Puzzlespiel der Jagd nach dem Täter —, da beschloß ich, mich auf die Motive und äußeren Umstände zu konzentrieren, die zu dem Verbrechen führen, auf die Charaktere der handelnden Personen und ihre unterschiedlichen Reaktionen vor und nach dem Hauptereignis, und auf geschickt verborgene Spuren und Hinweise ebenso zu verzichten wie auf Lösungen, die auf einem Überraschungseffekt basieren.[20]

Das ist fast die gleiche Aussage, die wir bei Francis Iles 1930 finden[21], und es bedeutet die endgültige Abkehr vom Detektivroman, wie es auch Julian Symons sieht:

[20] John Bingham, *Der sechste Plan* (Reinbek, 1965), S. 6.
[21] Vgl. S. 74.

There has been a loss, certainly, in the collapse of the detective story, and many readers will regret the passing of the Great Detective: but the loss is more than counterbalanced by what has been gained in characterisation, in psychological analysis, and in a more nearly realistic approach to crime and punishment. It may be too soon to announce the death of the detective story: but not, surely, to say *Long live the crime novel.*[22]

In dieser Ansicht stimmen Bingham und Symons mit dem Altmeister des psychologischen Detektivromans, Nicholas Blake, überein, der 1966 im Vorwort zu der Crime-Club-Ausgabe des *Nicholas Blake Omnibus* den Wandel des Detektivromans so formulierte:

Most of my crime stories have followed the pattern of the "classical" detective novel: I like its blend of steely logic and pure moonshine; I like the way it encourages one to break out now and then into wild fantasy. But detection writers do sometimes get impatient at composing what are, after all, no more than elaborate puzzles: we yearn to explore at greater depth the behaviour of people under abnormal stress. This is of course dangerous, in so far as it is an attempt to write a realistic novel of character, centred upon a crime: few of us are equipped to undertake this fairly sombre task.

Das erste Werk des bekannten englischen Romanciers C. P. Snow war ein Detektivroman, *Death Under Sail* (1932), der zwar konventionell in der Anlage war, sich aber durch eine sorgfältige Charakterzeichnung von den meisten englischen Detektivromanen seiner Zeit unterschied. 1959 wurde der Roman wiederaufgelegt, und das folgende Zitat aus der Vorrede des Autors mag — in Verbindung mit den Aussagen von Francis Iles, Bingham, Symons und Blake — zeigen, wie einig sich die englischen Autoren sind.

Der *Detektiv*roman alten Typs ist tot, aber der Detektiv*roman* hat weiterhin Zukunft:

In fact, I never had any intention of writing another detective story. They are great fun to write, but they take almost as long as a novel proper: I already knew what I wanted to do, and I also knew there would scarcely be time enough for that. If I had another life-time to play with, though, I should have liked to write more detective stories. I shouldn't have gone on with the convention in which *Death Under Sail* was written. I should have had a shot at the real *roman policier*, bringing the story as near to a realistic novel as I could. No one, not even Simenon, has done quite what I should like to see. I believe the field is still wide open.

J. P. B.

[22] Symons, *The Detective Story in Britain*, S. 36.

Elftes Kapitel

DER AMERIKANISCHE DETEKTIVROMAN NACH 1945

Bei der Behandlung des modernen amerikanischen Detektivromans stellt sich erneut die Frage, die implizit von Anfang an in unseren Untersuchungen vorhanden war: sind spezifisch englische oder amerikanische Züge in der angelsächsischen Detektiverzählung zu finden oder gibt es gar einen spezifisch *amerikanischen* Detektivroman?

Anna Katherine Green hat mit *The Leavenworth Case* (1878) einen der ersten Detektivromane geschrieben (und bei ihr tauchen auch die ersten weiblichen Detektive auf), der Schauplatz ihrer Romane war — anders als bei Poe — Amerika. Dennoch haben ihre Romane nichts Amerikanisches, sie stehen in der Tradition von Dickens, Collins und Gaboriau.

Amerikaner waren auch in ihrer Zeit so berühmte Detektivromanautoren wie Jacques Futrelle, Carolyn Wells, Mary Roberts Rinehart, Frances Noyes Hart [1] und S. S. Van Dine, aber sie sind heute schon beinahe vergessen. Futrelles Detektiv Professor Augustus S. F. X. van Dusen, "The Thinking Machine", war der Höhepunkt jener "scientific detectives", die in der Nachfolge von Dupin und Holmes nach 1900 bei einem vom technischen Fortschrittsglauben beherrschten Publikum beiderseits des Atlantiks beliebt waren. S. S. Van Dine (= W. H. Wright) war zwar der bekannteste Detektivromanautor der 20er Jahre in Amerika, aber seine Romane mit dem gebildeten, exzentrischen Philo Vance (der ein wenig wie ein Vorläufer Lord Peter Wimseys anmutet) sind doch konventionelle Detektivromane, die heute nicht zu Unrecht vergessen sind; Van Dines Name wird heute nur noch im Zusammenhang mit seinen 20 Regeln genannt.[2]

Wenn man jedoch diese Autoren an denen der "hard-boiled school" mißt (die versuchten, einen Ausschnitt aus der Realität der amerikanischen Großstädte der 30er Jahre zu vermitteln), so ergibt sich, daß ihre

[1] Es ist überraschend, wieviel amerikanische Detektivromane von weiblichen Autoren geschrieben wurden.

[2] Vgl. S. 86 ff. Zur Geschichte des amerikanischen Detektivromans vgl. Haycraft, *Murder For Pleasure* und Joan Margaret Mooney, "The American Detective Story: A Study in Popular Fiction", (Unpubl. Doct. Diss.: Univ. of Minnesota, 1968).

Detektivromane sehr wenig amerikanisch sind. Überspitzt formuliert: es sind klassische englische Detektivromane aus der Feder von amerikanischen Autoren, mit amerikanischen Örtlichkeiten und (manchmal) amerikanischen idiomatischen Ausdrücken angereichert. Die Romane huldigen der Figur des "Great Detective" ebenso wie der nach Amerika übertragenen englischen Landhausatmosphäre. So ist es wohl kein Zufall, daß z. B. die Romane der Engländerin Patricia Wentworth (mit ihrer Detektivin Maud Silver) in Amerika sehr viel bekannter geworden sind als in England.

E. S. Gardner wird in Deutschland immer noch als einer der führenden Vertreter des amerikanischen Detektivromans angesehen, obgleich schon seit längerem bekannt ist, daß der größte Teil der Perry-Mason-Romane nicht mehr von ihm, sondern von einer Gruppe von "ghostwriters" geschrieben wurde. Diese Romane scheinen — mit der Schilderung des amerikanischen Gerichtswesens und der Verherrlichung des Rechtsanwaltes, der Recht und Gesetz in abenteuerlicher Manier, bis an die Grenzen des Erlaubten gehend, wiederherstellt — typisch amerikanisch zu sein. Dennoch sind sie nur Varianten des englischen Gerichtsromans, und sie sind in Deutschland als „typisch amerikanisch" durch die Fernsehserien hochstilisiert worden. Rex Stouts Romane haben mit Nero Wolfe einen Helden, der betont unamerikanisch lebt, europäische Lebensanschauungen vertritt, dem amerikanischen Aktionismus abschwört und mit seinem Gehilfen Archie Goodwin nur eine moderne Variante des Gespannes Holmes/Watson darstellt.

Der Durchschnittsleser wird, nach *amerikanischen* Krimis befragt, ohne Zögern Mickey Spillane, Carter Brown, James Hadley Chase und ähnliche Autoren als „typisch amerikanisch" nennen. Diese *sex-and-crime-novels* sollen zuerst betrachtet werden.

Schon 1944 schrieb George Orwell in seinem Essay "Raffles and Miss Blandish":

> There exists in America an enormous literature of more or less the same stamp as *No Orchids* [i. e. James H. Chases Roman *No Orchids For Miss Blandish*]. Quite apart from books, there is the huge array of 'pulp magazines', graded so as to cater for different kinds of fantasy, but nearly all having much the same mental atmosphere. A few of them go for straight pornography, but the great majority are quite plainly aimed at Sadists and masochists.[3]

[3] *The Collected Essays, Journalism and Letters of George Orwell*, Vol. III (Harmondsworth, 1970), S. 254.

Dieser Romantyp, den Orwell hier beschreibt, ist eine kunstlose Imitation der "hard-boiled novels" mit ihrer Verlagerung auf das Sexuelle und Brutale und hat sich bis heute nicht geändert. Es ist zu fürchten, daß er immer noch die Masse aller jener Bücher ausmacht, die unter dem Etikett „Detektivroman" gehandelt werden. Aber ist dieser Romantyp *amerikanisch?* James Hadley Chase, der ihn perfektionierte, war Engländer und hatte, als er seine ersten Romane schrieb, Amerika nie gesehen. Das gleiche gilt für eine große Zahl von schlechtbezahlten und schlechtschreibenden Autoren (wie zum Beispiel die Schöpfer des "G-man Jerry Cotton")[4], die in Deutschland unter amerikanischen Phantasienamen heute noch ähnliche Produkte liefern. George Orwell hat in dem obengenannten Essay, der nach einem Vierteljahrhundert noch nichts von seiner Bedeutung verloren hat, den Typ des "sex and crime"-Romans brillant analysiert und hat die Verherrlichung der brutalen Gewalt und die Nähe zum Faschismus untersucht.

Was aber ist aus der "hard-boiled school" geworden, soweit sie nicht zur "sex-and-crime-novel" degenerierte? Hammett schrieb nach den Drehbüchern zu *The Thin Man* nur noch ein Romanfragment. Raymond Chandler aber veröffentlichte ein Jahr vor seinem Tode (beinahe 20 Jahre nach *The Big Sleep*) noch einen Roman, *Playback*. Es ist ein melancholischer Roman: Philip Marlowe versucht, sich in einer modernen Welt zurechtzufinden (ähnlich wie Lemmy Caution in *Alphaville*), die Autos sind schneller geworden, die Polizei ist ehrlich, und Marlowe redet ein wenig, als wollte er Humphrey Bogart imitieren:

> When I was young you could undress a girl slowly. Nowadays she's in the bed while you're struggling with your collar button.[5]

Chandler erlaubt seinem Helden in diesem Roman, sein Zölibat zu brechen, und am Ende des Romans findet sich ein Hinweis, daß Marlowe heiraten wird (Chandler ließ das ja in dem Fragment *The Poodle Springs Story* Wirklichkeit werden): der "tough guy" Marlowe ist "soft" geworden. *Playback* (obgleich stilistisch einer der besten Romane Chandlers) markiert das Ende der "hard-boiled school".

Chandler hat einen Nachfolger in dem 55jährigen Kenneth Millar,

[4] Der amerikanische FBI-Agent als literarische Figur scheint in Europa beliebter zu sein als in Amerika. Der Engländer Peter Cheyney erfand die Figur des Lemmy Caution, die durch den Franzosen Eddie Constantine in vielen Filmen verkörpert wurde. Ein deutscher Verlag floriert seit vielen Jahren von den angeblich echten Erlebnissen des G-man Jerry Cotton.

[5] *Playback* (Harmondsworth, 1971), S. 76.

der unter dem Pseudonym 'Ross Macdonald' schreibt. Macdonald begann kurz nach dem Krieg Romane zu schreiben, in deren Mittelpunkt die Taten seines Detektivs Lew Archer (einer Philip-Marlowe-Figur) stehen. Macdonalds 22 Romane sind in insgesamt 5,6 Millionen Exemplaren verkauft worden. Obgleich Macdonald ein Imitator von Hammett und Chandler ist, hat er es verstanden, durch die realistische Schilderung des kalifornischen Alltags, der kalifornischen Landschaft (und darin ist er wirklich amerikanisch), neues Interesse an der "hardboiled novel" zu wecken: "Macdonald has survived into the '70s and filled his stories with today's new truths and problems . . ." [6] Vielleicht liegt der Erfolg auch in der Figur des Helden Lew Archer begründet, der zwar ein "tough guy", aber mehr als Philip Marlowe eine moderne Jedermann-Figur ist, die in der Tradition des einsamen Helden und des "New Adam" steht, eine Tradition, die von Herman Melville ausgehend, in der gesamten neuen amerikanischen Literatur erneut durchdringt. Macdonald hat die Rolle seines Detektivs selbst definiert:

> But Archer is more than that. He represents modern man in a technological society, who is, in effect, homeless, virtually friendless, and who tries to behave as if there is some hope in society, which there is. He's a transitional figure between a world that is breaking up and one that is coming into being in which relationships and people will be important.[7]

Macdonalds Romane können nicht nur nach den Kategorien des Detektivromans beurteilt werden, sie müssen — wie die Romane Hammetts und Chandlers — zur amerikanischen Literatur des 20. Jahrhunderts gerechnet werden.

Der *roman policier* — der schon in den kurzen Erzählungen von Dickens angelegt war — erlebt im Amerika der 60er Jahre vor allem durch zwei Autoren eine neue Blütezeit: dem unter dem Pseudonym 'Ed McBain' schreibenden Romancier Evan Hunter und dem als 'Robert L. Pike' schreibenden Robert L. Fish.[8] Sie schildern das tägliche Leben einer Polizeiwache, bei Pike ist es der 52nd Precinct of New York City, bei Ed McBain der 87th Precinct einer nicht näher bezeichneten Großstadt, die aber unzweifelhaft New York ist.

Hier gibt es keinen "Great Detective" mehr. Zwar haben beide

[6] Raymond A. Sokolov, "The Art of Murder", *Newsweek* (March 22, 1971), S. 54.

[7] A. a. O., S. 58.

[8] Der auch Jack Londons Fragment eines Detektivromans, *Das Mordbüro*, zu Ende schrieb.

Autoren eine Figur, die im Vordergrund steht, so Lieutenant Clancy (Pike) und Steve Carella (McBain), die auch am Handlungshöhepunkt in einer *dénouement*-Szene ein gehöriges Maß an detektivischer Analyse vorbringen, aber der Schwerpunkt der Romane liegt auf der Arbeit und Kleinarbeit des Teams.

Da sind Clancy und sein Captain Sam Wise und die Detektive Kaproski und Stanton (Pike), und da sind Steve Carella, Lieutenant Byrnes, Bert Kling und der kahlköpfige Meyer Meyer (McBain), die durch ihre unermüdliche Arbeit, ihre plötzlichen Eingebungen und ihre Fehler zur Lösung des Falles beitragen und die dem Leser menschlich so nahe sind, weil sie so durchschnittlich, so „real“ sind.

Die Romane repräsentieren New Yorks Polizeiwachen als Schmelztiegel der Nationalitäten: da ist der Ire Clancy, der orientalisch aussehende Steve Carella, der Pole Kaproski, der deutschstämmige Bert Kling und der Jude Meyer Meyer. Sie sind die ehrlichen, unermüdlichen und übermüdeten Arbeiter in einem Kampf gegen das Verbrechen. Die Autoren suggerieren, daß der Polizeiapparat zwar intakt ist, daß aber schon auf der Ebene der Staatsanwälte und Richter der politische Einfluß, die Korruption, beginnt. Man könnte geneigt sein, dieses Thema, das seit Hammett den amerikanischen Roman beherrscht, als einen *topos* der amerikanischen Detektivliteratur zu bezeichnen — der kleine Mann stellt die gerechte Ordnung gegen den Druck der korrupten Mächtigen wieder her — aber die Romane von Pike und McBain zeigen, daß es sich hier nicht um ein literarisches Klischee, sondern um bittere Realität handelt.

In Anlehnung an diesen spezifisch amerikanischen *roman policier* entstand eine Vielzahl von Fernsehserien, die sich besonders in Amerika großer Beliebtheit erfreuen — die aber die harte Realität der Romane ins Melodramatische verschieben. Mit 10jähriger Verspätung kommen sie nach Deutschland, wo sie (meistens in den Regionalprogrammen der Fernsehanstalten) ein zähes Leben führen.

Ein Roman jedoch von Robert L. Pike, der 1963 als *Mute Witness* erschien, wurde verfilmt und wurde zu einem ungeahnten Erfolg. Der Name des Helden Clancy wurde in Bullitt geändert, und der Film *Bullitt* (mit Steve McQueen in der Hauptrolle) rettete das konkursbedrohte Hollywood; er wurde ein Welterfolg. Amerika besaß zum ersten Mal seit der Zeit von Humphrey Bogart wieder einen Kriminalfilm von internationalem Format.

Die Detektion, die Standardfragen nach “who, how, why” spielen im amerikanischen *roman policier* keine große Rolle mehr. Auch hier können wir beobachten, daß das, was als *Detektiv*roman angelegt war, mehr und mehr (wie schon bei Dickens) zum Roman mit Detektiven wird.

Das gilt auch für den Schriftsteller, der wie kein anderer amerikanische Gegenwartsprobleme in seinen Büchern behandelt, Chester Himes. Sein letzter Roman, *Blind Man With A Pistol*[9], ist eine Studie zum Thema Gewalt; die Morde, die begangen wurden, werden nicht mehr aufgeklärt.

Man hat Himes mit seinem Freund James Baldwin verglichen, und in Frankreich (wo er lebt) und England ist er ebenso bekannt, wenn nicht sogar berühmter als Baldwin.[10] Chester Himes kennt das Harlem, das seine Romane beschreiben, und er kennt die Welt, in der seine schwarzen Detektive Coffin Ed Johnson und Grave Digger Jones leben. Himes selbst hat (wegen bewaffneten Raubüberfalls) Jahre im Gefängnis verbracht, wo er auch Mitte der 30er Jahre zu schreiben begann:

> When I could see the end of my time inside I bought myself a typewriter and taught myself touch typing. I'd been reading stories by Dashiell Hammett in *Black Mask* and I thought I could do them just as well. When my stories finally appeared, the other convicts thought exactly the same thing. There was nothing to it. All you had to do was tell it like it is.[11]

Aber er begann erst 30 Jahre später, nachdem er mehrere Romane geschrieben hatte *(If He Hollers Let Him Go* und *Lonely Crusade)* und Amerika den Rücken gekehrt hatte, Detektivromane zu schreiben, "to tell it like it is". Seine Helden Grave Digger Jones und Coffin Ed Johnson begannen ihr Leben in dem Roman *Cotton Comes to Harlem* (1964). Himes beschreibt das Leben in Harlem, ohne es zu beschönigen. Zwar dringt sein Humor immer wieder durch, aber dennoch ist Himes, wie Philip Oakes es formuliert, "a realist who deals in bloody nihilism".[12]

Immer mehr verliert das Detektivische in Himes' Romanen (die sehr schnell hintereinander geschrieben wurden) an Bedeutung, immer stärker dringt die politische Aussage, die Analyse des Rassenkonflikts, durch. So sagt Himes über *Blind Man With A Pistol:*

[9] In deutscher Übersetzung bei Rowohlt als *Blind mit einer Pistole* erschienen.

[10] Hier ist wieder einmal das schon häufiger beschriebene literarische Phänomen zu beobachten: während Chester Himes in England und Frankreich als "serious novelist" gewertet wird, wird er bei uns zwischen die bunten Pappdeckel der Krimis gepreßt und zum Krimi-Autor abgestempelt.

[11] *Sunday Times Magazine* (Nov. 9, 1969), S. 71.

[12] A. a. O., S. 69.

> A friend of mine told me this story about a blind man with a pistol shooting at a man who had slapped him on a subway train and killing an innocent bystander peacefully reading his newspaper and I thought, damn right, sounds just like today's news: riots in the ghettos, war in Vietnam, masochistic doings in the Middle East. And I thought of some of our loudmouthed leaders urging our vulnerable soul brothers on to getting themselves killed, and thought further that all unorganised violence is like a blind man with a pistol.[13].

Das Thema des Rassenkonflikts, das auch Titel und Thema von *Run, Man, Run* ist, ist ein Grundthema der amerikanischen *negro literature* von Ralph Ellisons *Invisible Man* bis zu Himes' *Blind Man With A Pistol.*

Chester Himes ist schon in den 40er Jahren einer der ersten Vorkämpfer für eine schwarze Revolution (die man heute mit dem Schlagwort "Black Power" bezeichnen würde) gewesen, er ist enttäuscht von der Entwicklung, die der Rassenkonflikt genommen hat, aber er glaubt trotzdem, daß "the only way the American Negro will ever be able to participate in the American way of life is by a series of acts of violence. It's tragic, but it's true." [14]

Seine Romane spiegeln diesen Glauben, und vielleicht werden spätere Zeiten urteilen, daß jener Mann, der in Deutschland als Krimi-Autor und in Amerika als Schreiber von "sex and soul novels" [15] abgewertet wurde, einer der wichtigsten amerikanischen Autoren der 60er Jahre war.

Die vielleicht höchsten Auflagenzahlen (vor allem in Deutschland) erreichten die Werke eines anderen amerikanischen Autors, des Bostoner Professors für Englische Literatur, Harry Kemelman. Mit seinen Detektivromanen stellte er sich bewußt in die Non-Wasp (= White Anglo-Saxon Protestant)-Richtung der amerikanischen Literatur. Diese Richtung will einerseits die besondere Lage der Minderheiten in den Vereinigten Staaten schildern, andererseits aber deren Bedeutung für die amerikanische Kultur deutlich machen.

Held der Kurzgeschichten Kemelmans, gesammelt in *The Nine Mile Walk* [16], ist der Professor für englische Literatur, Nicky Welt. Welt

[13] A. a. O., S. 69.

[14] A. a. O., S. 71.

[15] Slogan auf der Taschenbuchausgabe *For The Love of Imabelle* (New York: Dell, 1971), die im übrigen mit völlig falscher Inhaltsangabe versehen wurde, die dem Käufer einen Sex-Roman vorspiegeln soll.

[16] Deutsch als *Quiz mit Kemelman* bei Rowohlt erschienen.

gehört zum Typ des Lehnstuhl-Detektivs mit einem Hauch des "Great Detective" vom Typ Sherlock Holmes. Die Geschichten stehen in der amerikanischen Kurzgeschichtentradition und werden vom Autor selbst als Gedankenspielereien — oder, wie Wölcken es formulierte, als „Spiel des Geistes mit sich selbst" — bezeichnet. Die Lösung des Falles steht im Mittelpunkt; Handlung, Charakterzeichnung und Atmosphäre sind nur Beigabe. Die Fiktion des intellektuellen Kampfes zwischen Leser und Detektiv wird hier erneut behauptet. Das wird überdeutlich gemacht in der deutschen Übersetzung, wenn in einem Nachwort zu jeder Geschichte die Stationen des logischen Fortschreitens aufgezeigt werden und dem Leser erklärt wird, was ihm hätte auffallen müssen. Auch in der Verwendung der Watson-Erzählhaltung wird die Abhängigkeit von der Poe-Doyle-Schablone deutlich, und wenn es Nicky Welt nie unterlassen kann, gleichsam mit erhobenem Zeigefinger zu dozieren, so ist er auch hierin ein Nachfahre von Sherlock Holmes.

In der ersten Erzählung, "The Nine Mile Walk" (1947), wird der Grundsatz scheinbar aufrechterhalten, daß eine Folgerung logisch und trotzdem falsch sein kann; das überraschende Ende zeigt dann aber, daß dieser Ansatz in die alte Schablone zurückkehrt: was denkrichtig ist, ist auch faktenrichtig. "The Nine Mile Walk" ist eine logische *tour de force*, und diese Erzählung ist zweifellos die beste in der Sammlung. Die anderen Geschichten gleiten zu schnell in die bekannte Schablone ab.

Schon in den Geschichten läßt sich ein Element erkennen, das für die späteren Romane deutlich wird: die sympathische Darstellung jüdischen Gemeindewesens und die Aufklärung über jüdisches Denken und jüdische Gebräuche. Zwar ist Nicky Welt noch nicht eindeutig als Jude zu erkennen, doch werden in den Erzählungen jüdische Charaktere sehr positiv gezeichnet, im Gegensatz zu jenen, die nach dem Muster des "American way of life" leben.

Als Literaturkritiker war sich Kemelman darüber klar, daß seine Detektivkurzgeschichte nicht, ohne Schaden zu nehmen, zu einem Roman ausgeweitet werden konnte. Die Darstellung der Situation der jüdischen Gemeinde innerhalb der amerikanischen Stadt war Kemelman zum Anliegen geworden, und nachdem mehrere Verlage ein Manuskript über jüdisches Gemeindeleben abgelehnt hatten, benutzte er das Mittel des Detektivromans, um seine Mission zu propagieren:

Why not incorporate my detective stories with my novels of the Jewish suburban community? The traditional function of the rabbi, as opposed to the priest or minister, is as a judge, interpreter of the Law, rather than as a religious leader. How better show this than by getting him involved in a murder mystery and having him work his way out of it? ... In a sense, then, Rabbi David Small can be said to be the son of Professor Nicholas Welt.[17]

Der Detektiv löst seine Fälle mit Hilfe des *pilpul*, der talmudischen Logik. Der Kriminalfall ist immer nur ein Mittel zur Aussöhnung der meist gesellschaftlichen Gegensätze innerhalb der Gemeinde und der Ausgangspunkt für die Rechtfertigung jüdischer Bürger in der amerikanischen Gesellschaft. Wird zunächst ein scharfer Gegensatz zwischen Juden und Yankees hergestellt, so macht der Autor letztlich doch deutlich, daß der jüdische Bürger der Vereinigten Staaten der eigentliche Vertreter des demokratischen Freiheitsgedankens ist. So ist der Ort der Handlung, Barnard's Crossing, (wie in einem geschickt eingefügten historischen Bericht gezeigt wird) eine Gründung freiheitlicher Individuen, die der Diktatur der puritanischen Theokratie in Neuengland entflohen waren. Der jüdische Rabbi arbeitet eng mit dem katholischen irischen Polizeichef zusammen. Wenn sie in ihrer Lebensauffassung auch nicht übereinstimmen, so fühlen sie doch eine nähere Verwandtschaft zueinander als zu den Figuren des "American way of life".

Während noch in *Friday The Rabbi Slept Late* Kriminalfall und Schilderung des Gemeindelebens einigermaßen ausgewogen sind, ändert sich dies in den folgenden Romanen *Saturday The Rabbi Went Hungry* und *Sunday The Rabbi Stayed Home*. Doch schon bei Erscheinen der ersten Romane warnte der Rezensent des *Times Literary Supplement:*

> But Mr. Kemelman should be warned that to have the Rabbi make only so few — no matter how intelligent — deductions in a singsong Talmudic voice is hardly enough to pass his novels from poor-man's Malamud into true detection.[18]

Und er zeigt mit diesem Satz genau das Dilemma der Kemelmanschen Romane auf: sie sind nicht gut genug, um als jüdischer Milieuroman ("poor-man's Malamud") bestehen zu können, und sie enthalten zu wenig Detektion, um als echte Detektivromane zu gelten.

Das wird besonders in dem bisher letzten Roman *Sunday The Rabbi Stayed Home* deutlich. Der Fall für den Detektiv taucht erst gegen Ende des Romans auf, die angeschnittenen existentiellen und aktuellen Probleme sind so vielfältig, daß die verschiedenen Erzählstränge kaum noch organisch verbunden sind. Der Schluß ist melodramatisch und überraschend, der kauzige Yankee entpuppt sich als Rauschgifthändler und

[17] Vorwort zu *The Nine Mile Walk* (Harmondsworth, 1971), S. 11.
[18] *Times Literary Supplement* (April 13, 1967), S. 301.

Mörder und somit als Vertreter eines pervertierten "American way of life".

So scheint Kemelman mit seinen letzten Romanen, ebenso wie Chesterton in seinen späten Father-Brown-Stories, dem Element des *docere* und der massiven Propaganda zu erliegen und seine frühere Aussage vergessen zu haben:

> Even more, I consider the genre itself important because it is the one modern form primarily dedicated to giving pleasure to the reader. We are apt to forget these days that is the principal purpose of literature.[19]

Harry Kemelman war neben seinen originellen Romanen die Neubelebung der klassischen "detective short story" gelungen. Die Kurzgeschichte ist ein Gebiet, das wir bei der Betrachtung der amerikanischen Detektivliteratur bisher ausgeklammert haben. Obgleich vielleicht nichts so sehr amerikanisch ist wie die Short-Story-Tradition seit Edgar Allan Poe.

Ein Kritiker wie Arno Schmidt, der sonst mit seinem Lob sehr sparsam umgeht, erkennt einen neuen Edgar Allan Poe in Stanley Ellin.[20] Ellin schrieb zwar mit *Dreadful Summit, The Key to Nicholas Street, The Eighth Circle* und *House of Cards* auch gute Detektivromane, aber wichtiger sind seine Kurzgeschichten. Die erste, "The Specialty of the House" gewann sogleich einen Preis des *EQMM,* und die Sammlung der *Mystery Stories*[21] wurde in Amerika zu einem der 100 wichtigsten Bücher des Jahres 1958 erklärt. 1964 folgte eine zweite Sammlung von "mystery stories", *The Blessington Method and Other Strange Tales.*

Ellins Geschichten sind keine orthodoxen Detektivgeschichten, sie sind, wie Julian Symons sagt, ". . . also peculiarly modern, in the sense that they have broken free of the puzzle convention, and also of superficial realism".[22] Die Erzählungen sind voll schwarzen Humors, ähnlich wie Roald Dahls *Kiss Kiss* oder *Someone Like You,* aber sie sind tiefsinniger und symbolischer als Dahls Geschichten, und die Erzählungen, "The Specialty of the House", "The Cat's Paw", "You Can't be a Little Girl All Your Life" und "The Question" brauchen den Vergleich mit Edgar Allan Poe nicht zu scheuen.

[19] Vorwort zu *The Nine Mile Walk,* a. a. O., S. 11.

[20] In seiner Rezension „Die 10 Kammern des Blaubart", in: *Trommler Beim Zaren* (Karlsruhe, 1966).

[21] Englischer Titel: *The Specialty of the House and Other Stories.*

[22] Julian Symons in seinem Vorwort zu der Penguin-Ausgabe von *The Blessington Method* (Harmondsworth, 1971), S. 12.

Ellery Queen ist heutzutage in Amerika ein Markenzeichen, das nicht nur für die beiden Autoren Frederic Dannay und Manfred B. Lee steht, sondern für die handwerkliche Perfektionierung und Wiederbelebung der amerikanischen Detektivkurzgeschichte. Die Autoren, die seit 1929 weit über 30 Romane mit dem Helden "Ellery Queen" geschrieben haben (von denen der beste nach Meinung vieler Kritiker *Calamity Town* von 1942 ist), sind auch beachtete Kritiker des Genres. Von ihren zahlreichen Veröffentlichungen, denen man die belesenen Spezialisten anmerkt, ist besonders die Sammlung *Rogue's Gallery* hervorzuheben, die einem breiten Publikum zum größten Teil unbekannt gebliebene Detektivgeschichten in der Raffles/Arsène-Lupin-Tradition vorstellt.

Ellery Queen's Mystery Magazine, das seit 1940 erscheint, steht in der Nachfolge der amerikanischen "pulp magazines" wie *Black Mask* und *Dime Detective Magazine,* allerdings hat es gegenüber manchen frühen Vorgängern ein höheres handwerkliches Niveau. Hat die Detektivkurzgeschichte in Amerika mit Edgar Allan Poe ihren Anfang genommen, war sie mit Autoren wie Doyle, Chesterton, Freeman, Bramah und Bailey vorübergehend zwischen 1900 und 1930 in englische Hände geraten[23], so scheint sie jetzt vollends wieder nach Amerika zurückgekehrt zu sein. Dieses Phänomen, die außergewöhnliche Beliebtheit der "detective short story" oder "crime story" im heutigen Amerika und das fast völlige Fehlen in England, wäre eine soziologische Untersuchung wert, die Aufschluß geben könnte über die gegenseitige Beeinflussung von Autoren und Publikum, literarische Geschmacksbildung durch Massenproduktion und die Lesegewohnheiten in einer Massengesellschaft.

P. G. B.
J. P. B.

[23] Einen kurzen, aber informativen Überblick über die Entwicklung der "crime short story" gibt Julian Symons im Vorwort zu Stanley Ellin, *The Blessington Method* (Harmondsworth, 1971), S. 9—12.

Zwölftes Kapitel

NEUE ENTWICKLUNGEN? (1978)

1973 überließen wir dem englischen Detektivromanautor und Literaturkritiker Julian Symons das Schlußwort (s. u. S. 167), aber selbst wenn dies Zitat auch heute noch gewisse Gültigkeit besitzt, hat sich doch in den letzten Jahren auf dem Gebiet des Detektivromans und der kritischen Literatur soviel ereignet, daß eine neue Schlußbetrachtung notwendig geworden ist.

Zum einen hat die kritische Literatur zum Detektivroman immer weiter zugenommen — unsere Bibliographie am Ende dieses Buches, die gegenüber 1973 beinahe erschreckend angewachsen ist, mag das verdeutlichen. Ein Literaturbericht, wie ihn Dietrich Naumann vor 10 Jahren noch beinahe naiv in einer Beilage zur Zeitschrift *Der Deutschunterricht* geben konnte, scheint heute kaum noch möglich.[1] So bleibt vielleicht nichts anderes als Tendenzen aufzuzeigen.

Das erfreulichste Phänomen innerhalb der kritischen Literatur ist das Entstehen von Handbüchern und Nachschlagewerken: Hagen, *Who Done It?* (1969), Barzun/Taylor, *A Catalogue of Crime* (1971), La Cour/Mogensen/Larsen, *Dansk og udenlandsk kriminallitteratur* (1975), Steinbrunner/Penzler, *Encyclopedia of Mystery and Detection* (1976). Dank dieser Werke fällt die Information über Erstausgaben und Verlage (Hagen), über Romaninhalte und Spezialbibliographien (Barzun/Taylor), Verfasserbiographien (La Cour/Mogensen/Larsen sowie Steinbrunner/Penzler) und Verfilmungen (Steinbrunner/Penzler) nicht mehr schwer.

Wenn auch ein Teil dieser Werke von Liebhabern für Liebhaber geschrieben wurde und nicht unbedingt literaturwissenschaftlichen Kriterien standhält, so bedeutet der Vorgang der Lexikalisierung des Detektivromans doch letztlich eine neue Basis für die Anerkennung

[1] Vgl. dazu Dietrich Naumann, „Der Kriminalroman. Ein Literaturbericht“, in: *Der Deutschunterricht.* Beilage zu Heft 1 (1967); Edgar Marsch, *Die Kriminalerzählung. Theorie — Geschichte — Analyse* (München, 1972), S. 45—65; Jens P. Becker, „Die Literatur zum Detektivroman — Ein polemischer Bericht“, in: *Sherlock Holmes & Co.* (München, 1975), S. 121—149; vgl. auch die kommentierte Bibliographie von Barzun/Taylor, *A Catalogue of Crime* (New York, 1971). Ein weiteres, von John M. Reilly herausgegebenes Lexikon der Detektivromanautoren ist in Vorbereitung.

des Detektivromans als Literatur. Zu fragen bleibt, ob man den oben konstruierten Gegensatz zwischen Detektivromanliebhabern und Literaturwissenschaftlern aufrechterhalten kann und soll. Wir haben sehr viel wohlwollende Kritik aus Skandinavien erfahren und feststellen müssen, daß die Diskussion des Detektivromans in Skandinavien in der Tagespresse, in Liebhaberzeitschriften [2] und literaturwissenschaftlichen Veröffentlichungen auf einem höheren Niveau steht als in der Bundesrepublik.[3] Daß ein Detektivroman ein aktueller Gegenstand der Diskussion ist, reflektiert auf amüsante Weise Anders Bodelsens Roman *Straus*.[4] In gewisser Weise könnte Skandinavien als Modell für die Rezeption und Beurteilung des Detektivromans dienen: der Markt wird stärker als in Deutschland von den Klassikern des englischen Detektivromans (sei es in der Übersetzung oder im Original) beherrscht, daneben gibt es einen eigenständigen skandinavischen Detektivroman. Die Beurteilung von Detektivromanen ist kenntnisreicher und unverkrampfter als in Deutschland, wo der Detektivroman für die Wissenschaft trotz aller Bemühungen immer noch ein etwas exotisches Objekt ist.

Nachdem wir die reichhaltige skandinavische Detektivromanproduktion angesprochen haben, müssen wir auf die prominentesten Autoren Schwedens, das Ehepaar Sjöwall/Wahlöö, eingehen — obgleich das eigentlich den Rahmen unserer Studie sprengt, die ja nur zum englischen und amerikanischen Detektivroman konzipiert war. Auf diesen Punkt haben verschiedene Rezensenten hingewiesen. Die Problematik des Auslassens von nicht-englisch schreibenden Autoren ist uns bei der Abfassung des Buches durchaus vertraut gewesen.[5] Es ist vielleicht heute im Zeichen einer zunehmenden Internationalisierung des Detektivromans nicht mehr möglich, eine Studie ausschließlich über den englischen Detektivroman zu schreiben — aber es muß darauf hingewiesen werden, daß der Einfluß des englischen Detektivromans auf die ein-

[2] Für ein Verzeichnis der englischen, amerikanischen und skandinavischen Magazine vgl. Iwan Hedman, *Deckare och Thrillers På Svenska, 1864—1973* (Strängnäs, 1974), S. 316 ff. Das vielleicht wichtigste Magazin ist das von Allen J. Hubin herausgegebene *The Armchair Detective*, das seit 1968 in Del Mar (Kalifornien) erscheint.

[3] Die Verfasser möchten an dieser Stelle den Herren Harald Mogensen, Jan Broberg und Iwan Hedman für eine Vielzahl von Informationen und Anregungen danken.

[4] Deutsch: *Straus oder Der zweitbeste Kriminalschriftsteller von Dänemark* (Reinbek: Rowohlt, 1977).

[5] Vgl. S. 8.

zelne nationale Detektivromanproduktion nicht unterschätzt werden darf.

Die zehn Detektivromane von Maj Sjöwall und Per Wahlöö[6] erschienen mit durchschnittlich einjähriger Verspätung auf dem englischen Markt und zwei bis drei Jahre nach ihrer Erstveröffentlichung bei Rowohlt in Deutschland — mit Ausnahme von China, Albanien und Indien erreichten die Romane die ganze Welt. Die Romane, die von Anfang an auf eine Serie von zehn zusammenhängenden Romanen konzipiert waren, tragen im Schwedischen den Untertitel „Roman om en forbrydelse": Roman über ein Verbrechen (dieser Untertitel fehlt in den deutschen Ausgaben). Schon 1967 hatte sich Per Wahlöö über die Konzeption dieses Riesenwerks folgendermaßen geäußert:

> Seine Grundidee besteht darin, in einem langen Roman von ca. dreitausend Seiten, der in sehr freistehende Teile, oder wenn man will Kapitel, aufgeteilt ist, einen Längsschnitt durch eine Gesellschaft von einer bestimmten aktuellen Struktur zu legen, die Kriminalität als soziale Funktion zu analysieren und ihre Relation sowohl zu der genannten Gesellschaft als auch zu den moralischen Lebensformen verschiedener Art, die diese umgeben, offenzulegen.[7]

Nun ist in den ersten Romanen noch nicht unbedingt die Realisierung dieses Konzepts zu erkennen, noch fehlt die gesellschaftskritische Radikalität von Werken wie *Der Polizistenmörder* oder *Die Terroristen* (dessen letztes Wort „Marx" ist). Zwar drückt das Team um Kommissar Martin Beck sein Unbehagen am schwedischen Alltag aus, aber solche

[6] *Die Tote im Götakanal* (*Roseanna*, 1965); *Der Mann, der sich in Luft auflöste* (*Mannen som gick upp i rök*, 1966); *Der Mann auf dem Balkon* (*Mannen på balkongen*, 1967); *Endstation für Neun* (*Den skrattande polisen*, 1968); *Und die Großen läßt man laufen* (*Polis, polis, potatimos*, 1970); *Das Ekel aus Säffle* (*Den vedervärdiga mannen från Säffle*, 1971); *Verschlossen und verriegelt* (*Det Slutna rummet*, 1972); *Der Polizistenmörder* (*Polismördaren*, 1974); *Die Terroristen* (*Terroristerna*, 1975).

[7] Per Wahlöö, „Grisen är ett gåtfullt djur", in: *Tryckpunkter. 23 svenska författere i egen sak* (Stockholm, 1967), S. 174—181. Die Übersetzung stammt von Wolfgang Butt. Die Verf. möchten an dieser Stelle Herrn Dr. Butt vom Nordischen Institut der Universität Kiel für Informationen und Literaturbeschaffung danken. Vgl. auch W. Butt, „Der Wohlfahrtsstaat und seine Mörder. Zum 'Roman über ein Verbrechen' von Maj Sjöwall und Per Wahlöö", in: Detlef Brennecke (Hrsg.), *Aspekte der skandinavischen Gegenwartsliteratur* (Heidelberg, 1978). Zur gesellschaftlichen Stellung des Detektivromans vgl. auch Harald Mogensen, „Lidt om kriminalromanens politiske holding", in: Mogensen/La Cour/Larsen, *Dansk og udenlandsk kriminallitteratur* (Kopenhagen, 1975), S. 54—68.

Kritik an den Auswüchsen des Sozial- und Wohlfahrtsstaates findet sich im englischen Detektivroman schon früher bei Julian Symons und Nicolas Freeling. Wenn man nicht eine fehlende Konzeption annehmen will, könnte man mit einem Kritiker vermuten, daß die ersten Romane als eine Art Einstimmung zur Schaffung einer festen Lesergemeinde geschrieben sind, daß mit ihnen der Schock der späteren Romane sanft vorbereitet wird.

Die Romane von Sjöwall und Wahlöö sind seit ihrem Auftauchen auf dem deutschen Markt von Presse und Rundfunk wohlwollend und lobend besprochen worden,[8] man sah in ihnen *die* Erneuerung des sozialkritischen Detektivromans, die weit über Chandler und Simenon hinausging. In Skandinavien erschien eine Vielzahl von Arbeiten, von denen hier nur der Aufsatz von Henriksen/Sörensen sowie die Monographie von Ejgil Söholm hervorgehoben werden sollen.[9]

Daß Detektivroman oder *thriller* ideologisch befrachtet werden können, ist in der Detektivliteratur nichts Neues.[10] Die Problematik liegt letztlich in der Ausgewogenheit zwischen den traditionellen (melodramatischen) Elementen des Detektivromans — die im 19. Jahrhundert und noch in den 20er Jahren sicherlich auf dem Glauben an eine heile bürgerliche Welt basierten — und der radikalen ideologischen Infragestellung der Gesellschaft. Wenn der Detektivroman nur noch Mittel zum Zweck der Propaganda ist, muß der künstlerische Wert (den ja alle Kritiker bei Sjöwall/Wahlöö betonen) zwangsläufig darunter leiden. Wir sind der Meinung, daß Sjöwall/Wahlöö als Detektivromanautoren sehr viel traditioneller sind, als gemeinhin betont wird: der Roman um ein Team von Polizisten[11] ist schon bei dem Amerikaner Ed McBain und in der 99teiligen Fernsehserie *Naked City* in den

[8] Die Verfasser möchten an dieser Stelle Herrn Richard K. Flesch vom Rowohlt Taschenbuch Verlag für die Dokumentation der Presserezeption sowie die bereitwillige Information über Tendenzen des Krimimarktes danken.

[9] Morten Henriksen und Jan Sand Sörensen, „Ideologie og genre. Om Maj Sjöwall og Per Wahlöös kriminalromaner", in: *Kritik* 37 (1976), 109—137; Ejgil Söholm, *„Roman om en forbrydelse" — Sjöwall/Wahlöö's vaerk og virkelighed* (Viborg, 1976), mit Auswahlbibliographie!

[10] Vgl. dazu z. B. S. 54, S. 79 und Kap. IX dieses Buches sowie die Monographien von Colin Watson, Jens Peter Becker über den englischen Spionageroman, Gerd Egloff über Agatha Christie sowie die Habilitationsschrift von Bruno Schultze, *Studien zum politischen Verständnis moderner englischer Unterhaltungsliteratur* (Heidelberg, 1977).

[11] Vgl. dazu S. 148 f.

frühen 60er Jahren voll ausgeprägt, und bei der zum Teil grotesken Komik kann man sich des Eindrucks nicht erwehren, daß Sjöwall/ Wahlöö auch starke Anleihen bei Chester Himes aufgenommen haben. Martin Beck wirkt manchmal wie eine Mischung aus Maigret und Bärlach, und die Verwendung von idealisierten Sprachrohrfiguren wie Gunvald Larsson oder dem Rechtsanwalt Braxén in den *Terroristen* ist in der Geschichte des Detektivromans nicht unbedingt etwas Neues. Diese Bemerkungen sollen jedoch das Verdienst von Sjöwall und Wahlöö in keiner Weise schmälern, ist ihnen doch bisher am überzeugendsten eine Realisierung des Sozio-Krimis gelungen.

Die Detektivliteratur, die sich zuerst der Frage nach dem Täter widmet ("who?"), dann die Frage "how?" in den Vordergrund rückte, sich dann vor allem unter dem Einfluß der Psychologie der Frage der Motive ("why?") zuwandte, scheint sich unter dem Einfluß der Soziologie der Gesellschaftskritik zu verschreiben. Es bleibt abzuwarten, ob sie diese Phase des sozialkritischen Engagements unbeschadet überstehen wird.

Der Konflikt zwischen gesellschaftspolitischem Anliegen und traditioneller Form zeichnet auch den neueren deutschen Detektivroman aus. So erklärte der unter dem Pseudonym „-ky" schreibende anonyme Detektivromanautor in einem umstrittenen Arbeitspapier 1976 den Sozio-Krimi zu einem Zwitter und konstatiert: „Aber generell: Die Muster sind nicht zu überwinden. Sind sie überwunden, ist es kein Krimi mehr." Das Papier mit dem Untertitel „Die Unmöglichkeit des Sozio-Krimis in Deutschland" [12] beinhaltet eine Resignation gegenüber einer früheren Position des Autors, wo er noch glaubte, durch seine Krimis „einen — wenn auch noch so bescheidenen — Beitrag zur Veränderung unserer Gesellschaft in Richtung auf einen humanistisch-demokratischen Sozialismus zu erbringen" [13]. Man muß „-ky" allerdings zugestehen, daß er als der technisch vielleicht versierteste der deutschen Detektivromanautoren von Anfang an auf die Problematik von Form und Gehalt hingewiesen hat.

In einem Artikel im Feuilleton der *Frankfurter Rundschau* vom 1. März 1975 hat Wilhelm Roth den bisher ersten und inhaltsreichsten

[12] „-ky", „Dreizehn Flüche und eine Träne. Die Unmöglichkeit des Sozio-Krimis in Deutschland oder Über das Elend des bundesdeutschen Krimimachers bis hin zum kriminalliterarischen Selbstmord", Diskussionspapier zur VS-Veranstaltung „Die deutschen Schriftsteller und die Spannung" vom 8.—10. Oktober 1976 in Regensburg.

[13] *Frankfurter Rundschau*, 1. 3. 1975.

Versuch gemacht, den neuen deutschen Detektivroman zu beschreiben.[14] Was hierbei erstaunt, ist, daß plötzlich in Deutschland — in einem Land ohne Kriminalromantradition — eine große Produktion von literarisch höherwertigen Detektivromanen entstehen konnte. Denn zu E. T. A. Hoffmanns „Fräulein von Scuderi", Theodor Fontanes *Unterm Birnbaum* und Jakob Wassermanns *Der Fall Maurizius* gibt es kaum Verbindungslinien, und innerhalb der letzten 100 Jahre gibt es auch keine stetige Detektivromanproduktion wie in England oder Frankreich.[15] Mit Autoren wie Hansjörg Martin, Friedhelm Werremeier, „-ky" und Irene Rodrian gewann der deutsche Detektivroman plötzlich einen neuen Status, brachte Facetten aus dem bürgerlichen Leben eines Wohlfahrtsstaates. Einigen Autoren gelang es, über das Fernsehen einen größeren Kreis zu erreichen. Aber im Falle von Friedhelm Werremeiers Trimmel-Sage (alle in der *Tatort*-Serie des ARD) muß man sich fragen, ob dieser Erfolg nicht zweifelhaft ist: durch die Anpassung an die Stileigenheiten der deutschen Krimiserien ist sehr viel von der Qualität der Romane verlorengegangen, als erstes wurde das Unbehagen am bundesrepublikanischen Alltag und die verhaltene Sozialkritik gestrichen.

Dies führt uns noch einmal[16] auf das Problem des Fernsehkrimis zurück, auf diesem Gebiet hat sich in den vergangenen fünf Jahren einiges ereignet. Neue Importe aus Amerika brachten — mit Kojak, Columbo, Cannon und Co. — neue Lieblingshelden für das deutsche Fernsehpublikum. Daneben eiferten die Krimiserien der einzelnen Programme von *Tatort* bis *Derrick* um die Gunst des Publikums und die Einschaltquoten. Ohne das Thema erschöpfend behandeln zu können — die Untersuchung der in Deutschland laufenden Krimiserien und der in ihnen geäußerten Wertvorstellungen wäre eine eigene Studie wert[17]

[14] „Der Bürger als Verbrecher. Materialien zum deutschen Kriminalroman", *Frankfurter Rundschau*, 1. 3. 1975.

[15] Der frz. Detektivroman ist von der Kritik so gut dokumentiert worden, daß wir seine Betrachtung hier auslassen könnten. Vgl. dazu die Bibliographie bei Ulrich Schulz-Buschhaus, *Formen und Ideologien des Kriminalromans* (Frankfurt a. M., 1975).

[16] Vgl. S. 32 f.

[17] Vgl. dazu die modellhafte Analyse von Wolfgang Gast, „Zum politischen Wirkungspotential der Fernsehunterhaltung. Probleme der Aussagenanalyse von Unterhaltungsserien am Beispiel der Serie 'Der Kommissar'", in: *Diskussion Deutsch* 14 (1973), 301—319. Es ist, im Sinne einer „defensiven Rhetorik" durchaus begrüßenswert, daß die Betrachtung von Krimiserien und Detektivromanen Eingang in den Schulunterricht gefunden hat.

— sollen hier nur Tendenzen aufgezeigt werden. Im Ansatz bleiben die deutschen Serien — die sich durchaus ihren Platz neben den amerikanischen Importen erobert haben — „in Spielhandlungen eingebettete Quizsendungen ... Realismus und Atmosphäre wird allenfalls als schmückendes Beiwerk dem Fall noch angeheftet“ [18]. Etwas irritierend ist das Gesellschaftsbild, das dem Zuschauer präsentiert wird; manchmal könnte man glauben, daß unsere Gesellschaft nur aus bösen Reichen besteht, die von irregeleiteten Jugendlichen umgebracht werden. Aber die Bilder wechseln schnell, die Zuschauerreaktion zusammen mit dem Presseecho kann Helden, Mörder und Ermordete und deren gesellschaftliche Gruppenzugehörigkeit beinahe von einer Sendung zur anderen ändern. Unter der Anklage des Volkszorns der Programmzeitschriften und um die Einschaltquoten besorgt, ändern die Fernsehgewaltigen kurzfristig Tendenzen und Konzeptionen der Serie: *Derrick* und *Der Alte* wurden nach den ersten Sendungen modifiziert, der Zollfahnder Kressin aus *Tatort* blieb ganz auf der Strecke. Der Regelkreis zwischen Angebot und Nachfrage wird kaum zu durchbrechen sein. Man kann nur mit Wolfgang Gast [19] hoffen, daß eine stärkere medienkritische Erziehung zu einer größeren Skepsis gegenüber dem ideologischen Wirkungspotential der Krimiserien verhelfen kann.

Nicht nur in den deutschen Serien blickt man auf Polizisten wohin man schaut. Wenn 1973 “American TV's Year of the Cop” war, wie Andrew Weiner mit Zahlen nachweist,[20] werden wir mit dem üblichen Verzögerungseffekt noch für Jahre mit amerikanischen Serien versorgt werden können. Qualitativ sind diese höchst unterschiedlich: *Kojak* (zu dem es mit dem *Mordfall Marcus Nelson* einen exzellenten Pilot-Film gab) kann brillant sein, *Columbo* mit seinem klaren Handlungsmuster und dem Gaststar aus Hollywoods besseren Tagen war eigentlich immer amüsant, *Naked City* [21] (= *65. Revier New York*) im III. Programm ist ein interessantes historisches Dokument. Daneben gibt es aber

Für eine Auswahlbibliographie vgl. Buchloh/Becker, *Der Detektiverzählung auf der Spur* (Darmstadt, 1977), S. 6 f. Als neueste Publikation zu diesem Thema vgl. Günter Lange, „Kriminalfilmserien im Fernsehen“, in: *Diskussion Deutsch* 38 (Dezember 1977), 607—626.

[18] Klaus Bädekerl, „Alte Hüte in neuen Serien. Die Fiktionen und Vorurteile deutscher Krimi-Folgen im Fernsehen“, *Die Zeit* (26. 2. 1971), S. 13.

[19] Vgl. W. Gast, a. a. O., S. 319.

[20] Andrew Weiner, “Crime Wave”, in: Paul Barker (ed.), *Arts in Society* (London, 1977), S. 212—218.

[21] Zwölf Jahre nach Jules Dassins gleichnamigem Film (1948) entstanden.

auch Unmengen von zweitklassigen Serien — doch selbst die haben in Deutschland ihre Liebhaber.

Während der größte Teil der Serien eine Welt von law-und-order präsentiert, die letztlich über das Böse siegt, ist die Welt in den englischen Serien häufig nicht so heil. Versuche mit englischen Serien [22] wurden sofort gestoppt: nachdem der Pilot-Film *Regan* vom deutschen Publikum als brutal empfunden wurde, verzichtete die ARD auf die geplante Sendung der Serie *The Sweeney* (Thames Television, 26 Folgen). Selbst die noch gemäßigte Serie *Task Force* (Nachfolger von *Z-Cars* und *Softly, Softly*) kann als Beispiel für einen neuen Realismus dienen, der den Zuschauer zum Nachdenken über das alltägliche Verbrechen und die Methoden der Polizei zwingt, statt ihn sich lustvoll entspannen zu lassen.

Wir haben schon eingangs betont,[23] daß es dem Medium Film gelungen ist, den Detektivroman zu adaptieren und zu eigenen Kunstwerken zu verarbeiten. Das gilt nicht nur für die 30er und 40er Jahre, sondern hat sich gerade in neuester Zeit wieder gezeigt. Neben brutalen Polizistenfilmen wie *Serpico*, *Shaft* und *The French Connection*, reinen Gewaltfilmen wie z. B. *Death Wish* (= *Ein Mann sieht Rot*) und dem Mafia-Epos *The Godfather* [24] produzierte Amerika auch eine Serie von nostalgischen Filmen, die an die beste *série noire*-Tradition erinnern. Robert Altman lieferte eine originelle Variante von *The Long Goodbye* (1972) mit Elliott Gould als Philip Marlowe, aber beeindruckender war Robert Mitchum als Marlowe in Dick Richards' *Farewell My Lovely*.[25] Roman Polanski verwendete für seinen Film *Chinatown* zwar keine Romanvorlage von Chandler, aber dennoch hat man das Gefühl, daß Chandler das Drehbuch zu diesem Film geschrieben haben könnte.

Wenn wir schon 1973 pessimistisch formulierten „Groschenhefte, Film und Fernsehen haben den klassischen Detektivroman weitgehend verdrängt ... Das immer wieder totgesagte Genre fristet ein Schattendasein" [26], so bleibt zu fragen: was ist aus dem Detektivroman gewor-

[22] Abgesehen von der Spionagefilmparodie *The Avengers* (= *Mit Schirm, Charme und Melone*).

[23] Vgl. S. 30 ff.

[24] Vgl. dazu Weiner, a. a. O.

[25] Unerklärlich wird bleiben, weshalb man für die Verfilmung von *The Big Sleep*, ebenfalls mit Mitchum, London statt Los Angeles zum Handlungsort gewählt hat.

[26] Vgl. S. 33.

den? Was wird aus dem Detektivroman? Unsere Kapitel X und XI, in denen wir neuere Tendenzen der englischen und amerikanischen Detektivliteratur aufzuzeigen versuchten, sind von der Kritik nicht unwidersprochen hingenommen worden: einige Kritiker vermißten (sicherlich nicht zu Unrecht) ihre Lieblingsautoren, andere wollten andere Autoren anders bewertet wissen. Aber *die* Geschichte des englischen und amerikanischen Detektivromans nach 1945 konnte hier nicht geschrieben werden. So blieb uns nur die Möglichkeit, einzelne Autoren in das Blickfeld des Lesers zu rücken.

Neben der realistischen *crime novel,* die Julian Symons für die Zukunft des Genres hält,[27] bleiben beharrende, nostalgische Tendenzen. Seit W. S. Baring-Goulds Sherlock-Holmes-Biographie (1962) hat es gerade in unserer Zeit nicht an Sherlock-Holmes-Pastiches und Imitationen gefehlt. Die Palette reicht von Michael und Molly Hardwicks *Private Life of Sherlock Holmes* (Film von Billy Wilder) über Nicholas Meyers *Seven Per Cent Solution* bis zu Julian Symons' *Three Pipe Problem.* Neben diesem Revial des Ahnherrns des englischen Detektivromans, war aber auch die alte Garde der englischen Detektivromanautoren noch erstaunlich aktiv. Die Grand Old Lady des englischen Detektivromans, Agatha Christie, verstarb 1976,[28] nachdem sie ihren Anhängern noch den Tod ihres Hercule Poirot beschert hatte *(Curtain: Poirot's Last Case)* — allerdings war dieser Roman schon vor dreißig Jahren geschrieben worden. Und der große alte Mann des englischen Detektivromans, der Oxforder Literaturprofessor "Michael Innes", produziert mit bewundernswerter Regelmäßigkeit seit über 40 Jahren seine intelligenten Detektivromane.[29] Das Jahr 1977 sah, von der seriösen Presse gefeiert, den ersten Detektivroman nach 25 Jahren von Edmund Crispin *(The Glimpses of the Moon),* der in der besten komischen Tradition von *The Moving Toyshop* (1946) stand, aber Crispins Formel der irrealen dörflichen Idylle nichts hinzufügte.

Während der traditionelle Detektivroman also durchaus noch lebt und während, wie wir oben gezeigt haben, eine Tendenz der Fernsehserien zum Puzzle-Typ des englischen Detektivromans der 20er und

[27] Symons, *Bloody Murder,* bes. Kapitel 14.

[28] Wir geben im folgenden die Todesdaten einiger prominenter Autoren, die seit den 30er und 40er Jahren beständig Detektivromane produziert hatten: John Creasey 1973, Christopher Bush 1973, Georgette Heyer 1974, Vincent Starrett 1974, Rex Stout 1975, John Dickson Carr 1977.

[29] Zu Michael Innes vgl. Jens P. Becker: "*The Man Who Wrote Detective Stories:* Michael Innes", in: *Sherlock Holmes & Co.* (München, 1975), S. 37 bis 46.

30er Jahre geht, wandelt sich der Großteil der Detektivromane — wie Symons in seinem Buch *Bloody Murder* richtig vorausgesehen hatte — immer mehr zur *crime novel,* zum psychologischen *thriller.* An den Leistungen von Patricia Highsmith für die Form des Detektivromans kann heute kaum noch ein Autor vorbeigehen. Diese neuerliche Annäherung an die offene Form des *thriller,* die den Detektivromanautoren der 20er Jahre so schrecklich erschien, bietet für die ästhetische Leistung des Detektivromans neue Möglichkeiten. So kann Ulrich Broich in seinem Buch *Gattungen des modernen englischen Romans* (1975) als Replik auf Suerbaums „gefesselten Detektivroman" vom „*entfesselten* Detektivroman" sprechen.[30] In der Geschichte der Literatur ist es häufig ein Indiz für das Stagnieren einer literarischen Bewegung, wenn sich ein Kanon anerkannter Klassiker etabliert und die wissenschaftliche Kritik sich hierauf konzentriert. Diese Gefahr besteht auch für die Detektivliteratur. Der „entfesselte" Detektivroman scheint uns jedoch lebenskräftig genug, um auch diese Phase zu überleben.*

P. G. B.
J. P. B.

* Das vorstehende XII. Kapitel ist in der 2., überarbeiteten und ergänzten Auflage neu hinzugekommen.

[30] U. Broich, *Gattungen des modernen Romans* (Wiesbaden, 1975), bes. S. 44—47.

SCHLUSSBETRACHTUNG (1973)

Was ist die Zukunft der Detektiverzählung? Julian Symons umriß sie in seinem Artikel "New paths in crime fiction":

The detective novel has changed so much in the past 20 years that a look into the crystal ball of the future is irresistible. Obviously some detective stories in the classic mode will continue to be written, and an article like this shouldn't end without mentioning that John Dickson Carr, Michael Innes and Ngaio Marsh are writing them still, although probably most detective stories in the future will be lighter, livelier and more casually constructed than the classic, acrobatically intricate puzzles of the past. The police novel, though, surely contains possibilities for development. I think we can expect stories about police in countries other than Britain and America, now that Wahlöö and Sjöwall have shown the way. What are the cops of Tokyo's 87th Precinct like? It would be interesting to know.

And the crime novel? It would seem that anything might happen to it, according to the talents it attracts. If "the novel" becomes even less concerned with realistic story-telling than it is today in many hands from Burroughs to Mailer to Murdoch, then "the crime novel" may partly fill its place, I should put a small personal bet on the possibility that the supremacy of British-American writers in the field will be questioned. This supremacy is based partly on the fact that English is for readers a world language (in Scandinavia and Holland many people read crime stories in English for preference), and that is unlikely to change. But there are some interesting new Scandinavian writers, one or two French, at least one Italian, and some of their work has a flavour quite unlike that of any Anglo-American product. Except for that minority of readers who never cease to look back wistfully at country house murders long ago, the prospects for the next 10 years are bright, and nicely varied.[1]

Vielleicht ist sein Standpunkt zu optimistisch. Zwar tauchen hin und wieder erfolgversprechende neue Autoren auf, aber es sind doch insgesamt zu wenig, um jene Kontinuität zu wahren, die die Detektiverzählung zur Zeit des "Golden Age of Detective Fiction" in England oder zur Zeit der "hard-boiled school" in Amerika besaß. Jedoch, selbst wenn die Zukunft keine neuen Detektiverzählungen bereithält, ist doch die Geschichte des Genres seit 1841 so überreich an lesenswerten Bei-

[1] *The Times* (Febr. 19, 1972), S. 6.

spielen, daß ein Leser unschwer Neues vermissen mag. Die Autoren hoffen, daß sie mit diesem Buch dem Leser eine Einführung und einen Zugang zu dieser Literatur gegeben haben.

BIBLIOGRAPHIE DER VERÖFFENTLICHUNGEN ZUM THEMA „DETEKTIVLITERATUR“

Diese überarbeitete und um etliche hundert Titel vermehrte Bibliographie stellt einen Versuch dar, die ins Unermeßliche angewachsenen Äußerungen zur Detektivliteratur zu erfassen. Bestehende Bibliographien, soweit sie uns bekanntgeworden sind, wurden hierin aufgenommen. Nicht aufgenommen wurde die Vielzahl von Beiträgen, die sich seit über 20 Jahren im *Baker Street Journal* finden — es wäre sonst eine reine Conan-Doyle-Bibliographie geworden.

Erstrebenswert bleibt (trotz der Versuche von Barzun/Taylor) natürlich eine kommentierte Bibliographie, diese würde jedoch weit über den Rahmen dieses Buches hinausgehen. Einen Kompromiß findet der Leser in den Forschungsberichten am Ende der einzelnen Kapitel des Buches, in denen wir uns bemüht haben, die wichtigste und erreichbare Literatur zu nennen. Für denjenigen, der sich der Übersichtlichkeit halber nur an den Monographien zum Detektivroman orientieren möchte, seien die Bibliographien in Mogensen/La Cour, *The Murder Book* und Mogensen/La Cour/Larsen, *Dansk og udenlandsk kriminallitteratur* empfohlen.

Die Verfasser danken Frau Rita Gerdzen, Kiel, die aus unseren handschriftlichen Zetteln ein druckfähiges Manuskript erstellte. Der Zusatz (Vogt) bei manchen Titeln besagt, daß der betreffende Titel neben der Originalpublikation auch bei Jochen Vogt abgedruckt ist.

P. G. B.
J. P. B.

Abrahams, Etta C.: "Visions and Values in the Action Detective Novel: A Study of the Works of Raymond Chandler, Kenneth Millar, and John D. MacDonald" (Unpubl. Diss.: Michigan State Univ., 1973). (*DAI*, 34[1973], 3378A—79A)

Achard, Marcel: *Sophocle et Archimède, pères du roman policier* (Liege, 1960).

—: « Sophocle et Archimède, pères du roman policier », *Nouvelles Littéraires* (3. Nov. 1960).

Adams, Donald (ed.): *The Mystery and Detection Annual* (Beverly Hills, Calif., 1972 ff.).

Adams, J.: "The Detective-Fiction Game", *Overland Monthly* (Aug. (1932).

Adams, J. D.: "Speaking of Books —", *New York Times Book Review* (March 30, 1941).

"The Silver Age: Crime Fiction From Its Heyday Until Now", *Times Literary Supplement* (Feb. 25, 1955), xi.

Alewyn, Richard: „Das Rätsel des Detektivromans", in: *Definitionen*, hrsg. von A. Frisé (Frankfurt, 1963).

—: „Anatomie des Detektivromans", *Die Zeit* (22. Nov. 1968), LIT 10; (29. Nov. 1968), LIT 10. (Vogt, erweiterte Fassung)

Alexandersson, Jan, und Iwan Hedman: *Leslie Charteris & Helgonet under fem decennier* (Strängnäs, 1972).

Allingham, Margery: "Mysterious Fun for Missions of Innocent Escapists", *New York Times Book Review* (June 4, 1950), 3.

Allington, C. A.: [A Discussion of Detectives], in: *Gold and Gaiters* (No. 28), 166—168.

Altenheim, Hans: „Ein Traum von Maigret", *Süddeutsche Zeitung* (11./12. Jan. 1969) (Wochenend-Beilage). (Vogt)

Altick, Richard: *The English Common Reader: A Social History of the Mass Reading Public, 1800—1900* (Chicago, 1957).

—: *Victorian Studies in Scarlet* (New York, 1970).

Alvarez, A.: "The Thin Man", *Spectator* (Feb. 11, 1966), 169—170.

Ambler, Eric: "The Novelist and Films", in: *Crime in Good Company*, ed. by M. Gilbert (London, 1959), 192—209.

"The American Holmes", *Time* (March 21, 1969), 99—100 [über R. Stout].

Améry, Jean: „Das fleißige Leben des Georges Simenon. Diesseits und jenseits von Kommissar Maigret", *Westermanns Monatshefte*, JG. 106, Heft 7 (Juli 1965), 15—20.

Amis, Kingsley: *The James Bond Dossier* (London, 1965).

—: "The New James Bond", *The Observer Colour Magazine* (March 31, 1968), 10—15.

—: "Here Comes a Chopper", *Spectator* (Apr. 8, 1972), 547—548.

—: "Unreal Policemen", in: *What Became of Jane Austen? And Other Questions* (London, 1972), 114—132.

—: "A New James Bond", in: *What Became of Jane Austen? And Other Questions* (London, 1972), 68—81.

Anders, Karl: „Der Kriminalroman. Versuch einer Einordnung", *Bücherei und Bildung*, 5/6 (1952), 509—15.

Andersch, Alfred: „Wie trivial ist der Trivialroman?", *Süddeutsche Zeitung* (13. Nov. 1971).

Anker, Jens: *Kriminalromaner* (København, 1948).

Antonini, Fausto: „Psychoanalyse von 007", in: del Buono/Eco, *Der Fall James Bond*, 145—170.

Armstrong, M. T.: "The Detective Story", *Editor* (May 1906).
Ashbrook, Bernard: „Dürrenmatt's Detective Stories", *Philosophical Journal*, 4 (1967), 17—29.
Ashley, Robert P.: *Wilkie Collins. A Biography* (London, 1952).
—: "Wilkie Collins and the Detective Story", *Nineteenth Century Fiction*, VI (June 1951), 47—60.
Auden, W. H.: "The Guilty Vicarage: Notes on the Detective Story, by an Addict", *Harper's Magazine*, 196 (May 1948), 406—12.
August, Erdmut: „Dramaturgie des Kriminalstückes. Untersuchung zur Intellektualisierung theatralischer Vorgänge am Beispiel einer neu ausgebildeten Gattung" (Diss.: Berlin, 1966).
Aydelotte, William O.: "The Detective Story as a Historical Source", *Yale Review*, 39 (1949/50), 77—95.
Aylmer, Felix: *The Drood Case* (London, 1964).
Bär, Martin H.: „Die Detektivgeschichten auf dem deutschen Büchermarkt", in: *Der deutsche Buchhandel*, Nr. 138 (Frankfurt a. M. 1963).
B. F.: „Ein Balzac unserer Tage: Das Wunder Simenon. Zwischen Literatur und Gebrauchsliteratur", *Der Monat*, 106 (Juli 1957).
Baker, Richard M.: *The Drood Murder Case: Five Studies in Dickens' "Edwin Drood"* (Berkeley—London, 1951).
Ball, John (ed.): *The Mystery Story* (Del Mar [California], 1977).
Ballet, René: « Structures du roman policier: une parodie des rapports équivoques », *La Pensée*, 135 (Oct. 1967), 165—174.
Barbato, Andrea: „Das Glaubwürdige und das Unglaubwürdige in den Filmen von 007", in: del Buono/Eco, *Der Fall James Bond*, 185 bis 200.
Baring-Gould, William S.: *Sherlock Holmes of Baker Street: A Biography of the World's First Consulting Detective* (New York, 1962).
—: *The Annotated Sherlock Holmes* (New York, 1967), 2 Bde.
—: *Nero Wolfe of West Thirty-fifth Street* (New York, 1969).
—: "Meditations of the Literature of Spying", *American Scholar*, 34 (1965), 167—178.
—: "Two Doctors and a Detective: Sir Arthur Conan Doyle, John H. Watson, M. D., and Mr. Sherlock Holmes of Baker Street", in: *The Annotated Sherlock Holmes*, 2 vols. (New York, 1967), I, 1—109.
Bark, Joachim: „Trivialliteratur — Überlegungen zur gegenwärtigen Diskussion", *Sprache im technischen Zeitalter*, 41 (1972), 52—65.
Barzun, Jacques: *A Birthday Tribute to Rex Stout* (New York, 1965).
—, und W. Taylor: *A Catalogue of Crime* (New York, 1971).
—: "The World's Second Detective", *Ellery Queen Mystery Magazine* (Nov. 1956).
—: "Detection in Extremis", in: *Crime in Good Company*, ed. by Michael Gilbert (London, 1959), 134—145.

Barzun, Jacques: "A Briefbag of Felonies", *The American Scholar* (Autumn 1962).

—: "The Book, the Bibliographer, and the Absence of Mind", *The American Scholar* (Winter 1969).

—: "A Note on the Inadequacy of Poe as a Proofreader and of His Editors as French Scholars", *Romanic Review* (Feb. 1970).

Bauer, Rudolf: „Der historische Trivialroman in Deutschland im ausgehenden 18. Jahrhundert" (Diss.: München, 1929).

Baumgartner, A.: „Über Sherlock-Holmes-Literatur", *Schweizerische Rundschau*, 8. 6 (1908), 479 ff.

Baxter, John: *The Gangster Film* (London and New York, 1970).

Beaujean, Marion: *Der Trivialroman in der zweiten Hälfte des 18. Jahrhunderts — Die Ursprünge des modernen Unterhaltungsromans* (Bonn, 1969).

Beaumont, G.: « Le roman policier en 1959 », *Nouvelles Littéraires* (14 Janvier 1960).

Becker, Jens Peter: *Der englische Spionageroman* (München, 1973).

—: *Sherlock Holmes & Co. Essays zur englischen und amerikanischen Detektivliteratur* (München, 1975).

—: „Edgar Allan Poe 'The Gold-Bug'", in: H. Finger (Hg.), *Interpretationen zu Irving, Melville und Poe* (Frankfurt, 1971), 59—73.

—: "'Murder Considered as One of the Fine Arts': Raymond Chandlers Erzählung 'I'll Be Waiting'", *Literatur in Wissenschaft und Unterricht*, 6 (1973), 31—42.

—: "The Mean Streets of Europe. The Influence of the American Hardboiled School on European Detective Fiction", in: C. W. E. Bigsby (ed.), *Superculture. American Popular Culture and Europe* (London, 1975), 152—159.

—: „Die Literatur zum Detektivroman — Ein polemischer Bericht", in: *Sherlock Holmes & Co* (München, 1975), 121—149.

—: „Zum Detektivroman im Unterricht — Nicolas Freelings *Because of the Cats*", *anglistik & englischunterricht*, 2 (1977), 43—59.

Becker, M. L.: "The Readers' Guide", *Saturday Review of Literature* (Nov. 27, 1926; March 25, 1933).

Bedard, Bernard John: "The Thriller Pattern in the Major Novels of Graham Greene", (Unpubl. Doct. Diss.: Univ. of Michigan, 1959) [*DA*, XX (1959), 1179—80].

Beekman, E. M.: "Raymond Chandler & an American Genre", *Massachusetts Review*, 14 (1973), 149—73.

Behre, Frank: *Studies in Agatha Christie's Writings* (Göteborg, 1967).

Bell, H. W.: *Sherlock Holmes and Doctor Watson. A Chronology of Their Adventures* (London, 1932).

— (ed.): *Baker Street Studies* (London, 1934).

Bell, Josephine: "The Criminal Seen by the Doctor. The Psychopathology of Crime", in: *Crime in Good Company*, ed. by M. Gilbert (London, 1959), 27—38.

Benét, S. V.: "Bigger and Better Murders", *Bookman* (May 1926).

Benét, W. R.: "Here's to Crime", *Saturday Review of Literature* (Feb. 18, 1928).

Bengis, Nathan L.: "Sherlock Holmes and the Edwin Drood Mystery", *Baker Street Journal*, V (Jan. 1955), 5—12.

Benjamin, Walter: *Einbahnstraße* (Frankfurt a. M., 1955). (Bibliothek Suhrkamp 27)

Bentley, E. C.: *Those Days* (London, 1940). [Über *Trent's Last Case*: pp. 249—54.]

Bercher, Jean Henri: *Étude médico-légale de l'œuvre de Conan Doyle et de la police scientifique au XXme siècle* (Lyon, 1906).

Berg, H. M.: "Anna Katherine Green", *Reading and Collecting*, II (Jan. 1938), 21.

Bergman, Ted: *Sherlock Holmes. A Bibliography of the Swedish Translations of Dr. John H. Watson's Sherlock Holmes Stories I (1891—1916)* (Stockholm, 1964).

Bergonzi, Bernard: "The Case of Mr. Fleming", *Twentieth Century*, 163 (1958), 220—228.

Bergsveinsson, S.: "Sagan og den haardkogte Roman", *Edda* (1942), 56 bis 62.

Berkeley, Anthony: Vorwort zu: *The Second Shot* (London, 1930).

Berndorff, Hans R.: „Mord und Moral", in: Raymond Chandler, *Erpresser Schießen Nicht* (Frankfurt a. M., 1960).

Beyer, H.: 'Kriminalroman, -novelle', in: *Reallexikon der deutschen Literaturgeschichte* (Berlin, 1929), 143—145.

Bien, Günther: „Abenteuer und verborgene Wahrheit. Gibt es den literarischen Kriminalroman?", *Hochland*, Heft 5 (Juni 1965), 456—66.

—: „Detektivromane im Unterricht", *Der Deutschunterricht*, XX (März 1968), 98—106.

Bierwirth, Gerhard: „Zum Beispiel Jerry Cotton: Trivialliteratur als Chance der Literaturwissenschaft", *Zeitschrift für Linguistik und Literatur*, 6 (1972), 95—104.

Bigsby, C. W. E. (ed.): *Superculture. American Popular Culture and Europe* (London, 1975).

Birkhead, Edith: *The Tale of Horror* (London, 1921).

Birman, Dorrit: „Die Entwicklung der Detektivgeschichte in der englischen Literatur" (Diss. [Masch.]: Wien, 1949).

Bjerke, André: *Store Detektiver* (Oslo, 1972).

Blair, Walter: "Dashiell Hammett: Themes and Techniques", in: Clarence Gohdes (ed.), *Essays on American Literature in Honor of Jay B.*

Hubbell (Durham, 1967), 295—306. (deutsch: „D. H.: Motive und Erzählstrukturen“, in: Vogt, I, 147—164)

Blake, Nicholas: Introduction to *Murder For Pleasure: The Life and Times of the Detective Story* (London, 1942), xv—xxvii.

—: “The Detective Story — Why?” in: Howard Haycraft (ed.), *The Art of the Mystery Story* (New York, 1946).

Blakeney, T. S.: *Sherlock Holmes. Fact or Fiction?* (London, 1932).

Bloch, Ernst: „Die Form der Detektivgeschichte und die Philosophie“, *Neue Rundschau,* 71, Heft 4 (1960); wiederabgedruckt als „Philosophische Ansicht des Detektivromans“ in: E. Bloch, *Verfremdungen* I (Frankfurt a. M., 1961), 37—63. (Vogt)

Blumenberg, Hans C.: „Der Mord ist keine Kunst mehr. Neue Literatur über Kriminalromane“, *Die Zeit* (6. April 1973), 28.

—: „Ross MacDonald und seine Kriminalromane. Die Stimme Kaliforniens. Ein Detektiv auf der Suche nach den verlorenen Vätern“, *Die Zeit* (1. April 1977), 10.

Bodensieck, Heinrich: „Dürrenmatts Detektivgeschichte. Ihr literarischer Wert und die Möglichkeiten ihrer Behandlung im Deutschunterricht“, *Die Pädagogische Provinz,* 17 (1963), 385—96.

Böckel, Fritz: „Kriminalgeschichten“, *Monatsschrift für Kriminalpsychologie und Strafrechtsreform,* 11 (1914—1918), 503—512.

Bödker, Laurits: „Trivialliteratur“, *Vindrosen,* 15 vi (1968), 8—16.

Boileau, Pierre, und Thomas Narcejac: *Le roman policier* (Paris, 1964). Deutsch: *Der Detektivroman* (Neuwied und Berlin, 1967).

Bolesch, Cornelia: „Den Brüdern auf der Spur: Chester Himes zeichnet in seinen Krimis das schwarze Amerika“, *Spandauer Volksblatt* (6. Januar 1974).

Boll, Ernest: “The Manuscript of ‘The Murders in the Rue Morgue’ and Poe’s Revisions”, *Modern Philology,* 40 (1942—43), 302—315.

For Bond Lovers Only (New York, 1965).

Bond, Mary Wickham: *How 007 Got His Name* (London, 1966).

Bond, Raymond T. (ed.): “Introductory Essay on Poisons and Poisonings”, in: *Handbook For Poisoners* (New York, 1951).

Bonnefoy, Yves: « Le publique populaire est privé de légende », *Arts 908* (20 Mars 1963), 3.

Booth, Michael: *English Melodrama* (London, 1965).

Borde, Raymond/Étienne Chaumeton: *Panorama du Film Noir Américain, 1941—1953* (Paris, 1955).

Bornemann, Ernest: “Black Mask”, *GO* (Feb.—March 1952).

Bott, Francois: « Une interview de Chester Himes », *Adam* (novembre 1964).

Boucher, Anthony (ed.): *Four & Twenty Bloodhounds: Short Stories Plus Biographies of Fictional Detectives — Amateur and Professional,*

Public and Private — Created by the Members of the Mystery Writers of America (London—New York, 1951).
—: *Ellery Queen. A Double Profile* (Boston, 1951).
—: *Multiplying Villainies. Selected Mystery Criticism 1942—1968* (Boucheron, 1973).
—: "The Ethics of the Mystery Novel", *Tricolor* (Oct. 1944).
—: "Trojan Horse Opera", in: Haycraft, *The Art of the Mystery Story,* 245—249.
—: "Chills from Murderer's Row", *New York Times Book Review* (June 11, 1950), 26.
—: "Crime on the Main Stem", *New York Times Book Review* (June 6, 1954), 3.
—: "There Was No Mystery in What the Crime Editor Was After", *Ellery Queen Mystery Magazine* (June 1961).
—: "There's a spy between the covers", *New York Times Book Review* (June 7, 1964), 7, 24.
—: "Criminals at Large", *New York Times Book Review* (Feb. 1965), 43.
—: "When will the spy go back into the cold?" *New York Times Book Review* (June 6, 1965), 4, 45—46.
Boyd, Ann S.: *The Devil with James Bond* (London, 1967).
The Boys in the Black Mask. Catalogue from an exhibit in the University of California Library (Los Angeles, 1961).
Bragin, Charles: *Bibliography: Dime Novels 1860—1964* (Brooklyn, 1964).
Bramah, Ernest: "Father Brown", *G. K.'s Weekly* (Oct. 8, 1936).
Braun, Hans Martin: „Die Anfänge der amerikanischen Kriminalerzählung: Die Romane und Kurzgeschichten von Carrol John Daly und Dashiell Hammett" (Diss.: Regensburg, 1976).
Brean, Herbert (ed.): *The Mystery Writer's Handbook* (New York, 1956).
Brecht, Bert: „Glossen über Kriminalromane", in: *Schriften zur Literatur und Kunst,* Bd. 1 (Frankfurt, 1967), 31—33.
—: „Kehren wir zu den Kriminalromanen zurück!", in: *Gesammelte Werke,* Bd. 18 (Frankfurt a. M., 1967), 28—31.
—: Über den Kriminalroman", in: *Gesammelte Werke,* Bd. 19, 457 bis 458.
—: „Über die Popularität des Kriminalromans", in: *Schriften zur Literatur und Kunst,* Bd. 2 (Frankfurt a. M., 1969), 450—457. (Vogt)
Breen, John L.: *The Girl in the Pictorial Wrapper* (Index of paper-backs 1953—1970) (California State College, 1970).
Brend, Gavin: *My Dear Holmes. A Study in Sherlock* (London, 1951).
Brett, Dennis T.: *Crime Detection. A reader's guide* (Cambridge, 1959).
Brice, Alec W./K. J. Fielding: "On Murder and Detection: New Articles by Dickens", *Dickens Studies,* V (May 1969), 45—61.

Brimmell, R. A. und Charles: *Rare Books: Detective Fiction — A Century of Crime* (London o. J.).
Briney, Robert E., und Francis M. Nevins: *Multiplying Villainies. Selected Mystery Criticism* (Massachusetts, 1973).
Broberg, Jan: *Mord för ro skull* (Malmö, 1964).
—: *Mordisk familjebok* (Uddevalla, 1972).
— (ed.): *Meningar om mord* (Stockholm, 1968).
—: *Spionen i spegeln* (Staffanstorp, 1973).
—(ed.): *Ord om mord. Svenska deckarförfattare och kritiker diskuterar* (Halmstad, 1974).
—: *Lilla deckarguiden* (Falkenberg, 1975).
—: *Korsförhör — 12 deckarförfattere i vittnesbåset* (Halmstad, 1976).
—: *Mord i minne. 12 kapitel om deckare och deckare författere* (Uddevalla, 1976).
—: "Mord i minne", *Bokvännen,* 23 (1968), 198—201.
Brock-Sulzer, Elisabeth: *Friedrich Dürrenmatt. Stationen seines Werkes* (Zürich, 1964 [1960]). (Zum Detektivroman S. 199—207.)
Brodersen, Jan: „Kriminalromane", *Hannoverscher Kurier,* 117/118 (1923).
Broich, Ulrich: „Der ‚entfesselte' Detektivroman", in: *Gattungen des modernen englischen Romans* (Wiesbaden, 1975), 17—56.
Brooks, J. A. R.: *Murder in Fact and Fiction* (London, 1925).
Brophy, Brigid: "Detective Fiction: A Modern Myth of Violence?", *Hudson Review,* XIX (Spring 1965), 11—30.
Brosnan, John: *James Bond in the Cinema* (London, 1972).
Brown, Ivor: *Conan Doyle* (London, 1972).
Brown, Richard Maxwell: "The American Vigilante Tradition", in: Hugh Davis Graham and Ted Robert Gurr (eds.), *Violence in America: Historical and Comparative Prespectives; a Report to the National Commission on the Causes and Prevention of Violence* (New York, 1969), 144—93.
Browne, Nelson: *Sheridan Le Fanu* (London, 1951). (English Novelists Series)
Bruccoli, Matthew J.: *Raymond Chandler. A Checklist* (Kent [Ohio], 1968).
— (ed.): *Chandler Before Marlowe* (Columbia, 1973).
Bry, Karl Christian: „Verbrecherschwarten", *Literarisches Echo,* 25 (1922), 687 ff.
Buch, Hans Christoph: „James Bond oder der Kleinbürger in Waffen", *Der Monat,* XVII (1965), Heft 203, 39—44.
—: „James Bond — Innenansicht eines Publikumshelden", in: *Kritische Wälder* (Hamburg, 1972), 9—28.
Buchan, John: *Memory Hold-The-Door* (London, 1940).

Buchloh, Paul G., und Jens P. Becker (Hrsg.): *Der Detektiverzählung auf der Spur. Essays zur Form und Wertung der englischen Detektivliteratur* (Darmstadt, 1977).

Buchloh, Paul G.: „Entwicklungstendenzen des modernen Detektivromans in England und Amerika", *Blätter für Erwachsenenbildung in Schleswig-Holstein,* Heft 45/46 (1961), 26—41.

—: „Religiöse Fragestellungen in der englischen und amerikanischen Detektiverzählung?", *Konvent Kirchlicher Mitarbeiter,* VII, 8 (1961), 181—186.

—: „Die Enkel des Mr. Holmes. Detektivgeschichte und ‚Krimi' kehren in die Literatur zurück", *Die Welt* (8. Jan. 1966).

—: „Der amerikanische Detektivroman als Literatur", *Christiana Albertina,* 13 (Dez. 1972).

—: „Edgar Allan Poe: 'The Murders in the Rue Morgue'", in: Karl H. Göller und Gerhard Hoffmann (Hrsg.), *Die amerikanische Kurzgeschichte* (Düsseldorf, 1972), 94—102.

—: „Kniffe der Krimischreiber", *Kieler Nachrichten* (8. Juni 1974), 5.

Buchloh, Paul G., und Jens P. Becker: „Gilbert Keith Chesterton 'The Blue Cross'", in: Karl Heinz Göller und Gerhard Hoffmann (Hrsg.) *Die englische Kurzgeschichte* (Düsseldorf, 1973), 109—116.

Büchler, Karl: *Die ästhetische Bedeutung der Spannung* (Diss.: Heidelberg, 1908).

Bürger, Peter: „Zeit als Struktur und Schicksal. Versuch über einen Roman von Michel Butor", *Die Neueren Sprachen,* 62 (1963), 269—275.

Burack, A. S.: *The Writer's Handbook* (Boston, 1944).

—: *Writing detective and mystery fiction* (Boston, 1945).

Buranelli, Vincent: *Edgar Allan Poe* (New York, [4]1962), 80—86: "The Detective Story".

Burger, H. O. (Hrsg.): *Studien zur Trivialliteratur* (Frankfurt a. M., 1968).

Burleson, James B.: "A Study of the Novels of Dorothy L. Sayers", (Unpubl. Doct. Diss.: Univ. of Texas, 1965) [*DA*, XXVI (1965), 2204].

Butler, William Vivian: *The Durable Desperados* (London, 1973).

Butt, Wolfgang: „Kriminalbeamte als Durchschnittsmenschen. Ein Kriminalroman besonderer Art aus Schweden", *Frankfurter Rundschau* (21. Mai 1973). (über Sjöwall/Wahlöö)

—: „Der Wohlfahrtsstaat und seine Mörder. Zum 'Roman über ein Verbrechen' von Maj Sjöwall und Per Wahlöö", in: Detlef Brennecke (Hrsg.), *Aspekte der skandinavischen Gegenwartsliteratur* (Heidelberg, 1978).

Buxbaum, Edith: „Detektivgeschichten und ihre Rolle in einer Kinderanalyse", *Zeitschrift für psychoanalytische Pädagogik* X (1936), 113—121.

C., A.: "Crime in Current Literature", *Westminster Review* (April 1897), 429 ff.

Caillois, Roger: *Le roman policier* (Paris, 1941).
Cain, James M.: Preface to *Three of a Kind* (New York, 1944).
Cambiaire, C. P.: *The Influence of Edgar Allan Poe in France* (New York, 1927).
Carling, Björn: *Norsk Kriminallitteratur Gjennom 150 År* (Oslo, 1976).
Carr, John Dickson: *The Life of Sir Arthur Conan Doyle* (New York, 1949).
—: *The Grandest Game in the World* (New York, 1963).
—: "Sir Arthur Conan Coyle", *Times Literary Supplement* (1947), 337.
—: "With Colt and Luger", *New York Times Book Review* (Sept. 24, 1950; Nov. 9, 1950).
Carroll, Jon: "Ross MacDonald in Raw California", *Esquire,* 67 (1972), 148—49, 188.
Carter, Hannah: "Crime Pays", *The Guardian* (March 22, 1972) [über Ngaio Marsh].
[John Carter?]: *Detective Fiction: A Collection of First and a Few Early Editions* (New York, 1934).
Carter, John: "Detective Fiction", in: *New Paths in Book Collecting* (London, 1934).
—: *Collecting Detective Fiction* (London, 1938).
—: "Collecting Detective Fiction", in: Howard Haycraft (ed.) *The Art of the Mystery Story* (New York, 1946).
"Nick Carter and the Professor; or, Solving a Scientific Problem", in: *Nick Carter, Detective: The Adventures of Fiction's Most Celebrated Detective* (New York, 1963), 268—320.
Casey, R. J.: "Oh, England! Full of Sin: As Discovered by a Chronic Reader of English Detective and Mystery Stories", *Scribner's Magazine* (April 1937).
Cawelti, John G.: *Adventure, Mystery, and Romance. Formula Stories as Art and Popular Culture* (Chicago and London, 1976).
—: "The Spillane Phenomenon", *Journal of Popular Culture,* III (1969), 9—22.
—: "Recent Trends in the Study of Popular Culture", *American Studies,* X, 2 (Winter 1971), 23—37.
Cawkwell, Tim, and John M. Smith: *The World Encyclopedia of Film* (London, 1972).
Chaissing, H.: *De Zadig au rififi ou le roman policier* (Montpellier, 1959).
Chandler, F. W.: *The Literature of Roguery* (Boston, 1907).
Chandler, Raymond: "The Simple Art of Murder", *Saturday Review* (April 15, 1950), 13—14. (dt. bei Vogt)
Chastaing, M.: « Le Roman Policier et Vérité », *Journal de Psychologie* (April—June 1938).

Chelminski, Rudolph: "The Hard-bitten Old Pro Who Wrote 'Cotton'", *Life*, 9 (Aug. 28, 1970), 60—61.

—: "'Cotton' Cashes in", *Life*, 9 (Aug. 28, 1970), 59.

Chesterton, Cecil: "Art and the Detective", *Temple Bar* (Oct., 1906).

Chesterton, Gilbert Keith: *Autobiography* (London, 1936).

—: "A Defence of Detective Stories", in: *The Defendant* (London, 1901).

—: „Verteidigung von Detektivgeschichten (A Defence of Detective Stories)", in: G. K. Ch., *Verteidigung des Unsinns, der Demut, des Schundromans und anderer mißachteter Dinge (The Defendant)* (Leipzig, 1917), 83—89. (überarbeitet bei Vogt)

—: Introduction to Capes' *The Skeleton Key* (No. 420) (London, 1919).

—: "The Domesticity of Detectives", in: *The Uses of Diversity* (London, 1920).

—: Preface to Walter S. Masterman's *The Wrong Letter* (New York, 1926).

—: "On Detective Novels", in: *Generally Speaking* (London, 1928).

—: "On Detective Story Writers", in: *Come to think of it* (London, 1930).

—: "Sherlock Holmes", in: *A Handful of Authors* (London, 1953).

Cheyney, Peter: *How I Write My Novels* (London, 1948).

Chimera. Special issue on detective fiction, *Chimera*, V, 4 (New York 1947).

Christopher, J. R.: "Poe and the Detective Story", *Armchair Detective*, 2 i (1968), 49—51.

Christie, Agatha: *An Autobiography* (London, 1977).

"Chronicle and Comment" [on detective stories, pp. 106—107], *Bookman* (Oct. 1900).

Clipper, Lawrence: "Crime and Criminals in the Novels of Charles Dickens", (Unpubl. Doct. Diss.: Univ. of North Carolina, 1963) [*DA*, XXIV (1963), 2474—75].

Clurman, Robert: Introduction to *Nick Carter, Detective: The Adventures of Fiction's Most Celebrated Detective* (New York, 1963), 7—14.

Clutton-Brock, Alan: "T. S. Eliot and Conan Doyle", *Times Literary Supplement* (1951), 37.

Cockburn, Claude: *Bestseller. The Books that Everyone Read 1900—1939* (London, 1972).

Cohen, Morton N.: *Rider Haggard: His Life and Work* (London, 1968).

Colbron, G. I.: "The Detective Story in Germany and Scandinavia", *Bookman* (Dec. 1909).

Collins, H.: "Your Literary I. Q.: Famous Detectives", *Saturday Review of Literature* (Nov. 25, 1939; June 29, 1940).

—: "Stooges for Fictional Detectives", *Saturday Review of Literature* (Jan. 25, 1941).

Collins, Philip: *Dickens and Crime* (London, ²1965).
Colombo, Furio: „Bonds Frauen“, in: del Buono/Eco, *Der Fall James Bond*, 120—144.
Colum, Pádraic: Introduction to Poe's *Tales of Mystery and Imagination* (New York, 1966).
Connolly, Cyril: "The Private Eye: *The Raymond Chandler Omnibus*", *The Sunday Times* (July 23, 1953).
—: "Bond Strikes Camp", in: *Previous Convictions* (London, 1963).
Conrad, Horst: *Die literarische Angst. Das Schreckliche in Schauerromantik und Detektivgeschichte* (Düsseldorf, 1974).
Cook, Bruce: "007: The Gentleman in Decline", *Catholic World*, CCIII (1966), 169—74.
Cooke, Alistair: "Epitaph For a Tough Guy", *Atlantic* (May 1957), 31—35.
Cowley, Malcolm: "Sex Murder Incorporated", *New Republic* (Feb. 11, 1952), 17—18.
Crass, Wolfgang: „Untersuchungen zur Entwicklung, Struktur und Funktion des englischen 'Action Thrillers'“, (Diss.: Marburg, 1976).
Creasey, John: "John Creasey — Fact or Fiction?", *The Armchair Detective* (1968).
"Crime and the Reader", *Nation* (Feb. 13, 1908).
"Crime, Detection and Society", *Times Literary Supplement* (June 23, 1961), I—XII.
"Crime in Fiction", *Blackwood's Edinburgh Magazine*, CXLVIII (1890), 172—189.
"Crime should be Credible", *Saturday Review* (Oct. 8, 1932).
The Crime Writer. The Journal of the Crime Writer's Association (London, 1954).
"Criminal Romance", *Saturday Review*, 68 (1889), 12 f.
Crispin, Edmund (ed.): *Best Detective Stories* (London, 1959).
Crossen, Ken: "There's Murder in the Air", in: H. Haycraft (ed.), *The Art of the Mystery Story* (New York, 1946).
Cummings, J. C.: "Detective Stories", *Bookman* (Jan. 1910).
Cushing, C. P.: "Who Reads These Mystery Yarns?", *Independent* (April 9, 1927).
Dahnke, Walter: *Kriminalroman und Wirklichkeit* (Hamburg, 1958).
Dahrendorf, Malte: „Der Kriminalroman als didaktisches Problem“, *Sprache im technischen Zeitaler*, 44 (1972), 310—314.
Daiber, Hans, und Peter Fischer: „Der Kriminalroman — Entwicklungen, Aspekte“, *Merkur*, 23 (1969), 846—866.
Dane, C.: "The Best Detective Story in the World", *Bookman* (Oct. 1932).
Daniel, Robert: "Poe's Detective God", *Furioso*, VI (Summer 1951), 45—54.

Daniell, David: *The Interpreter's House. A Critical Assessment of the Work of John Buchan* (London, 1975).

Davis, Brian: *The Thriller. The Suspense Film From 1946* (London, 1973).

Davis, Curtis C.: "The Figure Behind the Landscape: The Emergence of the Secret Agent in British Belles-Lettres", *Southern Humanities Review*, I (1967), 223—35.

Davis, David B.: *Homicide in American Fiction: A Study in Social Values 1798—1860* (Ithaca, N. Y., 1957).

Davis, Nuel Pharr: *The Life of Wilkie Collins* (Urbana, Ill., 1956).

Degn, Per: *Blodige Fotspor. Litt om eldre utenlandsk kriminallitteratur* (Oslo, 1943).

Deitmer, Sabine: „Der Detektivroman und sein literarischer Wert. Versuch zur Neubewertung einer Gattung", *anglistik & englischunterricht* 2 (1977), 27—41.

del Buono, Oreste, und Umberto Eco (Hrsg.): *Der Fall James Bond. 007 — ein Phänomen unserer Zeit* (München, 1966).

del Buono, Oreste: „Von Vidocq bis Bond", in: del Buono/Eco, *Der Fall James Bond*, 37—67.

Dennis, Nigel: "Genteel Queen of Crime", *Life Magazine* (May 14, 1956), 87—102.

Depken, Friedrich: *Sherlock Holmes, Raffles und ihre Vorbilder. Ein Beitrag zur Entwicklungsgeschichte und Technik der Kriminalerzählung* (Heidelberg, 1914). (= Anglistische Forschungen, Heft 41)

De Quincey, Thomas: "On Murder Considered as One of The Fine Arts", *Blackwood's Magazine* (Feb. 1827 und Nov. 1839).

Derleth, August: *Praed Street Papers* (New York, 1965).

de Vries, Paulus H.: "Poe and After. The Detective-Story Investigated", (Diss.: Amsterdam, 1956).

[Detection Club]: *The Anatomy of Murder. Famous Crimes Critically Considered by Members of the Detection Club* (London, 1936).

"Detectives", *Saturday Review*, 46 (1878), 780 f.

"Detectives", *Times Literary Supplement* (1926), 529—30.

"Detective Fiction", *Saturday Review*, 62 (1886), 749 f.

"Detective Fiction": A collection of first and early editions. Catalogue from the Scribner Bookstore (New York, 1934).

"Detective Fiction", *Times Literary Supplement* (Feb. 25, 1955), I—XII.

"Detective Stories", *Atlantic Monthly* (April, 1898).

"Detectiveness in Fiction", *Nation* (Aug. 15, 1912).

De Vecchi Rocca, L.: « Apoteosi e decadenza del romanzo poliziesco d'azione », *Nuova Antologia*, 506 (1969), 532—40 [über Hammett und Chandler].

de Waal, R. B.: *The World Bibliography of Sherlock Holmes and Dr.*

Watson: A Classified and Annotated List of Material Relating to Their Lives and Adventures (New York, 1974).

de Waal, R. B.: "A Bibliography of Sherlockian Bibliographies", *American Book Collector*, XX (1969), 13—18.

—: "A Bibliography of Sherlockian Bibliographies and Periodicals", *Papers of the Bibliographical Society of America,* 64 (1970), 339—54.

Dexter, Walter: *Some Rogues and Vagabonds of Dickens* (London, 1927).

Dingeldey, Erika: „Wer ist der Schuldige? Aspekte der Frau im amerikanischen Kriminalroman", *Frankfurter Rundschau* (1. 11. 1969). (bei Vogt erweiterte Fassung)

— „Drei ‚klassische' Kriminalromane — didaktische Beispiele für den Unterricht über Trivialliteratur", *Sprache im technischen Zeitalter,* 44 (1972), 314—322.

—: „Erkenntnis über Vergnügen? Vorwiegend didaktische Überlegungen zum Kriminalroman im Unterricht", *Diskussion Deutsch,* 9 (Aug. 1972), 266—274.

—: „Der Kriminalroman im Deutschunterricht", in: Heinz Ide (Hrsg.), *Projekt Deutschunterricht 5. Massenmedien und Trivialliteratur* (Stuttgart, 1973), 156—176.

Disher, M. Wilson: *Melodrama. Plots that Thrilled the World* (London, 1954).

Diskin, Patrick: "Poe, Le Fanu and the Sealed Room Mystery", *Notes and Queries,* XIII (Sept. 1966), 46—58.

Dodd, M. E.: "The Crime Club", *Saturday Review of Literature* (April 28, 1928).

Dolmetsch, Carl Richard: "The Writer in America. The Strange Case of 'S. S. Van Dine'", in: H. Helmcke, K. Lubbers, R. Schmidt-v. Bardeleben (Hrsg.), *Literatur und Sprache der Vereinigten Staaten. Aufsätze zu Ehren von Hans Galinsky* (Heidelberg, 1969), 153—164.

Donaldson, Norman: *In Search of Dr. Thorndyke. The Story of R. Austin Freeman's Great Scientific Investigator and His Creator* (Bowling Green, Ohio, 1971).

—: "R. Austin Freeman", *The Armchair Detective* (Jan. 1968).

Donner, Wolf: „Amerikas rüde Herrenklubs. Eine Retrospektive im österreichischen Filmmuseum als Lehrstück über das Trivialkino", *Die Zeit* (12. April 1974), 20.

Donovan, Frank P.: "Mystery Rides the Rails", *The Armchair Detective* (July 1968, Oct. 1968, Jan. 1969, Apr. 1969).

Doyle, Adrian Conan: *The True Conan Doyle* (London, 1945).

Doyle, Arthur Conan: *Through the Magic Door* (London, 1907).

—: *Memories and Adventures* (Boston—London, 1924).

Drescher, Horst, und Bernd Kahrmann: *The Contemporary English Novel. An Annotated Bibliography of Secondary Sources* (Frankfurt a. M., 1973).

Dubeux, A.: « Le roman policier », *Revue des deux Mondes,* XVI (1959), 689—99.

Dubourg, Maurice: "Maigret and Co: The Detectives of the Simenon Agency", *The Armchair Detective* (Jan. 1971).

Duffy, Martha: "Martin Beck Passes", *Time* (August 11, 1975), 48—50. (über Sjöwall/Wahlöö)

Dupuy, Josée: *Le Roman Policier* (Paris, 1974).

Durham, Philip: *The Boys in the Black Mask. An Exhibit in the UCLA Library* (Los Angeles, 1961).

—: *Down these Mean Streets a Man Must Go: Raymond Chandler's Knight* (Chapel Hill, 1963 [mit Bibliographie]).

—: "The Black Mask School", in: David Madden (ed.), *Tough Guy Writers of the Thirties* (Carbondale and Edwardsville, 1968, 51 bis 79.

Dworak, Anselm: „Der Kriminalroman der DDR", (Diss.: Marburg, 1974).

Easton, Robert: *Max Brand. The Big Westerner* (Univ. of Oklahoma Press, 1970).

Eckert, Otto: „Der Kriminalroman als Gattung", *Bücherei und Bildung,* 8 (1951), 679—681.

Eco, Umberto: „Die erzählerischen Strukturen in Flemings Werk", in: del Buono/Eco, *Der Fall James Bond,* 68—119. (Vogt)

Edenbaum, Robert I.: "The Poetics of the Private-Eye: The Novels of Dashiell Hammett", in: David Madden (ed.), *Tough Guy Writers of the Thirties* (Carbondale, 1968), 80—103.

Edgar, G.: "The Unromantic Detective", *Outlook* (Dec. 3, 1910); same *Living Age* (Dec. 24, 1910).

Edwards, Oliver: "Masonry", *The Times* (Aug. 2, 1956), 11 [über E. S. Gardner].

Egloff, Gerd: *Detektivroman und englisches Bürgertum. Konstruktionsschema und Gesellschaftsbild bei Agatha Christie* (Düsseldorf, 1974).

Eisenbeiß, Ulrich: „Friedrich Dürrenmatts Roman *Der Richter und sein Henker* auf Sekundarstufe I", *Der Deutschunterricht,* 28 (1976), 3—21.

Ehing, Maria: „Der französische Kriminalroman und einer seiner hervorragendsten Vertreter: Georges Simenon", *Das Buch,* II Nr. IX (1950), 5.

Eickhorst, W.: "The Modern German Criminal Story", *Arizona Quarterly,* XVI (1960), 245—59.

Eis, Gerhard: „Über die Namen im Kriminalroman der Gegenwart", *Neophilologus,* 49 (1965), 307—331.

Elgström, Jörgen/Aake Runnquist: *Svensk mordbok. Den svenska detektivromanens historia 1900—1950* (Stockholm, 1957).

Elgström, Jörgen/Tage La Cour/Aake Runnquist: *Mord i biblioteket* (Stockholm, 1961; Kopenhagen, 1965).

Eliot, T. S.: Einleitung zu: Wilkie Collins, *The Moonstone* (Oxford, 1928).

—: "Wilkie Collins and Dickens", in: *Selected Essays 1917—1932* (New York, 1932).

Ellin, Stanley: "The Crime Short Story. An American View", in: *Crime in Good Company*, ed. by Michael Gilbert (London, 1959), 163—177.

Elliot, George P.: "Country Full of Blondes", *Nation* (April 23, 1960).

Ellis, H. F.: "No Murders at Andermatt?", *Punch* (Nov. 23, 1955).

Ellis, S. M.: *Wilkie Collins, Le Fanu, and Others* (London, 1931).

Elwin, M.: "The Psychology of the Thriller", *Saturday Review* (Aug. 26, 1933).

Englisch, Paul: 'Kriminalroman', in: *Handwörterbuch der Kriminologie*, Bd. 2 (Berlin—Leipzig, 1936), 1 ff.

Epstein, H.: *Der Detektivroman der Unterschicht* (Frankfurt a. M., 1929).

Erné, Nino: "'Whodunnit' oder Die Olive im Martini. Ein Plädoyer für den Kriminalroman", *Die Welt der Literatur*, XVI (5. Aug. 1965).

Everson, William K.: *The Bad Guys. A Pictorial History of the Movie Villain* (New York, 1964).

—: *The Detective in Film* (Secaucus, N. J., 1972).

Fabritius, Rudolf Matthias: „Das Bild des 'gentleman' in G. K. Chestertons Detektivgeschichte 'The Queer Feet'", *Die Neueren Sprachen*, XIV (1965), 376—381.

Fairlie, Gerard: *With Prejudice* (London, 1952).

Falk, Norbert: „Der Vater der Detektivgeschichte", *Berliner Morgenpost* (19. 1. 1909) [über E. A. Poe].

Fallois, Bernard de: *Simenon* (Paris, 1961).

Fehr, Bernhard: „Der Roman *Aufruhr in Oxford* von Dorothy L. Sayers", in: *Von Englands geistigen Beständen* (Frauenfeld, 1944), 193—195.

Fehse, Willi: „Das literarische Denkspiel mit dem Verbrechen", *Die Waage*, 2 (1961—1962), 246—251.

Feldhaus, Bernd, und Jürgen Böhmer: „G-Man Jerry Cotton. Untersuchung eines Kriminalromans durch eine Schulklasse", *Der Deutschunterricht*, 20 (1968), 107—112.

Felmy, K. A.: „Der Krimi", *Wege zum Menschen*, 16 (1964), 168—176.

Ferri, Enrico: *Les criminels dans l'art et la littérature* (Paris, 1897).

—: „Das Verbrechertum im modernen Roman", *Die Neue Zeit*, XVIII, Bd. 2 (1900), 444, 476, 508, 542.

Fevers, Hans: „Geheimnisse des Alltags. Der amerikanische Kriminalroman", *Sonntagsblatt*, 17 (1949), 6.

Fiedler, Leslie A.: *Love and Death in the American Novel* (London, 1970).

Finch, G. A.: "Marlowe's Long Goodbye", *The Armchair Detective*, 6 (1972), 7—11.

Finckh, Eckhard (Hrsg.): *Theorie des Kriminalromans* (Stuttgart, 1974).

—: *Kriminalgeschichten* (Stuttgart, 1974). (Reclams Arbeitstexte für den Unterricht)

Finke, Edmund: „Über den Kriminalroman", *Die Literatur*, 41 (1939), 333 ff.

Flake, Otto: „Kriminalroman", *Hamburger Nachrichten* (19. 9. 1908).

Fleming, Ian: "Raymond Chandler", *London Magazine*, VI (Dec. 1959), 43—54.

Flint, R. W.: "A Cato of Cruelties", *Partisan Review*, XIV (May—June 1947), 328—330 [über R. Chandler].

Folland, Harold F.: "The Doer and the Deed: Theme and Pattern in Barnaby Rudge", *Publications of the Modern Language Association*, 64 (1959), 406—17.

Foltin, Hans Friedrich: „Die minderwertige Prosaliteratur", *Deutsche Vierteljahrsschrift*, 39 (1965), 288—323.

Forbes, A. P. (ed.): *Essays for Discussion* (New York, 1931).

Ford, C.: *The John Riddell Murder Case: A Philo Vance Parody* (New York, 1930).

Ford, F. M.: *The March of Literature* (New York, 1938), 831—33.

Fosca, François: *Histoire et technique du roman policier* (Paris, 1937).

Freeman, R. A.: *Dr. Thorndyke's Crime File* (New York, 1941).

—: "The Art of the Detective Story", in: H. Haycraft (ed.), *The Art of the Mystery Story* (New York, 1946), 14 ff.

Frenzel, Elisabeth: 'Kriminalgeschichte', in: *Reallexikon der Literaturgeschichte* (Berlin, ²1958), s. v.

Friedmann, Fritz: *Verbrechen und Krankheit im Roman und auf der Bühne* (Berlin, 1889).

Fritz, G.: „Kriminalromane", *Bücherei und Bildungspflege*, 11 (1931), 81—88.

Fritz, Kathlyn Ann: "Patterns of Homicide in Detective Novels", (Unpubl. doctoral dissertation, University of Yale, 1975).

Frohock, W. M.: *The Novel of Violence in America, 1920—1950* (Dallas, ²1957).

Fürst, Rudolf: „Kriminalromane", *Vossische Zeitung* (30. 5. 1907).

—: „Kriminalromantik", *Literarisches Echo*, IX (1908), 607 ff.

Furbank, P. N.: "The Twentieth-Century Best-Seller", in: *The Pelican Guide to English Literature. Vol. 7: The Modern Age* (Harmondsworth, 1969), 429—441.

"Emile Gaboriau, 1835—1873. The Detective Novelist's Dilemma", *Times Literary Supplement* (1935), 677—78.

Gagliardi, E.: „Verbrechen und Wahnsinn im Drama und im modernen Roman", *Der Türmer*, 1. Bd. 2 (1899), 74 ff.

Gant, Richard: *Ian Fleming. The Man With the Golden Pen* (London, 1966).

Gardiner, Dorothy/Katherine Walker (eds.): *Raymond Chandler Speaking* (London, 1962). Neuauflage: London, 1973.

Gardner, Erle Stanley: "Getting Away With Murder", *Ellery Queen Mystery Magazine* (Nov. 1965).

Garrison, Joseph M.: "The Function of Terror in the Work of Edgar Allan Poe", *American Quarterly*, XVIII (Summer 1966), 136—50.

Garrod, H. W.: "Thrillers", in: *The Study of Good Letters* (Oxford, 1963), S. 164—176.

Garte, Hansjörg: *Kunstform Schauerroman. Morphologische Begriffsbestimmung des Sensationsromans im 18. Jahrhundert, von Walpoles 'Castle of Otranto' bis Jean Pauls 'Titan'* (Leipzig, 1935).

Gast, Wolfgang: „Zum politischen Wirkungspotential der Fernsehunterhaltung. Probleme der Aussagenanalyse von Unterhaltungsserien am Beispiel der Serie ‚Der Kommissar'", *Diskussion Deutsch*, 14 (1973), 301—319.

Gebers Kriminalnyheter, Årgang 1—6 (1950—1955).

Geppert/Ruß: *Krimis im Deutschunterricht? Arbeitsanregungen für den Sprach- und Literaturunterricht in der Sekundarstufe II* (Frankfurt a. M.: Hirschgraben, 1975).

Gerber, Richard: „Verbrechensdichtung und Kriminalroman", *Neue Deutsche Hefte*, 3 (1966), 101—117. (Revidierte Fassung in Vogt)

Gerhardt, Mia I.: "'Homicide West': Some Observations on the Nero Wolfe Stories of Rex Stout", *English Studies*, 49 (1968), 101—27.

Germershausen, Alvin: "Detectives of Darkness", in: *Haunted: Studies in Gothic Fiction* (Los Angeles, 1968), 79—81.

Gerould, K. F.: "Men, women, and thrillers", *Yale Review*, 19 (1929/30), 689—701.

Gerteis, Walter: *Detektive — Ihre Geschichte im Leben und in der Literatur* (München, 1953).

Gide, André: "American Writing Today: An Imaginary Interview", *The New Republic* (Feb. 7, 1964).

Gilbert, Elliot L.: "The Detective as Metaphor in the Nineteenth Century", *Journal of Popular Culture*, 1 (1967), 256—62.

—: *The World of Mystery Fiction* (San Diego, 1978).

Gilbert, Michael (ed.): *Crime in Good Company* (London, 1959).

—: "The Moment of Violence", in: *Crime in Good Company*, ed. by M. Gilbert (London, 1959), 105—125.

—: Introduction to *Best Detective Stories of Cyril Hare* (London, 1959).

Gillis, William: "Dürrenmatt and the Detectives", *German Quarterly*, 35 (1962), 71—74.

Girvan, Waveney (ed.): *Eden Phillpotts* (London, 1953).

Göller, K. H.: „Das Weltbild des englischen und amerikanischen Kriminalromans", *Regensburger Universitätszeitung* (März 1971), 2—7.

—: „Doyle: 'The Speckled Band'", in: Göller, K. H., und Gerhard Hoffmann (Hrsg.), *Die englische Kurzgeschichte* (Düsseldorf, 1973), 70 bis 79.

Goldman, William: "The First Detective Novels Ever Written in America", *New York Times Book Review* (June 1, 1969), 1—2.

Goulart, Ron (ed.): *The Hardboiled Dicks: An Anthology and Study of Pulp Detective Fiction* (Los Angeles, 1965).

—: *Cheap Thrills* (New Rochelle, N. Y., 1972).

Gow, Gordon: *Suspense in the Cinema* (New York, 1968).

Gragg, Sam Jr.: "Ross Macdonald: At the Edge", *Journal of Popular Culture*, VII (1973), 213—22.

Gran, Øyulv: *Svindler-Syndikatet* (Oslo, 1972).

Graves, Robert: "After a Century, Will Anyone Care Whodunit?", *New York Times Book Review* (Aug. 25, 1957).

Graves, Robert, and Alan Hodge: *The Long Week-end* (Harmondsworth, 1971).

Grazebrook, O. F.: *Studies in Sherlock Holmes 1—6* (Worcester, 1950 bis 1951).

Grebstein, Sheldon Norman: "Hemingway and His Hardboiled Children", in: Madden, *Tough Guy Writers*, 18—41.

Green, Benny: "The Legend of St. Marlowe", *Punch* (Nov. 14, 1973), 760—761.

Green, Martin: "The Detection of a Snob. On Lord Peter Wimsey", *Listener*, LXIX (March 14, 1963), 471, 464.

Green, Roger L.: *A. E. W. Mason* (London, 1952).

Greene, Graham: *Collected Essays* (Harmondsworth, 1970).

Greene, Graham/Dorothy Glover: *Victorian Detective Fiction. A Catalogue of the Collection Made by Dorothy Glover and Graham Greene* (London, 1966).

Greene, Hugh: Preface to *The Rivals of Sherlock Holmes* (London, 1970).

—: Preface to *More Rivals of Sherlock Holmes* (London, 1971).

—: Preface to *The Crooked Counties* (London, 1973).

Gregor, Ulrich, und Enno Patalas: *Geschichte des modernen Films* (Gütersloh, o. J.).

Greifeneder, H.: „Zur Literatur des ‚perfekten' Mordes", *Wort und Wahrheit*, 5 (1950), 348—355.

Greiner, Martin: *Die Entstehung der modernen Unterhaltungsliteratur. Studien zum Trivialroman des 18. Jahrhunderts* (Reinbek, 1964).

Grella, George: "James Bond: Culture Hero", *New Republic*, CL (May 30, 1964), 17—20.

—: "The Literature of the Thriller: A Critical Study" (Unpubl. Doct. Diss.: Univ. of Kansas, 1968) [*DA*, 28 (1968), 4629 A—30 A].

—: "The Gangster Novel: The Urban Pastoral", in: D. Madden (ed.), *Tough Guy Writers of the Thirties* (Carbondale, 1968), 186—98.

—: "Murder and the Mean Streets: The Hard-Boiled Detective Novel", *Contempora* 1 (1970), 6—15.

—: "Thrillers, Chillers and Killers", *Rochester Review* 32, iii (1970), 11—15.

Gribbin, Lenore S.: *Who's Whodunit* (Chapel Hill, 1969).

Gross, Miriam (ed.), *The World of Raymond Chandler* (London, 1977).

Gruber, Frank: *The Pulp Jungle* (Los Angeles, 1967).

Grunenberg, Nina: „Der Hinterhof läßt grüßen: Krimis zeigen wie das Leben spielt", *Die Zeit* (21. Sept. 1973) (über Sjöwall/Wahlöö).

Günther, Helmut: „Der Kriminalroman und die Zivilisation", *Die Literatur*, 43 (1941), 489—493.

—: „Der Kriminalroman und die angelsächsischen Länder", *Zeitschrift für den neusprachlichen Unterricht*, 40 (1941).

—: „Zivilisation und Kriminalroman", *Welt und Wort*, 3 (1948), 377—381.

Haas, Willy: „Die Theologie im Kriminalroman. Ein paar Notizen über Edgar Wallace und die Kriminalliteratur überhaupt", *Die literarische Welt*, 26 (1929), 5 ff. (Vogt)

—: „'Mysteries'. Von den Anfängen des Kriminalromans", *imprimatur*, NF 2 (1958—60), 184—190. (Vogt)

Hagen, Ordean A.: *Who Done It? A Guide to Detective, Mystery and Suspense Fiction* (New York-London, 1969) [Bibliographie S. 604 bis 619].

Haining, Peter (ed.): *The Sherlock Holmes Scrapbook* (London, 1973).

Hall, Trevor H.: *Sherlock Holmes. Ten Literary Studies* (London, 1969).

—: *The Late Mr. Sherlock Holmes, and other Literary Studies* (London, 1971).

Hamblen, Abigail A.: "The Inheritance of the Meek: Two Novels by Agatha Christie and Henry James", *Discourse*, 12 (1968), 409—13.

Hamilton, K. M.: "Murder and Morality: An Interpretation of Detective Fiction", *Dalhousie Review*, XXXIII (Summer 1953), 102—108.

Hammett, Dashiell: "The Benson Murder Case", *Saturday Review of Literature* (Jan. 15, 1927).

—: "From the Memoirs of a Private Detective", in: H. Haycraft (ed.), *The Art of the Mystery Story* (New York, 1946), 417 ff.

Handke, Peter: „Die privaten Weltkriege der Patricia Highsmith", *Das Tintenfaß* (Zürich, 1975), 291—299.

Hankiss, Jean: *Littérature populaire et le roman policier* (Paris, 1928).

Hardwick, Michael/Mollie Hardwick: *The Sherlock Holmes Companion* (London, 1962).
—: *The Man Who Was Sherlock Holmes* (London, 1964).
—: *The Private Life of Sherlock Holmes* (London, 1970).
Hardy, A. E. G.: "... Émile Gaboriau", *National Review* (July 1884).
Hare, Cyril: "The Classic Form", in: *Crime in Good Company*, ed. by Michael Gilbert (London, 1959), 55—84.
Harmon, Jim: *The Great Radio Heroes* (New York, 1967).
Harper, Ralph: *The World of the Thriller* (Cleveland, 1969).
Harrison, Michael: *Peter Cheyney* (London, 1954).
—: *In the Footsteps of Sherlock Holmes* (New York, 1960, revised edition: London, 1971).
—: *The World of Sherlock Holmes* (London, 1973).
Hart, James D.: *The Popular Book: A History of America's Literary Taste* (New York, 1950).
Harwood, H. C.: "The Detective Story", *Outlook* (Jan. 1, 1927).
—: "Holiday Homicide", *Saturday Review* (Aug. 17, 1929).
Haslinger, Adolf: „Friedrich Schiller und die Kriminalliteratur", *Sprachkunst*, 2 (1971), 173—187.
Hawkins, John: "Poe's 'The Murders in The Rue Morgue'", *Explicator*, XXIII (1964/1965), No. 49.
Haycraft, Howard: *Murder for Pleasure. The Life and Times of the Detective Story* (New York, 1942, revised edition: 1968).
— (ed.): *The Art of the Mystery Story* (New York, 1946).
—: "From Poe to Hammett: A Foundation List of Detective Fiction", *Wilson Library Bulletin* (Feb. 1938).
—: "Dictators, Democrats, and Detectives", *Saturday Review of Literature* (Oct. 7, 1939).
—: "Evolution of the Whodunit in the Years of World War II", *New York Times Book Review* (Aug. 12, 1945).
—: "The Burgeoning Whodunit", *New York Times Book Review* (Oct. 6, 1946),
—: "State of the Mystery", *Publisher's Weekly*, 152 (1947), 2315.
Haycraft, Howard, and Ellery Queen: "The Haycraft-Queen Definite Library of Detective Fiction", *Ellery Queen Mystery Magazine* (Oct. 1951).
Haycraft, Howard: "Poe's 'Purloined Letter'", *Papers of the Bibliographical Society of America*, 56 (1962), 468—487.
Hays, H. R.: "A Defense of the Thriller", *Partisan Review*, XII (Winter 1945), 135—37.
Hedman, Iwan: *Leslie Charteris och Helgonet under 5 decennier* (Strängnäs, 1973).
—: *Deckare och Thrillers På Svenska 1864—1973* (Strängnäs, 1974).

Hedman, Iwan, und Jan Alexandersson: *Fyra decennier med Dennis Wheatley* (Strängnäs, 1973).

Hegemann, W.: „Der historische Schicksals- und Detektivroman", *Die Neue Rundschau*, (1932), 260—271.

Heidenfeld, W.: „Der vieldimensionale Krimi", *Der Monat*, 14 (1961/62), 94—96.

Heilbrun, Carolyn (G.): "Sayers, Lord Peter, and God", *American Scholar* (Spring 1968).

Heindl, Robert: „Der Kriminalroman", *Allgemeine Zeitung* (6. 3. 1909), 227 f.

Heissenbüttel, H.: „Spielregeln des Kriminalromans", in: G. Schmidt-Henkel u. a. (Hrsg.), *Trivialliteratur* (Berlin, 1964). (Vogt)

—: „Eric Ambler oder Die kühle Kunst des Killens", *Das Tintenfaß* (Zürich, 1975), 283—290.

Heldman, James: "Wilkie Collins and the Sensation Novel" (Unpubl. Doct. Diss.: Univ. of North Carolina, 1968) [*DA*, 28 (1968), 3637 A bis 3638 A].

Hellman, Lillian: Einleitung zu: Dashiell Hammett, *The Big Knockover and Other Stories* (Harmondsworth, 1969).

Helmer, William J.: "Mobsters in the Movies", *Playboy* (June 1974), 182—183.

Henriksen, A. D.: *221B Baker Street. Sherlock Holmes' privatliv* (København, 1949).

— (ed.): *Sherlock Holmes årbog* (København, 1965).

Henriksen, Morten, und Jan Sand Sörensen: "Ideologi og genre. Om Maj Sjöwall og Per Wahlöös kriminalromaner", *Kritik*, 37 (1976), 109 bis 137.

"The Hero of the Code", *Time* (July 14, 1961).

Hertenstein, Walter: "Ambling with Ambler", *Das Tintenfaß* (1976), 249—262.

Higgins, George V.: "The Private Eye as Illegal Hero", *Esquire*, 68 (1972), 348—351.

Higham, Charles: *The Adventures of Conan Doyle* (New York, 1976).

Higham, Charles, and Joel Greenberg: *Hollywood in the Forties* (London/New York, 1968).

Highsmith, Patricia: *Plotting and Writing Suspense Fiction* (London, 1966).

Himes, Chester: *The Quality of Hurt. The Autobiography of Chester Himes. Vol. I* (New York, 1972).

Hochkeppel, Willy: „Gespräche mit Chester Himes, dem amerikanischen Krimi-Autor", *Süddeutsche Zeitung* (21./22. August 1971).

—: „Harlem-Blues. Die schwarzen Thriller des Chester Himes", Manuskript der Sendung des Bayerischen Rundfunks (26. Sept. 1971).

Hogarth, B.: *Writing Thrillers for Profit* (London, 1936).
Hollstein, Walter: „Die Detektivtypen im Kriminalroman", *Weltwoche*, 36 (1968), Nr. 1787, 37.
Holmes, Sherlock (pseud.): *The Mystery of Edwin Drood* (London, 1905).
Holroyd, James Edward: *Baker Street Byways* (London, 1959).
— (ed.): *Seventeen Steps to 221 B* (London, 1967).
Horan, James D./Howard Swigett: *The Pinkerton Story* (New York, 1951).
Horan, James D.: *The Pinkertons: The Detective Dynasty That Made History* (New York, 1967).
Hornung, Peter: „Von Sherlock Holmes zu Ellery Queen. Wandlungen des modernen Kriminalromans", *Das Ganze Deutschland*, VII, Nr. 34 (1955), 5.
Hottinger, Mary: Vorworte zu: *Mord. Angelsächsische Kriminalgeschichten* (Zürich, 1959); *Mehr Morde. Neue Kriminalgeschichten aus England und Amerika* (Zürich, 1961); *Noch Mehr Morde. Neue Kriminalgeschichten aus England und Amerika* (Zürich, 1963).
—: „Ehrenrettung des Kriminalromans", *Der neue Vertrieb*, 15 (1963), 398—404.
Houghton, S. G./Olson, U. G. (eds.): *The Writer's Handbook* (Boston, 1936).
Houseman, John: "Lost Fortnight: 'The Blue Dahlia' and How It Grew Out of Raymond Chandler's Alcoholic Dash for a Deadline", *Harper's Magazine*, CCXXXI (1965), 55—61.
Houston, Penelope: "The Private Eye", *Sight & Sound*, (Summer 1956).
Hoveyda, Féreydoun: *Petite histoire du roman policier* (Paris, 1957).
Howard, Leon: "Raymond Chandler's Not-So-Great Gatsby", *Mystery and Detection Annual* (1973), 1—15.
Howarth, Patrick: *Play Up and Play the Game. The Heroes of Popular Fiction* (London, 1973).
Hrastnik, Franz: „Das Verbrechen macht sich doch bezahlt", *Der Monat*, XV, Heft 155 (1961), 77—83.
Hubin, Allen J. (ed.): *The Armchair Detective* (Del Mar, Cal., 1968 ff.).
Hubin, Allen J.: "Additions, Corrections, and Alternations to Ordean Hagen's *Who Done It?*", *The Armchair Detective* (Oct. 1969 ff.).
Hurd, C. O.: "The Logic of the Murders in the Rue Morgue", *Harvard Monthly*, 1, 7.
Hutchinson, H. G.: "Detective Fiction", *Quarterly Review* (July 1929).
Hyatt, R.: "Who Done it? Detectives in Fiction", *Wilson Library Bulletin* (June 1940).
Hyder, C. K.: "Wilkie Collins and *The Woman in White*", *Publications of the Modern Language Association*, 54 (1939).
Innes, Michael: Einleitung zu: Dickens, *Edwin Drood* (London, 1950).

Ivy, Randolph: "The Victorian Sensation Novel: A Study in Formula Fiction" (Unpubl. Doct. Diss.: Chicago, 1974).

Jackson, H.: *About Edwin Drood* (Cambridge, 1911).

Jackson, Joseph Henry (ed.): *The Portable Murder Book* (New York, 1945).

Jahn, Günter: *Die Detektivgeschichte im Unterricht* (Karlsruhe, 1971). (Lehrerheft zu *Detektivgeschichten*; Textheft: Sayers, Kemelman)

James, Louis: *Fiction for the Working Man* (Harmondsworth, 1974).

Jameson, F.: "On Raymond Chandler", *Southern Review* VI, 3 (July 1970), 624—650.

Jans, R.: "De Hollandse Detectivroman als Spiegel van een Burgerlijke Geestesgesteldheid", *Handelingen Zuidnederlandse Maatschappij voor Taalen Letterkunde en Geschiedenis*, XVI (1962), 297—314.

Jarrett, C.: "Jane Austen and Detective Stories", *Saturday Review of Literature* (Dec. 7, 1935).

Jelinek, Elfriede: „GULLIVER — Sätze & Gegensätze (Krimi-Tip)", Manuskript der Sendung des Senders Freies Berlin (7. Juli 1973, 1. Programm).

Jennings, E.: "Mystery Story Solution Wanted", *Library Journal* (Oct. 15, 1931).

Jensen, Arne Hall: *Blicher transatlantisk* (København, 1953).

Jerome, V.: "Remembering Dashiell Hammett", *Mainstream* XVI (May 1963), 60—61.

Johnston, Alva: *The Case of Erle Stanley Gardner* (New York, 1947).

Johnston, Charles: Preface to *Oriental Tales*, in: Julian Hawthorne (ed.), *Library of the World's Best Mystery and Detective Stories* (New York, 1908).

—: "The Detective Story's Origin", *Haper's Weekly* (Feb. 12, 1910).

Jolles, André: *Einfache Formen* (Darmstadt, 1958).

Jones, Archie H.: "Cops, Robbers, Heroes and Anti-Heroes: The American Need to Create", *Journal of Popular Culture*, 1 (1967), 114—27.

Jones, LeRoi: "Philistinism and the Negro Writer", in: Herbert Hill (ed.), *Anger and Beyond. The Negro Writer in the United States* (New York, 1966).

Jury Tidskrift för deckarvänner (Bromma, 1972 —).

Just, Klaus Günther: „Edgar Allan Poe und die Folgen", in: K. G. Just, *Übergänge, Probleme und Gestalten der Literatur* (Bern—München, 1966). (Vogt)

Kaemmel, Ernst: „Literatur unterm Tisch. Der Detektivroman und sein gesellschaftlicher Auftrag", *Neue deutsche Literatur*, 10 (1962), 152 bis 156. (Vogt)

Karpf, Stephen L.: "The Gangster Film: Emergence, Variation and Decay of a Genre, 1930—1940" (Unpubl. Doctoral Dissertation, North-western University) [*Dissertation Abstracts International* 30 (1970), 4587 A].

Katzenellenbogen, Felix: „Zur Wertung des Kriminal- und Detektivromans", *Königsberger Hartungsche Zeitung* (31. 12. 1911), Sonntagsbeilage.

Kaul, Friedrich Karl: „Der Kriminalroman gestern und heute", *Neue deutsche Literatur*, 3 (1955), 127—132.

Kavanagh, Mary: *A New Solution of the Mystery of Edwin Drood* (London, 1919).

Keating, H. R. F. (ed.): *Agatha Christie: First Lady of Crime* (London, 1977).

Keddie, James, Jr.: "Freeman Wills Crofts", *The Armchair Detective* (Apr. 1969).

Kehl, M. M.: "A Mystery Story Collection", *Library Journal* (Feb. 1, 1938).

Kellet, E. E.: "Marginal Comments", *Spectator* (Feb. 26, 1937).

Kenny, William Patrick: "The Dashiell Hammett Tradition and The Modern Detective Novel" (Unpubl. Doct. Diss.: Univ. of Michigan, 1964) [*DA*, XXV (1965), 7272].

"Ketch, J.": "Selected Detective Fiction", *Scribner's Magazine* (Dec. 1936).

Keverne, R.: "Detective- and other Mysteries", *Saturday Review*, 158 (1926), 57.

Kiaulehn, Walther: „Die Deutschen und der Kriminalroman", *Welt und Wort*, 18 (1963), 263—264.

Killen, Alice M.: *Le roman 'terrifiant' ou roman 'noir' de Walpole à Ann Radcliffe, et son influence sur la littérature francaise jusqu'en 1840* (Paris, 1923).

Kirnberger, Friedrich: *Elemente der Detektivliteratur in den Werken Graham Greenes* (Diss.: München, 1952).

Kissane, James/John M. Kissane: "Sherlock Holmes and the Ritual of Reason", *Nineteenth-Century Fiction*, XVII, (1963), 353—62.

Kitchin, C. H. B.: "Five Writers in One. The Versatility of Agatha Christie", *Times Literary Supplement* (Feb. 25, 1955), x.

Klein, Albert: *Die Krise des Unterhaltungsromans im 19. Jahrhundert — Ein Beitrag zu Theorie und Geschichte der ästhetisch geringwertigen Literatur* (Bonn, 1969).

Kleye, Werner A.: „Trost bei Sherlock Holmes? Über den Kriminalroman", *Bücherei und Bildung* (1965), 563—564.

Klinefelter, Walter: *Sherlock Holmes in Portrait and Profile* (Syracuse, 1964).

Knobel, Bruno: *Krimifibel* (Solothurn und Stuttgart, 1968).

Knoll, Ernst: „Kulturverfall und Kriminalroman", *Die Kommenden. Zeitschrift für freies Geistesleben*, 17 (1963), 13, 21.

Knox, R. A.: "Studies in the Literature of Sherlock Holmes", in: *Essays in Satire* (London, 1928).
—: "10 Rules for a Good Detective Story", *Publisher's Weekly* (Oct. 5, 1929).
—: Einleitung zu: *The Best Detective Stories of 1928* (London, 1929).
—: 'Mystery Stories' in: *Encyclopaedia Britannica,* [14]1929.
—: "A Detective Story Decalogue", in: H. Haycraft (ed.), *The Art of the Mystery Story* (New York, 1946), 194 ff.
—: "Detective Stories", in: *Literary Distractions* (London—New York, 1958), 180—198.
—: "G. K. Chesterton", in: *Literary Distractions,* 153—169.
—: "Father Brown", in: *Literary Distractions,* 170—179.
Könner, Alfred: „Kriminalroman und Wirklichkeit", *Neue deutsche Literatur,* 2 (1954), 139—148.
Kohl, Stephan: „Mittelalterliche Romanze und moderner Spionageroman — Gemeinsamkeiten von *Guy of Warwick* und Len Deightons *Twinkle, Twinkle, Little Spy*", *anglistik & englischunterricht* 2 (1977), 109—132.
Kracauer, Siegfried: „Der Detektivroman. Ein philosophischer Traktat", in: *Schriften I* (Frankfurt a. M., 1971), 103—204. (Vogt)
Kreuzer, Helmut: „Die Trivialliteratur als Forschungsproblem", *Deutsche Vierteljahrsschrift für Literaturwissenschaft und Geistesgeschichte,* 41 (1967), 173—191.
Krutch, Joseph Wood: "Only A Detective Story", *The Nation,* (Nov. 25, 1944).
Kühnelt, Harro: *Die Bedeutung von Edgar Allan Poe für die englische Literatur* (Innsbruck, 1949), bes. Kapitel IX und X.
Kunitz, S. J.: "Crime of the Century", *Wilson Library Bulletin* (May 1941).
Kunkel, Klaus: „Ein artiger James Bond. Jerry Cotton und der Bastei-Verlag", *Der Monat,* 1 (1966), 61—70. (Vogt)
„Die Kunst des Kriminalromans. Raymond Chandler und das amerikanische Erbe", *Neue Zürcher Zeitung* (24. Juli 1976).
Kvam, Lorentz N.: *Om norsk kriminallitteratur* (Oslo, 1942).
-ky: „Dreizehn Flüche und eine Träne. (Die Unmöglichkeit des Sozio-Krimis in Deutschland oder Über das Elend eines bundesdeutschen Krimimachers bis hin zum kriminalliterarischen Selbstmord)", Diskussionspapier zur VS-Veranstaltung „Die deutschen Schriftsteller und die Spannung" vom 8. bis 10. Oktober 1976 in Regensburg.
Labisch, Wilhelm E.: „Überlebensgroß Arsène Lupin? Maurice Leblancs Kriminalromane erscheinen wieder", *Frankfurter Rundschau* (15. Mai 1971).
Lacassin, Francis, et Gilbert Sigaux (ed.): *Simenon* (Paris, 1973).

La Cour, Tage: *Studier i Rødt. Causerier om kriminallitteratur* (København, 1956).
—: *Mord med moral — og uden* (København, 1963).
—: *Fra Blicher til Mark Tvain* (København, 1968).
La Cour, Tage, und Harald Mogensen: *Mordbogen. Kriminal- og detektivhistorien i billeden og tekst* (København, 1969).
La Cour, Tage: *The Murder Book* (London, 1971).
La Cour, Tage, Harald Mogensen und Else Larsen: *Dansk og Udenlandsk Kriminallitteratur* (København, 1975).
La Cour, Tage: "Ex Bibliotheca Holmesiana: The First Editions of the Writings of Sherlock Holmes", *American Book Collector*, XX (1969), 19—22.
La Farge, Christopher: "Mickey Spillane and His Bloody Hammer", in: Rosenberg/White, *Mass Culture*, 176—185.
Lamont, John: *Arthur Conan Doyle. A Memoir* (London, 1931).
Landrum, Larry N. (ed.): *Dimensions of Detective Fiction* (Bowling Green [Ohio], 1977).
Lane, Margaret: *Edgar Wallace* (London, 1938; revised edition 1964).
Lane, Sheldon (ed.): *For Bond Lovers Only* (London, 1965).
Lang, Andrew: *The Puzzle of Dickens' Last Plot* (London, 1905).
Langbaum, Robert: "Crime in Modern Literature", *American Scholar*, XXVI (Summer 1957), 360—70.
Lange, Günter: „Fachwissenschaftliche und fachdidaktische Überlegungen zum Kriminalroman", *Diskussion Deutsch*, 25 (1975), 495—508.
—: „Kriminalfilmserien im Fernsehen", *Diskussion Deutsch* Heft 38 (Dezember 1977), 607—626.
Langenbucher, Helmut: „Der Teufel spielt Verstecken, oder einiges zur Frage des gegenwärtigen Kriminalromans", *Die Buchbesprechung*, III, 2 (1939).
Langenbucher, Wolfgang: *Der aktuelle Unterhaltungsroman — Beiträge zur Geschichte der Theorie der massenhaft verbreiteten Literatur* (Bonn, 1964).
Lauritzen, Henry: *Min Kaere Watson* (Silkeborg, 1954).
—: *Sherlock Holmes løser Edwin Drood gåden* (Silkeborg, 1964).
—: *Mr. Sherlock Holmes* (Alborg, 1968).
—: *Mesterdetektiver under lup* (Alborg, 1970).
—: *Vittige Wodehouse og Hans Vidunder Verden* (Silkeborg, 1972).
—: *Conan Doyle og Napoleon* (Silkeborg, 1973).
La Vallo, Frank: "The Case of the Deathless Detective", *Texas Quarterly*, 11, II (1968), 180—99.
Leacock, S.: "The Irreducible Detective Story", *Golden Book* (May 1932).
—: "Twenty Cents' Worth of Murder", in: *Too Much College* (New York, 1940).

Leavis, Q. D.: *Fiction and the Reading Public* (London, 1932 [²1965]), 50 ff.

Lejeune, Anthony: "The Secret of Agatha Christie", *Spectator* (September 19, 1970), 294.

Lemmonier, L.: « Edgar Poe et les Origines du Roman Policier en France », *Mercure de France* (15. Oct. 1935).

Leonard, John: "Ross Macdonald, His Lew Archer and Other Secret Selves", *New York Times Book Review* (June 1, 1969), 2, 19.

"Letter to the Reader", in: *Hammett Homicides* (New York, 1946).

Lewis, C. Day (= Nicholas Blake): *The Buried Day* (London, 1960).

Lichtenstein, Alfred: *Der Kriminalroman. Eine literarische und forensisch-medizinische Studie mit Anhang: Sherlock Holmes zum Fall Hau* (München, 1908).

Lid, R. W.: "Philip Marlowe Speaking", *Kenyon Review*, 31 (1969), 153—78.

Lilli, Laura: „James Bond und die Kritik", in: del Buono/Eco, *Der Fall James Bond*, 201—232.

Lindemann, Heinrich: „Verbrechertypen in der modernen Literatur", *Deutsche Juristenzeitung* (1925), Sp. 558.

Lindsay, Philip: *The Haunted Man. A Portrait of Edgar Allan Poe* (London, 1953).

Lingeman, Richard R.: „Wie man sie unterscheidet: Sam Spade von Philip Marlowe von Lew Archer", *Das Tintenfaß* (Zürich, 1976), 224—230.

Locard, Edmond: *La Criminalistique, à l'Usage des Gens du Monde et des Manual Auteurs de Romans Policiers* (Lyon, 1937).

—: *Policiers de roman et policiers de laboratoire* (Paris, 1924).

Loesch, Katharine: "A Dangerous Criminal Still at Large", *Notes and Queries*, VI (Jan. 1959) 8—9.

Lofts, W. O. G./Derek Adley: *The British Bibliography of Edgar Wallace* (London, 1969).

—: *The Men Behind Boy's Fiction* (London, 1970).

—: *The Saint and Leslie Charteris* (London, 1970).

Lötscher, Hugo: „Requiem auf den Kriminalroman?", *Deutschunterricht*, 18 (1958), 102—105.

"Looking Backward: Detective Stories", *Literary Review* (Nov. 24, 1923).

Lotter, Wolfgang: "Crime and Detection in Fact and Fiction", *Praxis des neusprachlichen Unterrichts*, 21 (1974), 315—319.

Love and Death. A Study in Censorship (Breaking Point, N. Y., 1949).

Loveman, A.: "Clearing House: Some Scientific Detective Stories That Are Scientific", *Saturday Review of Literature* (July 13, 1935).

Lowndes, Robert A. W.: "The Contributions of Edgar Allan Poe", in: Francis M. Nevins (ed.), *The Mystery Writer's Art* (Bowling Green, 1970), 1—18.

Lubbock, Samuel Gurney: *A Memoir of Montague Rhodes James. Bibliography on the Writings by A. F. Scholfield* (Cambridge, 1939).

Ludlam, H.: *A Bibliography of Dracula. The Life Story of Bram Stoker* (London, 1962).

Ludwig, Albert: „Sherlock Holmes und seine Ahnen", Sonntagsbeilage Nr. 32 zur *Vossischen Zeitung* Nr. 374 (1906).

—: „Der Detektiv", *Das Literarische Echo,* XXI (1918/19), 194 ff.

—: „Die Kriminaldichtung und ihre Träger", *Germanisch-Romanische Monatsschrift,* XVIII, 3/4 (1930).

Ludwig, Hans-Werner: „Der Ich-Erzähler im englisch-amerikanischen Detektiv- und Kriminalroman", *Deutsche Vierteljahrsschrift,* 45 (1971), 434—450.

Lundin, Bo: *Mordets enkla konst. Stencil för tvåbetygsseminarium* (Lund, 1965).

—: *Salongsbödlarna och andra bettaktelser på temat värderingar i populärlitteraturen* (Lund, 1971).

—: "Sherlock Holmes som forskningsobjekt", *Studiekamraten,* 51 (1969), 110—112.

„Die Lust am Kriminalroman. Das Für und Wider eines weltweiten Phänomens", *Stuttgarter Zeitung* (Wochenendausgaben Juli—Sept. 1961).

Lyall, Gavin: "The Worst of Raymond Chandler", *Punch* (October 3, 1973), 477.

Lynch, Judge: "The 1945 Crime Round-Up", *Saturday Review of Literature,* XXXIV (1945), 56.

Lysander, Per: "Sjöwall/Wahlöö och den svenska kulturindustrien", *Ord och bild,* 2 (1976).

McArthur, Colin: *Underworld USA* (London, 1972).

McCarthy, M.: "Murder and Karl Marx: Class-Conscious Detective Stories", *Nation* (March 25, 1936).

McCleary, G. F.: *On Detective Fiction and Other Things* (London, 1960).

McCloy, H.: "Writing and Selling Mysteries", *Writer,* 60 (1947), 136 bis 38.

McCloy, H., and Brett Halliday (eds.): *20 Great Tales of Murder,* Preface by Bayard Kendrick (New York, 1951).

MacDonald, Ross: *On Crime Writing* (Santa Barbara, 1973).

—: Foreword to *Archer in Hollywood* (New York, 1967), vii—ix.

—: "A Preface to *The Galton Case*", in: Thomas McCormack (ed.) *Afterwords: Novelists on Their Novels* (New York, 1969), 146—159.

—: "Cain x 3", *New York Times Book Review* (March 2, 1969).

—: Foreword to *Archer at Large* (New York, 1970), vii—xi.

—: „Der Schriftsteller als Detektiv-Held", Vorwort zu R. M., *Sämtliche Detektiv-Stories* (Zürich, 1976).

—: „Die Arbeit am *Fall Galton*", *Das Tintenfaß* (1976), 231—246.

MacDonell, A. G.: "The Present Convention of the Mystery Story", *London Mercury* (Dec. 1930).

McElroy, C. F.: "The Cliché of the Mystery Writers", *Saturday Review of Literature* (Jan. 13, 1940).

McGill, V. J.: "Henry James: Master Detective", *Bookman* (Nov. 1930).

Macgowan, K. (ed.): *Sleuths: Twenty-Three Great Detectives of Fiction and Their Best Stories* (New York, 1931).

McInnes, Graham: "Elementary, My Dear Watson", *University of Toronto Quarterly* (1974), 411—419.

McKelway, St. Claire: *True Tales from the Annals of Crime and Rascality* (New York, 1951).

MacKenzie, Compton: "The Man Behind Sherlock Holmes", in: *On Moral Courage* (London, 1962).

MacLaren-Ross, J.: "Chandler and Hammett", *London Magazine,* III (1964), 70—79.

McShane, Frank: *The Life of Raymond Chandler* (New York, 1976).

Madden, Cecil (ed.): *Meet the Detective* (London, 1935).

Madden, David (ed.): *Tough Guy Writers of the Thirties* (Carbondale, 1968).

Mademoiselle. Special Mystery Issue (July, 1964).

Males, U. Harold: Vorwort zu Doyle, *The Adventures of Sherlock Holmes* (New York, 1966).

Malin, Irving: "The Metaphysical Falcon", in: Madden, *Tough Guy Writers,* 104—109.

Mallison, Vernon: "The Detective Novel", *Revue des Langues Vivantes,* XII (1946), 232—36.

Marcel, G.: « Romans Policiers », *L'Europe Nouvelle* (1er Oct. 1932).

Margolies, Edward: *Native Sons. A Critical Study of Twentieth-Century Negro American Authors* (Philadelphia/New York, 1969).

—: "The Thrillers of Chester Himes", *Studies in Black Literature* I, 2 (1970), 1—11.

Marjasch, Sonja: *Der Amerikanische Bestseller* (Bern, 1946).

"Marlowe's Victim", *Times Literary Supplement* (March 23, 1962), 200 [über Raymond Chandler].

Marquart, Alfred: „Chester Himes: Blind mit einer Pistole", (Rez.) Sendung des Süddeutschen Rundfunks vom 19. 8. 1973, 1. Programm.

Marsch, Edgar: *Die Kriminalerzählung. Theorie — Geschichte — Analyse* (München, 1972).

Marsh, Ngaio: *Black Beech and Honeydew. An Autobiography* (London, 1966).

Marshall, Margaret: "Alkali Dust in Your Eyes", *American Scholar* (Autumn, 1968).

Mason, A. E. W.: "Detective Novels", *Nation & Athenaeum* (Feb. 7, 1925).
Mason, V. W.: "The Detective Story", in: Houghton, S. G., and U. G. Olson (eds.), *The Writer's Handbook* (Boston, 1936).
"The Master of Agent 007", *Life* (September 24, 1962).
Masur, H. O.: "That Mystery Novel", *Writer*, 63 (1950), 7—10.
Matthews, Brander: "Poe and the Detective Story", *Scribner's Magazine*, 42 (1907), 287 ff.
Matthews, Christopher: "Guilty of Concealing Criminals", *Daily Telegraph Magazine* (January 4, 1974), 41—46.
Maugham, Somerset: "Give Me a Murder", *The Saturday Evening Post* (Dec. 28, 1940).
—: Preface to *Ashenden; or, The British Agent* (New York, 1941).
—: "The Decline and Fall of the Detective Story", in: S. Maugham, *The Vagrant Mood* (London, 1952).
Mauriac, François: « Romans policiers », *Figaro Littéraire* (29 Août 1959).
Maurice, A. Bartlett: "The Detective in Fiction", *Bookman* (April 15, 1902), 446.
Maus, Isidore: *Les criminels dans l'art et la littérature* (Bruxelles, 1898).
McCormick, D.: *Who's Who in Spy Fiction* (London, 1977).
Meet the Detective [by several English writers] (London, 1935).
"Meet Sam Spade", Preface to *A Man Called Spade* (New York, 1944).
Melgaard, Jørgen, und Leif Ole Sørensen (eds.): *Forbrydere detektiver og agenter* (København, 1967).
Melin, Lars: "Fader Browns kristen-kriminologiska manifest", *Credo*, 46 (1965), 216—220.
Merry, Bruce: *Anatomy of the Spy Thriller* (Dublin, 1977).
Messac, Régis: *Le 'Detective Novel' et l'Influence de la Pensée Scientifique* (Paris, 1929).
Micha, René: « Les Paroissiens de Chester Himes », *Les Temps Modernes* 20 (1965), 1507—23.
Mierow, C. C.: "Through Seas of Blood", *Sewanee Review* (Jan. 1933).
Millar, A. M.: "The Detective in Literature", *Humberside* (Oct. 1938).
Millar, Kenneth: Introduction to Kenneth Millar/Ross Macdonald, *A Checklist*, ed. by Matthew Bruccoli (Detroit, 1971), xi—xvii.
Miller, Robert H.: "The Publication of Raymond Chandler's 'The Long Goodbye'", *Papers of the Bibliographical Society of America*, LXIII (1969), 279—90.
Milley, H. J. W.: "*The Eustace Diamonds* and *The Moonstone*", *Studies in Philology*, 36 (1939).
Milne, A. A.: *By Way of Introduction* (London, 1929).
Mochrie, M.: "They Make Crime Pay", *Delineator* (Feb. 1937).

Mölk, U.: „Vom Detektivroman zum Nouveau Roman — Versuch über Alain Robbe-Grillets *Les Gommes*“, *Gießener Universitätsblätter*, 1 (1968), 40—51.

Möllerström, Sten, und Gunnar Unger (eds.): *Writers* (East San Diego, Calif., 1936).

Mogensen, Harald: “Lidt om kriminalromanens politiske holdning”, in: Mogensen, LaCour, Larsen, *Dansk og udenlandsk kriminallitteratur* (Kopenhagen, 1975), 54—68.

Mooney, Joan M.: “The American Detective Story: A Study in Popular Fiction” (Unpubl. Doct. Diss.: Univ. of Minnesota, 1968), [*DA* 29, 1968, 2680 A—81 A].

—: “Best Selling American Detective Fiction”, *The Armchair Detective* (Jan. 1970 ff.).

Moore, John Robert: “Poe, Scott and ‘The Murders in the Rue Morgue’”, *American Literature*, VIII (1936/37), 52—58.

Moore, Roger: *Roger Moore as James Bond 007* (London, 1973).

Morand, Paul: « Réflexions sur le roman policier », *Revue de Paris*, I, IV (1934).

—: Préface à *Lord Peter devant le cadavre* (London, 1934).

—: « Le détective, paladin moderne », *Conferencia* (1er Juillet 1939).

Mord Som Hobby. Specialnummer av tidskriften *OBS*, 2 (1955).

Morin, E.: « Le roman policier dans l’imaginaire moderne », *La Nef*, XVI, 31 (Oct. 1959).

Morland, Nigel: *How To Write Detective Novels* (London, 1936).

—: *Current Crime: Reviews the Books Worth Reading* (Sussex, 1973).

Morley, Christopher: “Granules From an Hour Glass”, *Saturday Review of Literature* (March 10, 1928).

—: “In Memorian: Sherlock Holmes”, *Saturday Review of Literature* (Aug. 2, 1930), 1.

—: “Mystery-Detective Story of an Earlier Vintage”, *Saturday Review of Literature* (Jan. 13, 1940).

Morley, S. G.: “Adjectives and Whodunits”, *Saturday Review of Literature* (May 3, 1941).

Moskowitz, Sam (ed.): *The Man Who Called Himself Poe* (Garden City, N. Y., 1969).

Müller-Ruzika, Karl-Heinz: „Der gesellschaftsfähige Mord“, *Der neue Vertrieb*, 14 (1962), 266.

Müller-Schwefe, Gerhard: „Spielfilm und Fernsehspiel in Hochschule und Schule. Ein Beitrag zur Neuorientierung des Literaturstudiums“, *Literatur in Wissenschaft und Unterricht*, 6 (1973), 52—70.

Muggeridge, Malcolm: “James Bond: The Myth and its Master”, *Observer* (May 30, 1965), 21.

Muller, Frederick: "Baleful of Laughs", *The Times Literary Supplement* (Jan. 20, 1966), 37. (Rez. von *Cotton Comes to Harlem*)

Mundell, E. H.: *Erle Stanley Gardner. A Checklist* (Kent State Univ. Press, 1968).

—: *A List of the Original Appearances of Dashiell Hammett's Magazine Work* (Kent State Univ. Press, 1968).

Murch, A. E.: *The Development of The Detective Novel* (London, 1958; revised edition 1968).

Murder in Albemarle Street. Catalogue from an exhibition of crime books, fact and fiction (London, 1962).

Murder Manual: A Handbook for Mystery Writers (East San Diego, 1936).

"Murder Market", *Time* (Feb. 28, 1938).

Murphy, Agnes G.: *Banditry, Chivalry and Terror in German Fiction, 1790—1830,* (Diss.: Chicago, 1935).

Myers, Robin: *A Dictionary of Literature in the English Language* (London, 1970).

Narcejac, Thomas: *Esthétique du roman policier* (Paris, 1947).

—: *La Fin d'un bluff. Essai sur le roman policier noir américain* (Paris, 1949).

—: *Le Cas Simenon* (Paris, 1950).

—: « Le roman policier », *Histoire des littératures* (1958), 1644—1670.

Naumann, Dietrich: „Kriminalroman und Dichtung", *diskus,* XV (Sept. 1965).

—: „Zur Typologie des Kriminalromans", in: *Studien zur Trivialliteratur,* hrsg. von H. O. Burger (Frankfurt, 1968), 225—241.

—: „Der Kriminalroman. Ein Literaturbericht", *Der Deutschunterricht,* H. 1 (1967).

Nelson, J.: "Judge Lynch of the *Saturday Review's* 'Criminal Record'", *Publisher's Weekly* (Aug. 5, 1939).

Nelson, Raymond: "Domestic Harlem: The Detective Fiction of Chester Himes", *Virginia Quarterly Review,* 48 (1972), 260—276.

Neuburg, Victor E.: *Popular Literature. A History and Guide. From the Beginning of Printing to the Year 1897* (Harmondsworth, 1977).

Nevins, Francis M. (ed.): *The Mystery Writer's Art* (Bowling Green, Ohio, 1970).

—: "Cornell Woolrich", *The Armchair Detective* (Oct. 1968; Jan. & Apr. 1969).

"The New School of Murder Mystery", *Literary Digest* (Sept. 1, 1934).

Nicholas, Constance: "The Murders of Doyle and Eliot", *Modern Language Notes,* LXX (1955), 269—71.

Nicoll, W. Robertson: *The Problem of 'Edwin Drood'* (London, 1912).

Nicolson, Harold: "Marginal Comment", *Spectator* (Mar. 23, 1951).

Nicolson, M.: "The Professor and the Detective", *Atlantic Monthly* (April 1929).

Nielsen, Niels Mors: "Maj Sjöwalls og Per Wahlöös romaner 'om brott'. En genrekritisk undersögelse", in: *Litteratur och samhälle* 10, 7 (Uppsala, 1974).

"The Noble Art of Mystery", *Nation* (Sept. 4, 1927).

Nolan, William F.: *Dashiell Hammett: A Casebook* (Santa Barbara, 1969).

Nordon, Pierre: *Sir Arthur Conan Doyle. L'homme et l'œuvre* (Paris, 1964).

—: Abridged English edition *Conan Doyle* (London, 1966).

Norman, Philip: "Cop Lover", *Sunday Times Magazine* (April 4, 1971), 40—44 [über Ed McBain].

Norton, Charles A.: *Melville Davisson Post. Man of Many Mysteries* (Bowling Green, Ohio, 1973).

Nur für Bond-Freunde (München, 1966).

Nusser, Peter: „Aufklärung durch den Kriminalroman", *Neue Deutsche Hefte,* 18 (1971), 131, 70—90.

Nutz, Walter: *Der Trivialroman. Seine Formen und seine Hersteller. Ein Beitrag zur Literatursoziologie* (Köln, 1962).

Oakes, Philip: "The Man Who Goes Too Fast", *Sunday Times Magazine* (Nov. 9, 1969), 69—71 [über Chester Himes].

—: "The Thriller", *Sunday Times Magazine* (Oct. 18, 1970), 57—65.

O'Connor, John: *Father Brown on Chesterton* (London, 1937).

Odell, Robin: *Jack the Ripper in Fact and Fiction* (London, 1965).

O'Faolain, S.: "Give Us Back Bill Sykes", *Spectator* (Feb. 15, 1935).

Offord, Lenore Glen: "Memoirs of a Mystery Critic", *Ellery Queen Mystery Magazine* (Apr. 1967).

Ollé, James G.: "The Literature on the Detective Story", *The Library World* (July 1960), 11—14.

Olney, Clarke: "The Literacy of Sherlock Holmes", *University of Kansas City Review,* XXII (Spring 1956), 176—80.

O'Neill, D.: "Too Many Murders", *Saturday Review of Literature* (Feb. 11, 1939).

"On Intellectual Thrillers", *Bookman* (March 1933).

Orczy, Baroness Emmuska: *Links in the Chain of Life* (London, 1945).

Orel, Harold: "Raymond Chandler's Last Novel: Some Observations on the 'Private Eye' Tradition", *Journal of the Central Mississippi Valley American Studies Association* (Spring 1961).

O'Riordan, C.: "Vicious Circle", *New Statesman* (June 28, 1930).

Orr, C.: "Miss Clink and Mr. Crump Talk Mysteries", *Publishers' Weekly* (July 20, 1929).

Orwell, George: "Raffles and Miss Blandish", *Horizon* (Oct. 1944), wiederabgedruckt in: *Decline of the English Murder and Other Essays* (Harmondsworth, 1965).

—: "The Ethics of the Detective Story", *Politics* (Nov. 1944).

—: "Decline of the English Murder", *Tribune* (1946) wiederabgedruckt in: *Decline of the English Murder and Other Essays* (Harmondsworth, 1965).

Osborne, E. A.: "Collecting Detective Fiction", *Bookman* (Feb. 1932).

Osborne, Eric (ed.): *Victorian Detective Fiction* (London, 1966).

Ousby, Ian: *Bloodhounds of Heaven. The Detective in English Fiction* (Cambridge [Mass.], 1976).

"Out of the Ordinary. The Novel of Pursuit and Suspense", *Times Literary Supplement* (Feb. 25, 1955), VI.

Overton, Grant (Martin): "The Art of Melville Davisson Post" and "A Great Impersonation" (E. P. Oppenheim), in: *Cargoes for Crusoes* (New York, 1924).

Page, C. H.: "Poe in France", *Nation* (Jan. 14, 1909).

Paging Crime!. A catalogue from an exhibition of current books of crime, fact and fiction. National Book League (London, 1965).

Parinaud, André: *Connaissance de Georges Simenon. 1—3* (Paris, 1957).

Park, Orlando: *Sherlock Holmes, Esq. and John H. Watson, M. D. An encyclopedia of their affairs* (Evanston, 1962).

Parker, Robert Brown: "The Violent Hero, Wilderness Heritage and Urban Reality: A Study of the Private Eye in the Novels of Dashiell Hammett, Raymond Chandler and Ross Macdonald" (Diss.: Boston Univ., 1971).

Partridge, Eric: "A Letter", *The Listener*, 11 (1951), 607—609.

Partridge, Ralph: "Detection and Thrillers", *New Statesman and Nation* (Jan. 9, 1954), 47—48.

"The Passing of the Detective", *The Academy*, 69 (1905), 1356 f.

Paterson, John: "A Cosmic View of the Private Eye", *Saturday Review* (Aug. 22, 1953), 7—8, 31—33.

Paul, Elliot: "Whodunnit", *Atlantic Monthly* (July 1944).

Paulsen, Rudolf: „Wert der spannenden Literatur", *Die Literatur*, 36 (1933/34), 154—155.

Pearce, Charles E.: *Unsolved Murder Mysteries* (London, 1924).

Pearsall, Ronald: *Conan Doyle. A Biographical Solution* (London, 1977).

Pearson, Edmund: "Spring Three One Hundred", *Outlook* (Aug. 3, 1927).

—: *Dime Novels. Or Following an Old Trail in Popular Literature* (Boston, 1929).

—: "Perfect Murder", *Scribner's Magazine* (July 1937).

Pearson, Hesketh: *Conan Doyle. His Life and Art* (London, 1943).

—: *Conan Doyle* (New York, 1961).

Pearson, John: *The Life of Ian Fleming* (London, 1966).

Peck, H. T.: *Studies in Several Literatures* (New York, 1909).
Pendennis: "The Man Who Got 20 Years", *The Observer* (June 29, 1969), 32.
Perron, E. du: *Het sprookje van de misdaad. Dialogen over het detektivverhaal* (Amsterdam, 1939).
Peske, Antoinette/Pierre Marty: *Les terribles* (Paris, 1951).
Pfeiffer, Hans: *Die Mumie im Glassarg. Bemerkungen zur Kriminalliteratur* (Rudolstadt, 1960).
Phillips, Walter C.: *Dickens, Reade and Collins. Sensation Novelists* (New York, 1919).
Philmore, R., and Yudkin, J.: "Inquest on Detective Stories", *Discovery* (April, Sept. 1938).
Plans, J. J.: "Historia de la novela policiaca", *Cuadernos Hispanoamericanos* 236 (1969), 421—43; 237 (1969), 675—99; 241 (1970), 127 bis 145.
"The Pleasures of Publishing", *Publishers' Weekly* (April 26, 1941).
Plischke, Hans: *Von Cooper bis Karl May* (Düsseldorf, 1951).
Poe-Klubbens Årbog (Copenhagen, 1965 ff.).
"From Poe to Poirot", in: *Books Alive* (New York, 1940).
Poetik (København) 4. årgang nr. 2—3, 1971.
Pohl, Lothar: „Studien zum Sprachgebrauch von Dorothy L. Sayers" (Diss. [Masch.]: Jena, 1957).
Les Policiers. Le Bulletin du livre 108, 15 janvier 1964 (Paris, 1964).
Pond, (Major) James Burton: *Eccentricities of Genius* (London, 1901).
Pooter: (no title), *The Times Saturday Review* (June 18, 1969), 22.
Porges, Irwin: *Edgar Allan Poe* (Philadelphia, 1963).
Portugal, E.: "Death to the Detectives", *Bookman* (April 1933).
Poulsen, Henrik G.: *En criminalhistorie. Blicher og Praesten i Vejlby* (København, 1970).
Pound, Reginald: *The Strand Magazine 1891—1950* (London, 1966).
Pouplier, Erik (ed.): *Ti kriminelle minutter* (København, 1966).
Powys, J. C.: "Crime Wave in Fiction", *World Today* (Sept. 1929).
A Preliminary Checklist of the Detective Novel and its Variant (Bronx, 1966).
Priestley, John B.: "On Holiday With the Bodies", *Saturday Review* (July 3, 1926).
—: "Close-up of Chandler", *New Statesman,* LXIII (March 16, 1962). 379—80.
Procter, Maurice: "The Criminal Seen by the Policeman", in: *Crime in Good Company,* ed. by M. Gilbert, (London 1959), 39—54.
Proll, Harry: „Die Wirkung der Kriminalromane", *Zeitschrift für politische Psychologie und Sexualökonomie* (1938).
Quayle, Eric: *The Collector's Book of Detective Fiction* (London, 1972).

Queen, Ellery (= Manfred D. Lee/Frederic Dannay): *The Detective Short Story: A Bibliography* (Boston, 1942).

—: *Rogue's Gallery. The Great Criminals of Modern Fiction* (Boston, 1945).

—: *Queen's Quorum – History of the Detective Crime Short Story* (Boston, 1951).

—: *In the Queen's Parlor and Other Leaves From the Editor's Notebook* (New York, 1957).

Queen, Ellery, and Tage La Cour: *Med hälsingar. Kåserier om dedikationer i detektivromaner samt ett kapitel om utbytta boktitlar* (Stockholm, 1958).

—: *Med venlig hilsen fra Ellery Queen* (København, 1958).

Queen, Ellery: *An Exhibition on the Occasion of the Opening of the University of Texas* (Austin, 1959).

"Quincunx": "In General: The Cult of Detective Stories", *Saturday Review* (Dec. 6, 1930).

Radecki, Sigismund von: „Schlechte Lektüre", *Die Auswahl*, 4 (1942), 94—96.

Radine, S.: *Quelques aspects du roman policier psychologique* (Genf, 1960).

Ramsay, G. C.: *Agatha Christie, Mistress of Mystery* (New York, 1967).

Randall, David A.: *The Ian Fleming Collection* (Lilly Library Indiana University, 1972).

Rans, Geoffrey: *Edgar Allan Poe* (London, 1965).

Rauter, Herbert: „Zum englischen und amerikanischen Detektivroman: Entstehung und Wandel", *Jahrbuch der Universität Düsseldorf 1970 bis 1971* (Düsseldorf, 1972), S. 229—40.

Rawson, Clayton: "Remarks on Detective Fiction", in: *Death From a Top Hat* (New York, 1938), Chap. 1.

Raymond, John: *Simenon in Court. A Study* (London, 1968).

Red Herrings. News Bulletin of the Crime Writers' Association (London, 1956—).

Redman, Ben Ray: "Decline and Fall of the Whodunnit", *Saturday Review of Literature* (May 31, 1952).

Reeve, A. B.: "In Defense of the Detective Story", *Independent* (July 10, 1913).

Reimers, Walter: „Die Funktion des analytischen Verstandes in Edgar Allan Poes Kurzprosa" (Diss.: Kiel, 1972).

Reinert, Klaus: *Das Unheimliche und die Detektivliteratur. Entwurf einer poetologischen Theorie über Entstehung, Entfaltung und Problematik der Detektivliteratur* (Bonn, 1973).

Revzin, I. I.: „Zur semiotischen Analyse des Detektivromans am Beispiel der Romane Agatha Christies (K semiotičeskomu analizu detektivov.

Na primere romanov Agaty Kristi)", in: Ju. M. Lotman (ed.), *Programma i tezisy dokladov v letnej škole po vtoričnym modelirujuščim sistemam* (Tartu, 1964), 38—40. (Vogt)

Reynolds, Barbara: "The Origin of Lord Peter Wimsey", *Times Literary Supplement* (Apr. 22, 1977), 492.

Reynolds, Quentin: *The Fiction Factory; or, From Pulp Row to Quality Street* (New York, 1955).

Reynoldys, Aidan, and William Charlton: *Arthur Machen. A Biography* (London, 1963).

Rhodes, H. T. F.: "The Detective in Fiction — and in Fact", *Cornhill Magazine* (Jan. 1938).

Rhodos, Richard: "'Blind Man With a Pistol' by Chester Himes", *The New York Times Book Review* (Feb. 23, 1969), 32.

Richards, (Thomas Franklin) Grant: *Author Hunting* (London, 1960).

Richardson, Darrell C.: *Max Brand. The Man and His Work* (Los Angeles, 1952).

Richardson, Maurice: Introduction to *Novels of Mystery From the Victorian Age* (London, 1945).

—: Preface to Wilkie Collins, *The Woman in White* (London, 1967).

Richert, J. Gustaf: *Detektiven i romanen och verkligheten* (Stockholm, 1928).

Rickman, H. P.: „Die metaphysische Bedeutung des Detektivromans", *Eckart*, 29 (1960), 249—57.

—: "From Detection to Theology: The Work of Dorothy Sayers", *Hibbert Journal*, LX (1962), 290—96.

Ridley, M. R.: "Sherlock Holmes and the Detective Story", *Listener*, LI (Jan. 14, 1954), 65—66.

Rinehart, Mary Roberts: "The Repute of the Crime Story", *Publishers' Weekly* (July 20, 1929).

—: *My Story* (New York, 1931).

Ritzen, Q.: *Simenon, avocat des hommes* (Paris, 1961).

Robbings, L. H.: "They Get Away With Murder", *New York Times Magazine* (Nov. 17, 1940).

Roberts, D. M.: "'The Red-Headed League' and 'The Rue Morgue'", *Scholastic* (Feb. 26, 1938).

Roberts, S. C.: *Doctor Watson* (London, 1931).

—: *Holmes and Watson: A Miscellany* (London, 1953).

—: Introduction to *Sherlock Holmes: Selected Stories* (London, 1950).

Robichon, J.: « Bibliothèque Noire », *Revue de Paris* (Sept. 1957), 139 bis 147; (Oct. 1957), 58—78.

Robinson, K.: *Wilkie Collins* (London, 1951).

Robson, W. W.: "G. K. Chesterton's 'Father Brown' Stories", *Southern Review*, V (Summer 1969), 611—29.

Rodell, M. F.: "Murder for Rent, Murder for Sale", *Publishers' Weekly* (Feb. 15, 1941).

—: *Mystery Fiction. Theory and Technique* (Boston, 1943).

Röder, Rolf: „Zur Frage des Kriminalromans", *Bücherei und Bildung*, 2 (1949/50), 964—66. (Vogt)

Roehl, Martin: „Der Kriminalroman als Kunstwerk", *Die Schaubühne*, 12 (1916), 475—477.

Rogers, C.: "We Dare You to Read the First Three Pages", *World's Work* (Jan. 1925).

Rolo, Charles J.: "Murder — The New Literary Master", *Leader* (Nov. 17, 1945).

—: "Simenon and Spillane: The Metaphysics of Murder for the Millions", in: Rosenberg/White (eds.), *Mass Culture*, 165—175.

Rosenbach, A. S. W.: "The Trail of Scarlet", *Saturday Evening Post* (Oct. 1, 1932).

Rosenberg, Bernard, and David Manning White (eds.): *Mass Culture. The Popular Arts in America* (Glencoe, Ill., 1957).

Rosenberg, Samuel: *Naked is the Best Disguise. The Death and Resurection of Sherlock Holmes* (New York, 1974)

Rosenkrantz, Palle: *Tredive år på det danske Parnas* (erindringer) (København, 1927).

Roth, Wilhelm: „Verbrechen lohnen sich. Sjöwall/Wahlöö *Und die Großen läßt man laufen*", *Die Zeit* (12. Januar 1973).

—: "Patricia Highsmith als Erzählerin. Schlüsse, die nichts beenden", *Die Zeit* (3. August 1973).

—: „Der Bürger als Verbrecher. Materialien zum deutschen Kriminalroman", *Frankfurter Rundschau* (1. März 1975).

Roudaut, Jean: « Gaston Leroux en relief », *Critique*, 1 (1961), 19—36. (gekürzte Fassung „Gaston Leroux im Umriß" in Vogt)

Routley, Erik: *The Puritan Pleasures of the Detective Story* (London, 1972).

Rowan, Richard Wilmer: *The Pinkertons: A Detective Dynasty* (Boston, 1931).

Rowland, John: "Phillpott's Detective Fiction", in: Waveney Girvan (ed.), *Eden Phillpotts: An Assessment and a Tribute* (London, 1953).

Ruber, P. A./William S. Daliba: *The Detective Short Story (a bibliography)* (New York, 1961).

Ruehlmann, William: *Saint With a Gun. The Unlawful American Private Eye* (New York, 1974).

Ruhm, Herbert: "Raymond Chandler: From Bloomsbury to the Jungles and Beyond", in: D. Madden (ed.), *Tough Guy Writers of the Thirties* (Carbondale, 1968), 171—85.

Russell, D. C.: "The Chandler Books", *The Atlantic* (March 1945).
Russell, Samuel D.: *Haunted: Studies in Gothic Fiction,* I, III (Los Angeles, 1968).
Rutledge, W. A.: "Detective Fiction", *The Quill* (May 1941).
Rutter, Frank: "The Detective Story", *Bookman* (July 1925).
Rycroft, Charles: "Analysis of a Detective Story", in: *Imagination and Reality* (London, 1968) (International Psychoanalytical Library No. 75).
"Saint Mystery Magazine", (April 1961).
Salgado, Gamini: Vorwort zu: *Three Jacobean Tragedies* (Harmondsworth, 1965).
Sandoe, James: *The Hard-Boiled Dick: A Personal Checklist* (Chicago, 1952).
—: "Contribution Toward a Bibliography of Dorothy L. Sayers", *Bulletin of Bibliography,* 18 (1944), 76—81.
—: "Reader's Guide to Crime", in: H. Haycraft (ed.), *The Art of The Mystery Story* (New York, 1946).
Saunders, Montagu: *The Mystery in the Drood Family* (Cambridge, 1914).
Sayers, Dorothy: *Unpopular Opinions* (London, 1946).
—: Vorworte zu: *Great Short Stories of Detection, Mystery and Horror* (London, 1928; 1931; 1934. Neuauflage London, [16]1960).
—: "The Sport of Noble Minds", *Saturday Review of Literature* (Aug. 3, 1929).
—: Lecture at the Forum Club on Detective Novelists, reported in: *The London Times* (Nov. 27, 1930).
—: "Present Status of the Mystery Story", *London Mercury,* 23 (Nov. 1930), 47—52.
—: "The Dates in 'The red-headed league'", *The Colophon,* 10 (June 1934), 8.
—: "Holmes' College Career", in: H. W. Bell (ed.), *Baker Street Studies* (London, 1934), 1—34.
—: "Emile Gaboriau, 1835—1873. The Detective Novelist's Dilemma", *The Times Literary Supplement* (Nov. 2, 1935), 677—678.
—: "On the Origin of Lord Peter Wimsey", *The Harcourt Brace News,* 1 (July 15, 1936), 1—2.
—: "Fen floods; fiction and fact", *The Spectator,* 158 (Apr. 2, 1937), 611—612.
—: "The Wimsey chin" (a letter), *Times* (Dec. 4, 1937).
—: "Gaudy Night", in: Denys Kilham Roberts (ed.), *Titles to Fame* (London, 1937), 73—95.
—: "Whither Wimsey?", *Times* (Nov. 24, 1938), 15e.
—: A letter to the editor. *Evening Standard* (Jan. 7, 1939). (repr. in *The Publisher's Weekly,* 135 [Apr. 15, 1939], 1427).

—: Lecture at Stationers Hall on detective stories as a token of virtue, reported in the *Times* (Feb. 16, 1939), 11 f.
—: "Other people's great detectives", *Illustrated* (Apr. 29, 1939), 18 bis 19.
—: "The Wimsey Papers, 'a selection from the war-time letters and papers of the Wimsey family'", *Spectator*, 163/164 (Nov. 17, 1939 bis Jan. 26, 1940), 672—674, 736—737, 770—771, 809—810, 859—860, 894—895, 925—926; 8—9, 38—39, 70—71, 104—105.
—: Bibliographie zu Wilkie Collins in: *The Cambridge Bibliography of English Literature III* (Cambridge, 1940).
—: "Address on the Detective Story", *Czechoslovak Institute* (Jan. 1942). (reported in *The Times Literary Supplement* [Jan. 31, 1942] 49; and in *The New York Times* [March 3, 1942] 21.)
—: "Introduction to *The Moonstone* by Wilkie Collins" (London/New York, 1944).
—: "Dr. Watson's Christian Name", in: Edgar W. Smith, *Profile by Gaslight* (New York, 1944), 180—186.
—: Vorwort zu: Collins, *The Moonstone* (London, 1944).
—: "Aristotle on Detective Fiction", in: D. Sayers, *Unpopular Opinions* (London, 1946); deutsch: „Aristoteles über den Kriminalroman", *Eckart*, XXII (1954).
—: "Gaudy Night", in: *The Art of the Mystery Story*, ed. by H. Haycraft (New York, 1946).
Scarborough, Dorothy: *The Supernatural in Modern English Fiction* (New York, 1917).
Scheffel, Helmut: „Theseus im Labyrinth. Zu Michel Butors Roman *Der Zeitplan*", *Der Monat*, 13 (1960—61), 76—83.
Scheurer, H. Steven: *Movies on TV* (London, 1969).
Schiffels, Walter: *Typologie der Kriminalgeschichte* (Saarbrücken, 1971).
Schimmelpfennig, Arthur: *Beiträge zur Geschichte des Kriminalromans. Ein Wegweiser durch die Kriminalliteratur der Vergangenheit und Gegenwart* (Dresden und Leipzig, o. J. [1908]).
Schklovskij, Viktor: „Die Kriminalerzählung bei Conan Doyle (Novella tajn)", in: *Teorija prozy* (Leningrad, 1929), 129—142. (dt. bei Vogt, leicht gekürzt)
Schmidt, Arno: „Enter Conte Fosco", in: *Trommler Beim Zaren* (Karlsruhe, 1966), 283—292.
—: „Die 10 Kammern des Blaubart", in: *Trommler Beim Zaren* (Karlsruhe, 1966), 243—252 [über Stanley Ellin].
—: „Der Titel aller Titel", in: *Der Triton mit dem Sonnenschirm* (Karlsruhe, 1969), 154—192.
Schmidt-Henkel, G. (Hrsg.): *Trivialliteratur. Literarisches Colloquium* (Berlin, 1964).

Schmidt-Henkel, G. (Hrsg.): „Kriminalroman und Trivialliteratur", *Sprache im technischen Zeitalter*, 1 (1961/62), 207—27.

Schneider, Hans-Joachim: „Kriminalroman", in: Rudolf Sieverts (Hrsg.), *Handwörterbuch der Kriminologie*, Bd. 2 (Berlin, 1966 f.), 47—63.

Schönhaar, Rainer: *Novelle und Kriminalschema — Ein Strukturmodell deutscher Erzählkunst von 1880* (Bad Homburg, 1969).

"A School of Detective Yarns Needed", *Literary Digest* (Sept. 23, 1922).

Schreyer, Wolfgang: „Plädoyer für den Spannungsroman", *Neue Deutsche Literatur*, XIV, Heft 8 (1966), 68 ff.

Schuhmann, Kuno: *Die erzählende Prosa Edgar Allan Poes. Ein Beitrag zu einer Gattungsgeschichte der 'short story'* (Heidelberg, 1958). (Frankfurter Arbeiten aus dem Gebiete der Anglistik und Amerikastudien 5)

Schultze, Bruno: *Studien zum politischen Verständnis moderner englischer Unterhaltungsliteratur* (Heidelberg, 1977).

Schulz-Buschhaus, Ulrich: *Formen und Ideologien des Kriminalromans* (Frankfurt, 1975). (Schwerpunkte Romanistik 14)

Schulze, Ernst: „Kriminalliteratur", *Eckart*, V (1910), 10 ff., 31—41; 95 bis 115.

Schulze, Lucie: „Die Nachfolger des Sherlock Holmes", (Diss. [Masch.]: Marburg, 1948).

Scott, Sutherland: *Blood in Their Ink. The March of the Modern Mystery Novel* (London, 1953).

Scott-James, R. A.: "Detective Novels", *London Mercury* (Feb. 1939).

Seaborne, E. A. (ed.): *The Detective in Fiction: A Posse of Eight* (London, 1931).

Seagle, W.: "Murder, Karl Marx and McCarthy: A Reply to McCarthy", *Nation* (April 15, 1936).

See, Carolyn: "The Hollywood Novel. The American Dream Cheat", in: Madden, *Tough Guy Writers*, 199—217.

Seeberger, Kurt: „Das Todesrätsel im Kriminalroman", *Welt und Wort*, 16 (1961), 208—209.

Seelye, John: "Buckskin and Ballistics: William Leggett and the American Detective Story", *Journal of Popular Culture*, 1 (1967), 52—57.

Seemann, Otto: „Endlich einmal ein ‚Krimi' in Literaturpflege und Deutsch auf der Oberstufe der allgemeinbildenden höheren Schule!", *Erziehung und Unterricht*, 117 (1967), 323—334.

Seeßlen, Georg: „Das Kriminalgenre", in: G. Seeßlen und Bernt Kling, *Romantik und Gewalt. Ein Lexikon der Unterhaltungsindustrie, 2 Bd.* (München, 1973), Bd. 1, 236—327.

Sehlbach, Hans: *Untersuchungen über die Romankunst von Wilkie Collins* (Jena, 1930).

Seldes, Gilbert: *The Seven Lively Arts* (New York, ²1957).
—: "Diplomat's Delight", *Bookman* (Sept. 1927).
—: "Van Dine and His Public", *New Republic* (June 19, 1929).
Seligo, Irene: „Tod der Detektivgeschichte?", *Die Literatur,* 37 (1935), 550.
Semple, Hilary: "Some aspects of popular literature in the 19th and 20th century: an examination of the detective genre in English literature" (Unpubl. Master's Diss.: Witwatersrand Univ. 1969).
"Senex": "Detective story: Its beginning", *Notes and Queries,* 171 (1937), 3.
"The Sensational Serial", *Living Age,* 230, S. 129.
Shepperson, Archibald Bolling: *The Novel in Motley* (Cambridge, Mass., 1936).
Sherlock Holmes Årbog 1—3 (København, 1965—67).
"Sherlock Holmes and After", *Saturday Review of Literature* (July 19, 1930).
Shibuk, Charles: "Cyril Hare", *The Armchair Detective* (Oct. 1969).
Shibuk, Charles, and Marvin Lachman: "Dramatizations of the Great Literary Detective and Criminals", *The Armchair Detective* (1968 bis 1969).
"Shifting the Apology", *Saturday Review of Literature* (Sept. 11, 1926).
Sicot, Marcel: „Was taugen Kriminalromane?", *Internationale Kriminalpolizeiliche Revue,* 16 (1961), 37—40.
Sighele, Scipio: „Kriminalliteratur", *Zukunft,* 64 (1908), 15 ff.
—: *Littérature et criminalité* (Paris, 1908).
Sihler, Horst Dieter: „Der Mythos vom Gangster. Der amerikanische Gangsterfilm 1927—1960. Eine Retrospektive zum zehnjährigen Bestehen des österreichischen Filmmuseums", *Frankfurter Allgemeine Zeitung* (4. April 1974), 23.
Simenon, Georges: "An Interview on the Art of Fiction", (Cambridge, Mass., 1956). (Humanities Pub. No. 23)
Simenon's Paris. Drawings by Frederick Franck (London, 1970).
Simenon (subject): Special Number of *Adam International Review* (Richester, N. Y., 1969).
Simpson, H.: "Down Among the Dead Men", *Bookman* (Dec. 1924).
Sjöwall, Maj, und Per Wahlöö: "Hvofor laeser vi kriminalromaner?", *Politiken* (30. Juli 1971).
Skreb, Zdenko: „Die neue Gattung", in: V. Zmegac (Hrsg.), *Der wohltemperierte Mord* (Frankfurt a. M., 1971), 35—95.
Smith, Edgar W. (ed.): *Profile by Gaslight* (New York, 1944), [über Sherlock Holmes].
—: *Baker Street Inventory. A Sherlockian Bibliography* (Summit/New Jersey, 1945).

Smith, Edgar W. (ed.): *The Baker Street Journal. An Irregular Quarterly of Sherlockania* (New York, 1947 ff.). New Series (Morristown [N. J.], 1951 ff.).

—: *Introducing Mr. Sherlock Holmes* (Morristown, 1961).

—: *Sherlock Holmes, the Writings of John H. Watson, M. D. Late of the Army Medical Department (pseud. A. Conan Doyle). A Bibliography of the sixty tales* (Morristown, 1962).

Smith, Harry B.: *How Sherlock Holmes Solved the Mystery of Edwin Drood* (Glen Rock, 1934).

Smith, Janet Adam: *John Buchan* (London, 1965).

Smuda, Manfred: „Variation und Innovation. Modelle literarischer Möglichkeiten der Prosa in der Nachfolge Edgar Allan Poes", *Poetica III*, 1/2 (1970), 165—187. (Vogt)

Snelling, O. F.: *Double 0 Seven, James Bond: A Report* (London, 1964).

Søholm, Ejgil: *"Roman om en forbrydelse" — Sjöwall/Wahlöö's vaerk og virkelighed* (Viborg, 1976) (mit Bibliographie).

Sokolov, Raymond A.: "The Art of Murder", *Newsweek* (March 22, 1971) [über Ross Macdonald].

Soloway, Sara L.: "Dorothy Sayers: Novellist" (Diss.: Lexington, Ken., 1971).

Sparrell, A.: "Fiction and Cookery: An Interview with Carolyn Wells", *Christian Science Monitor Magazine* (Oct. 21, 1939).

Spatz, Jonas: *Hollywood in Fiction. Some Versions of the American Myth* (Den Haag, 1969).

Speaight, Robert: *Ronald Knox the Writer* (London, 1966).

Sprague, P. W.: "A Plea for Mystery Relief", *Atlantic Monthly* (June 1933).

Sproul, Kathleen: "Here's to Crime", *Saturday Review of Literature*, VIII (1951), 24.

Staats, Armin: *Edgar Allan Poes symbolistische Erzählkunst* (Heidelberg, 1967). (Beihefte zum Jahrbuch für Amerikastudien 20.)

Standish, Robert: *The Prince of Storytellers. The Life of E. Phillips Oppenheim* (London, 1957).

Starkey, L. M.: *James Bond: His World of Values* (London, 1967).

Starrett, Vincent (ed.): Einleitung zu: *Fourteen Great Detective Stories* (New York, 1928).

— (ed.): *221 B. Studies in Sherlock Holmes* (New York, 1940).

—: *Books Alive* (New York, 1940).

—: *The Private Life of Sherlock Holmes* (Chicago, 1960). [1933[1]]

—: 'Mystery Stories' in: *Encyclopaedia Britannica* (1946).

—: (On William Leggett's "The Rifle"), in: *Chicago Sunday Tribune Books* (June 20, 1948).

Stead, John Philip: *Vidocq: A Biography* (New York, 1954).

Steel, Kurt: "So you're going to write a mystery", in: Burack, *The Writer's Handbook*, 197—201.

Steeves, Harrison, R.: "A Sober Word on the Detective Story", *Harper's Magazine*, CLXXXII (1942), 485—492.

Steig, Michael: "The Whitewashing of Inspector Bucket: Origins and Parallels", *Publications of the Michigan Academy of Science, Arts and Letters*, L (1965), 575—84.

Steinbrunner, Chris, und Otto Penzler: *Encyclopedia of Mystery and Detection* (London, 1976).

Stern, Philip van Doren: *Edgar Allan Poe. Visitor From the Night of Time* (New York, 1973).

—: "The Case of the Corpse in the Blind Alley", *Virginia Quarterly Review* (Spring 1941).

Stevenson, B. E.: "Supreme Moments in Detective Fiction", *Bookman* (March 1913).

Stevenson, W. R.: *Detective Fiction* (Cambridge, 1949).

Stewart, A. W.: *Alias J. J. Connington* (London, 1947).

Stewart, J. I. M.: Einleitung zu: Collins, *The Moonstone* (Harmondsworth, 1966).

Stinnett, Caskie: "Rex Stout, Nero Wolfe, and the Big Fish", *Herald Tribune* (Oct. 10, 1965).

Stoddard, Roger E.: "Some Uncollected Authors XXXI: Dashiell Hammett (1894—1961)", *Book Collector*, XI (1962), 71—78.

Stolper, B. J. R.: "Who Done It?", *Scholastic* (Oct. 22, 1938).

Stone, Edward: "Caleb Williams and Martin Faber: a Contrast", *Modern Language Notes* (Nov. 1947).

Stone, P. M.: "An American View of English Detective Fiction", *Bookman* (July 1932).

—: "Long Life — To Some Detectives: A Reply To E. Portugal", *Bookman* (June 1933).

—: "Contemporary Detective Fiction", *Reading and Collecting* (July 1937), 13; (Aug. 1937), 7—8; (Sept. 1937), 6—7.

Stout, R.: "We Mystery Writers Don't Kid Ourselves", *Publishers' Weekly* (Dec. 28, 1940).

—: "Watson Was a Woman", *Saturday Review of Literature* (March 1, 1941).

—: "Reading and Writing Detective Stories" (1952).

Strachey, John: "The Golden Age of English Detection", *Saturday Review of Literature* (Jan. 7, 1939).

Strobl, K. H.: „Der Verbrecher in der Literatur". *Das literarische Echo*, XIV (1911), 1 ff.

Strøm, Ola: *Kriminallitteratur av Norske författare*. Supplement 1 (Trondheim, 1972).

Strong, L. A. G.: "The Crime Short Story — An English View", in: *Crime in Good Company*, ed. by M. Gilbert (London, 1959), 149—162.

Sturak, Thomas: "Horace McCoy, Captain Shaw, and the *Black Mask*" in: Donald K. Adams (ed.), *The Mystery and Detection Annual* (Pasadena, Calif., 1972), 139—58.

Suerbaum, Ulrich: „Der gefesselte Detektivroman. Ein gattungstheoretischer Versuch", *Poetica I*, 3 (1967), 360—374. (Vogt)

Symons, Julian: *The Hundred Best Crime Stories* (London, 1959).

—: *Crime and Detection. An Illustrated History From 1840* (London, 1966).

—: *The Detective Story in Britain* [writers and their work no. 145] (London, ²1969).

—: *Bloody Murder: From the Detective Story to the Crime Novel. A History* (London, 1972).

—: "The Face in the Mirror", in: *Crime in Good Company*, ed. by Michael Gilbert (London, 1959), 126—133.

—: "An End to Spying, From Pipe Dream to Farce", *Times Literary Supplement* (1968), 1411—12.

—: "The Short Crime Story and Stanley Ellin", in: Stanley Ellin, *The Blessington Method* (Harmondsworth, 1971).

—: "The Case of Raymond Chandler", *New York Times Book Review* (Dec. 23, 1973), 13, 22, 25, 27.

—: Vorwort zu *The John Franklin Bardin Omnibus* (Harmondsworth, 1976).

Tanner, William: *The Book of Bond* (London, 1965).

Taylor, F. S.: "The Crux of a Murder", *Spectator* (April 9, 1937).

Taylor, I. S.: "Just Mysteries — and Proud of It", *Publishers' Weekly* (Feb. 22, 1941).

Taylor, Robert Lewis: "Two Authors in an Attic", *New Yorker* (Sept. 8 and 15, 1951).

Thielke, Karl: „Der englische Kriminalroman", *Die Buchbesprechung*, III, 2 (1939), 42 ff.

Thier, Erich: „Über den Detektivroman", *Die Bücherei*, 7 (1940), 206 bis 217. (Vogt)

The Third Degree. News Bulletin of the Mystery Writers of America (New York, 1945—).

Thomas, Gilbert: *How To Enjoy Detective Fiction* (London, 1948).

Thompson, George J. III: *The Problem of Moral Vision in Dashiell Hammett's Detective Novels* (Diss.: University of Connecticut, 1972).

—: "The Problem of Moral Vision in Dashiell Hammett's Detective Novels" (Unpubl. Diss.: Univ. of Connecticut, 1972). (*DAI*, 33 [1972], 2955A—56A. Abgedruckt in *The Armchair Detective*, 6 [1973], 153 bis 156, 213—25; 7 [1974], 178—92, 270—80; 8 [1974], 27—35.)

Thomson, H. Douglas: *Masters of Mystery. A Study of the Detective Novel* (London, 1931). Neuauflage: New York, 1973.

—: Introduction to *The Great Book of Thrillers* (London, 1937).

"Throw Out the Detective", *Saturday Review of Literature* (Dec. 1, 1928).

Tiffany, H. R.: "Pacifying the Public with Mysteries", *Publisher's Weekly* (Aug. 24, 1935).

The Times Literary Supplement. Detective Fiction Number (Feb. 25, 1955); Crime Detection and Society (June 23, 1961).

Todorov, Tzvetan: « Typologie du roman policier », in: *Poétique de la prose* (1971). Dt. *Poetik der Prosa* (Frankfurt a. M., 1972), 54—64. (Ars Poetica, Studien 16).

Tötsch, Hedwig: „Edgar Wallace und die Detektivgeschichte" (Diss.: Innsbruck, 1953).

"Too Many Corpses in Detective Fiction", *Literary Digest* (Feb. 27, 1932).

Tornabuoni, Lietta: „James Bond — Eine Modeerscheinung", in: del Buono/Eco, *Der Fall James Bond*, 7—36.

Tourteau, Jean-Jacques: *D'Arsène Lupin A San-Antonio — Le roman policier français de 1900 à 1970* (o. O., 1970).

Truffaut, François: *Hitchcock* (London, 1968).

Trunkle, Alfred: *Great Crimes and Criminals in America* (New York, 1881).

Tullberg, Sigurd: *O och A. Förteckning över detektivromaner på svenska spraket utgivna 1901—1954* (Stockholm, 1954).

Turner, E. S.: *Boys Will Be Boys. The Story of Sweeney Todd, Deadwood Dick, Sexton Blake, Billy Bunter, Dick Barton et al* (Harmondsworth, 1976) (London, [1]1948).

Tuska, Jon: *The Life and Times of S. S. Van Dine* (Bowling Green, Ohio, 1971).

Ude, K.: „Über das Vergnügen am Kriminalroman", *Welt und Wort*, 5 (1950), 150.

Ullman, A. G.: "Making Crime Pay", *Publisher's Weekly* (July 7, 1934).

—: "Servicing the Mystery Fan", *Publisher's Weekly* (Aug. 18, 1934).

Ullyett, Kenneth: *How We Find Out in Detection* (London, 1971).

"The Ultimate Source of Sherlock Holmes", *Bookman* (April 1908).

Underwood, Michael: "The Criminal Seen by the Lawyer", in: *Crime in Good Company*, ed. by Michael Gilbert (London, 1959), 27—38.

Usborne, Richard: *Clubland Heroes* (London, 1953) [über Buchan, Sapper und Dornford Yates]. Neuauflage: London, 1974.

Van Ash, Cay, and Elizabeth Sax Rohmer: *Master of Villainy. A Biography of Sax Rohmer* (Bowling Green, Ohio, 1972).

Van Dine, S. S.: "I Used to be a Highbrow But Look at Me Now", *American Magazine* (Sept. 1928).

Van Dine, S. S.: Introduction to *The Philo Vance Omnibus* (New York, 1936).
—: "Twenty Rules for Writing Detective Stories", in: Howard Haycraft (ed.), *The Art of the Mystery Story* (New York, 1946), 189—193. (Vogt, aus dem Amerikanischen von Heiner Peters)
van Gulik, Robert: Nachwort zu: *Merkwürdige Kriminalfälle des Richters Di* (München, 1964).
Various Hands: "The Cleverest Murder in Fact or Fiction", *Strand* (Dec. 1926—Jan. 1927).
Varma, Devendra P.: *The Gothic Flame* (London, 1957).
Véry, P.: "Murder on Parnassus: The Literature of the Future", *Living Age* (April 1935).
Vogt, Jochen (Hrsg.): *Der Kriminalroman. Zur Theorie und Geschichte einer Gattung* (München, 1971), 2 Bde.
Wahlöö, Per: "Grisen är ett gåtfullt djur", in: *Tryckpunkter, 23 svenska författere i egen sak* (Stockholm, 1967), 174—181.
Waite, J. B., and M. V. Kimball: "A Lawyer and a Mystery Writer Trade Blows", *Bookman* (Aug. 1929).
Waite, J. B.: "If Judges Wrote Detective Stories", *Scribner's Magazine* (April 1934).
Waldmann, Günther: „Requiem auf die Vernunft. Friedrich Dürrenmatts christlicher Kriminalroman", *Pädagogische Provinz*, 15 (1961), 376 bis 384.
—: „Kriminalroman — Anti-Kriminalroman. Dürrenmatts Requiem auf den Kriminalroman und die Antiaufklärung", in: Jochen Vogt (Hrsg.), *Der Kriminalroman I* (München, 1971), 206—226.
Wallace, Edgar: *People* (London, 1926).
—: "The Mystery Story Today and Yesterday", *Bookman* (Dec. 1929).
Wallace, Violet: *Edgar Wallace* (London, 1932).
Walsh, John: *Poe The Detective. The Curious Circumstances Behind "The Mystery of Marie Roget"* (New Brunswick, 1968).
Walters, J. Cuming: *The Complete Edwin Drood* (London, 1912).
Waples, Douglas: *People and Print. Social Aspects of Reading in the Depression* (Chicago, o. J.).
Ward, A. C.: *The Nineteen Twenties. Literature and Ideas in the Post-War Decade* (London, 1930).
—: *Twentieth Century English Literature 1901—1960* (London, 1964), 70, 80—82.
Ward, C.: "The Pink Murder Case by S. S. Veendam", *Saturday Review of Literature* (Nov. 1929).
Warrack, Guy: *Sherlock Holmes and Music* (London, 1947).
Warshow, Robert: "The Gangster as Tragic Hero", in: *The Immediate Experience* (New York, 1972), 127—133.

Watson, Colin: *Snobbery With Violence. Crime Stories and Their Audience* (London, 1971).

Waugh, Evelyn: *Monsignor Ronald Knox* (Boston, 1959).

Weaver, William: "Music and Mystery", *Times Literary Supplement* (April 22, 1977), 493.

Webb, Bernice L.: "James Bond as Literary Descendant of Beowulf", *South Atlantic Quarterly*, 67 (1968), 1—12.

Weber, W. C.: "Thrillers", *Saturday Review of Literature* (June 18, 1932).

—: "Murder Will Out", *Saturday Review of Literature* (Aug. 15, Sept. 24, 1932; Feb. 25, 1933).

—: "A Survey of Sleuths", *Publisher's Weekly* (Jan. 30, 1937).

Webster, Deborah: "Reinterpreter: Dorothy L. Sayers", *The Classical World*, 109 (1949), 330—335.

Weiner, Andrew: "Crime Wave", in: Paul Barker (ed.), *Arts in Society* (London, 1977), 212—218.

Weinstein, Arnold: "Order and Excess in Butor's *L'emploi du temps*", *Modern Fiction Studies*, 16 (1970/71), 41—55.

Welcome, John (ed.): *Best Secret Service Stories 1—3* (London, 1960, 1965 und 1967).

Wellershoff, Dieter: „Vorübergehende Entwirklichung. Zur Theorie des Kriminalromans", in: *Literatur und Lustprinzip, Essays* (Köln, 1973), 77—138.

Wells, Carolyn: *The Technique of the Mystery Story* (Springfield/Mass., 1913).

—: "The Detective Story's Place in Literature", *World Review* (Jan. 21, 1929).

Wells, W. H.: "New Blood Whets More Customer's Appetites for Murder", *Publisher's Weekly* (Aug. 13, 1938).

Wenig, Ernst-Karl: „Kriminalliteratur ist nicht nur Unterhaltungsliteratur", *Börsenblatt des deutschen Buchhandels*, 127 (1960), 189—190.

Werder, Peter von: *Literatur im Bann der Verstädterung* (Leipzig, 1943), 109 ff.: „Der Kriminalroman".

Werner, Laurel, Craig Steadman & Flora Faraci: *First Editions Detective Fiction* (Illinois, 1972).

"What the Lure of the Detective Story?", *Literary Digest* (Jan. 24, 1931).

Whipple, L.: "Nirvana for Two Dollars", *Survey* (May 1, 1929).

Widmer, Urs: „Keine Frau im Bett von Sherlock Holmes. Ein Rückblick auf die vergangene Zeit der einsamen alten Detektive", *Frankfurter Rundschau* (8. Dez. 1973), VII.

—: Vorwort zu *Die lange Nacht der Detektive* (Zürich, 1973).

Wienold, Götz: „Probleme der linguistischen Analyse des Romans. Zugleich eine Studie zu Kriminalromanen Patricia Highsmiths", *Jahrbuch für Internationale Germanistik,* 1 (1969), 108—128.

Williams, H. L.: "The Germ of the Detective Novel", *Book-Buyer* (Nov. 1900), 268.

Williams, John A.: "My Man Himes: An Interview with Chester Himes", *Amistad* 1 (1970), 25—93.

Williams, V.: "Gaboriau, Father of the Detective Novel", *National Review* (Dec. 1923).

—: "Putting the Shocks into Shockers", *Bookman* (Nov. 1927).

—: "Detective Fiction", *Bookman* (July 1928).

—: "The Detective in Fiction", *Fortnightly Review* (Sept. 1930), 381 bis 392.

Williamson, J. N.: *A critical history and analysis of the 'whodunit'* (Indianapolis, 1951).

Wilson, A. D.: "Crime and the Stage", *Spectator* (Sept. 10, 1936).

Wilson, Edmund: *A Literary Chronicle: 1920—1950* (New York, 1950).

—: "Why Do People Read Detective Stories?" *The New Yorker* (Oct. 14, 1944).

—: "Who Cares Who Killed Roger Ackroyd? A Second Report on Detective Fiction", *The New Yorker* (Jan. 20, 1945).

Wimsatt, William K.: "Poe and the Mystery of Mary Rogers", *Publications of the Modern Language Association* (March 1941).

Wimsey, Matthew (ed.): *Papers Relating to the Family of Wimsey* (1936).

Wincor, Richard: *Sherlock Holmes in Tibet* (New York, 1968).

Winwar, Frances: *The Haunted Palace. The Life of Edgar Allan Poe* (New York, 1959).

Wodehouse, P. G.: "About these Mysteries", *Saturday Evening Post* (May 25, 1929).

Wölcken, Fritz: *Der Literarische Mord — Eine Untersuchung über die englische und amerikanische Detektivliteratur* (Nürnberg, 1953).

Wolf, Jürgen: „Technik der Schilderung und des Romanaufbaus bei Georges Simenon", *Die Neueren Sprachen,* 41 (Nov. 1969), 548—551.

Wolfenstein, Martha, and Nathan Leites: *Movies: A Psychological Study* (Glencoe, Ill., 1950).

Wolzogen, Ernst von: *Wilkie Collins: ein biographisch-kritischer Versuch* (Leipzig, 1885).

Woodcock, George: "Symons", in: James Vinson (ed.), *Contemporary Novelists* (London, 1973 [[1]1972]), 1214—1217.

Woods, K. P.: "Renaissance of Wonder", *Bookman* (Dec. 1899).

"The World of the Detective Story", *The Times* (Sept. 17, 1954).

Wren-Lewis, John: "Adam, Eve, and Agatha Christie", *New Christian* (April 16, 1970), 9—10.

Wrong, E. M.: Einleitung zu: *Crime and Detection* (London, 1926).

Wright, L.: "Murder of Profit", *Publisher's Weekly* (April 10, 1937).
—: "Mysteries Are Books", *Publisher's Weekly* (Jan. 25, 1941).
Wright, W. H.: "The Detective Novel", *Scribner's Magazine* (Nov. 1926).
—: "How I Got Away With Murder", *Reader's Digest* (July 1936).
—: "The Great Detective Stories", in: Haycraft, *The Art of the Mystery Story* (New York, 1946).
Würtenberger, Thomas: „Die deutsche Kriminalerzählung", *Erlanger Universitätsreden* (Erlangen, 1941).
Wulffen, Erich: „Das Kriminelle in der Weltliteratur", *Karl May Jahrbuch 1927* (Radebeul, 1927).
Wyndham, H.: "The Lure of the Crime Book", *Saturday Review* (July 8, 1933).
Yarrow, Arnold: *Softly, Softly Casebook* (London, 1973).
Young, Philip: "To Have Not: Tough Luck", in: Madden, *Tough Guy Writers*, 42—50.
Zaunitzer-Haase, Ingeborg: „Blut und Leichen zu kleinen Preisen: Das harte Geschäft mit dem Kriminalroman", *Die Zeit* (15. Okt. 1971), 39 f.
Zeiger, Henry A.: *Ian Fleming, the Spy Who Came In With the Gold* (New York, 1965).
Ziegler, G.: « Les femmes et le roman policier », *Europa* (Nov./Dez. 1964), 427—28; 103—108.
Zmegac, Viktor (Hrsg.): *Der wohltemperierte Mord. Zur Geschichte und Theorie des Kriminalromans* (Frankfurt a. M., 1971).
—: „Aspekte des Detektivromans", in: *Der wohltemperierte Mord* (Frankfurt a. M., 1971), 9—34.
Zorzoli, G. B.: „Die Technik in der Welt James Bonds", in: del Buono/ Eco, *Der Fall James Bond*, 171—184.

Addenda (Juli 1978)

Arnold, Armin, und Josef Schmidt (Hrsg.): *Reclams Kriminalromanführer* (Stuttgart, 1978).
Goette, Jürgen W., und Hartmut Kircher (Hrsg.): *Der Kriminalroman. Texte zur Theorie und Kritik* (Frankfurt a. M., 1978).
Schütz, Erhard (Hrsg.): *Zur Aktualität des Kriminalromans* (München, 1978).

VERZEICHNIS DER DETEKTIVROMANAUTOREN UND IHRER WERKE

Das folgende Register, das von den Anfängen der Detektiverzählung bis zum Beginn der 70er Jahre reicht, ist eine kurzgefaßte Geschichte der Detektivliteratur. Es verzeichnet die nach allgemeinem Konsens und unserer Meinung wichtigsten Autoren und Werke. Dem Leser kann es gleichzeitig als Lektürevorschlag für die Einarbeitung in das riesige Gebiet der Detektivliteratur dienen.

Das Register entstand, als die Verfasser noch nicht auf die inzwischen erschienenen Lexika zurückgreifen konnten (das Register von 1973 wurde für diese Auflage überarbeitet). Vollständigere Verzeichnisse findet der Leser in folgenden Büchern:

Ordean A. Hagen, *Who Done It? A Guide to Detective, Mystery and Suspence Fiction* (New York und London, 1969).

Jacques Barzun und Wendell Hertig Taylor, *A Catalogue of Crime* (New York, 1971).

Tage la Cour, Harald Mogensen und Else Larsen, *Dansk og udenlandsk kriminallitteratur* (Kopenhagen, 1975).

Chris Steinbrunner und Otto Penzler, *Encyclopedia of Mystery and Detection* (London, 1976).

Die Auswahl ist (was nicht zu vermeiden ist) stellenweise subjektiv, obgleich wir darauf geachtet haben, dem Leser keine immer wieder zitierten „Klassiker" des Genres vorzuenthalten. Deshalb sind bestehende Auswahlen wie Haycrafts "A Reader's List of Detective Story 'Cornerstones'" (1941), die "Haycraft-Queen Definitive Library of Detective-Crime-Mystery Fiction" von 1968, James Sandoes "Reader's Guide to Crime" (1946) und Julian Symons' "Select Bibliography" (1968) zum größten Teil in diese Liste integriert.

Mit * bezeichnete Titel zeigen an, daß es sich hier um eine Sammlung von Kurzgeschichten handelt. Die hinter einem „D:" aufgeführten Namen sind die der Detektivfiguren, durch die der betreffende Autor bekanntgeworden ist. Für eine vollständige Liste aller fiktiven Detektive sei auf den *Cumulated Fiction Index* (London, 1960) sowie Hagens *Who Done It?* verwiesen.

England 1850—1910

William Wilkie Collins (1824—1889)	*The Woman in White* (1860) *The Moonstone* (1868) (D: Sergeant Cuff)
Joseph Sheridan Le Fanu (1814—1873)	*The House by the Churchyard* (1863) *Wyler's Hand* (1864) *Uncle Silas* (1864) *Checkmate* (1871)
Charles Dickens (1811—1870)	*Barnaby Rudge* (1841) *Bleak House* (1852) *The Mystery of Edwin Drood* (1870) (D: Insp. Bucket of the Detective)
Robert L. Stevenson (1850—1894)	* *New Arabian Nights* (1882) *The Wrecker* (1892)
Fergus Hume (1859—1932)	*The Mystery of a Hansom Cab* (1887)
Arthur Conan Doyle (1859—1930)	*A Study in Scarlet* (1887) *The Sign of Four* (1890) * *The Adventures of Sherlock Holmes* (1892) * *The Memoirs of Sherlock Holmes* (1894) *The Hound of the Baskervilles* (1902) * *His Last Bow* (1917) * *The Casebook of Sherlock Holmes* (1927) u. a. (D: Sherlock Holmes/Dr. Watson)
Arthur Morrison (1863—1945)	* *Martin Hewitt, Investigator* (1894) * *Chronicles of Martin Hewitt* (1895) * *Adventures of Martin Hewitt* (1896) * *The Red Triangle* (1903) (D: Martin Hewitt)
E. W. Hornung (1866—1921)	* *Raffles, The Amateur Cracksman* (1899) u. a.
Émile Gaboriau (1835—1873) frz.	*L'Affaire Lerouge* (1866) *Le Crime d'Orcival* (1867) *Le Dossier No. 113* (1867) *Les Esclaves de Paris* (1868) *Monsieur Lecoq* (1869) (D: M. Lecoq)
Gaston Leroux (1868—1927) frz.	*Le Mystère de la Chambre Jaune* (1907) u. a. (D: Joseph Rouletabille)

Maurice Leblanc (1864—1941) frz.	*Arsène Lupin, gentleman-cambrioleur* (1907) *Arsène Lupin contre Herlock Sholmès* (1908) u. a. (D: Arsène Lupin)
Robert Barr (1850—1912)	* *The Triumphs of Eugène Valmont* (1906) u. a. (D: Eugène Valmont)
Matthew Phipps Shiel (1865—1947)	* *Prince Zaleski* (1895) (D: Prince Zaleski)
Erskine Childers (1870—1922)	*The Riddle of the Sands* (1903)

Amerika 1840—1914

Edgar Allan Poe (1809—1841)	"The Murders in the Rue Morgue" (1841) "The Mystery of Marie Rogêt" (1842) "The Gold-Bug" (1843) "The Purloined Letter" (1845) "Thou Art the Man" (1844) (D: C. Auguste Dupin)
Anna Katherine Green (1846—1935)	*The Leavenworth Case* (1878) *The Affair Next Door* (1897) u. a. (D: Ebenezer Gryce, Amelia Butterworth, Violet Strange)
Mary Roberts Rinehart (1876—1958)	*The Circular Staircase* (1908) *The Man in Lower Ten* (1909) *The Door* (1930) u. a. (üb. 30 Romane)
Carolyn Wells (1870—1942)	*The Clue* (1909) u. a. (über 75 Romane) (D: Fleming Stone)
Jacques Futrelle (1875—1912)	* *The Thinking Machine* (1907) * *The Thinking Machine on the Case* (1908) (D: Prof. Augustus S. F. X. van Dusen)
Melville D. Post (1871—1930)	* *Uncle Abner: Master of Mysteries* (D: Uncle Abner)

England 1910—1930

Gilbert Keith Chesterton (1874—1936)	* *The Innocence of Father Brown* (1911) * *The Wisdom of Father Brown* (1914)

Gilbert Keith Chesterton (1874—1936)	* *The Incredulity of Father Brown* (1926) * *The Secret of Father Brown* (1927) * *The Scandal of Father Brown* (1935)
Edmund Clerihew Bentley (1875—1956)	*Trent's Last Case* (1912) *Trent's Own Case* (1936) * *Trent Intervenes* (1938) (D: Philip Trent)
Emmuska, Baroness Orczy (1865—1947)	* *The Old Man in the Corner* (1909) u. a.
Alfred Edward Woodley Mason (1865—1948)	*At the Villa Rose* (1910) *The House of the Arrow* (1924) *The Prisoner in the Opal* (1928) *No Other Tiger* (1927) (D: Hanaud)
Richard Austin Freeman (1862—1943)	*The Red Thumb Mark* (1907) * *The Singing Bone* (1912) * *Dr. Thorndyke's Case Book* (1923) *Mr. Pottermack's Oversight* (1930) u. a. (über 30 Romane) (D: Dr. John Thorndyke)
"Ernest Bramah" Ernest Brahma Smith (1869?—1942)	* *Max Carrados* (1914) * *The Eyes of Max Carrados* (1924) * *Max Carrados Mysteries* (1927) (D: Max Carrados)
William Le Queux (1864—1927)	*Secrets of the Foreign Office* (1903)
Edward P. Oppenheim (1866—1947)	*The Double Traitor* (1917) *The Great Impersonation* (1920) u. a. (über 110 Romane)
John Buchan (Baron Tweedsmuir) (1875—1940)	*The Thirty-Nine Steps* (1915) *Greenmantle* (1916) *The Power House* (1916) *Mr. Standfast* (1919) (D: Richard Hannay)
"Sapper" Herman Cyril McNeile (1888—1937)	*Bulldog Drummond: The Adventures of a Demobilized Officer Who Found Peace Dull* (1920) *The Black Gang* (1922) u. a. (D: Bulldog Drummond)
Sax Rohmer (1886—1959)	*Dr. Fu Manchu* (1913)
Freeman Wills Crofts (1879—1957)	*The Cask* (1920) *Inspector French's Greatest Case* (1925) u. a. (über 39 Romane) (D: Inspector Joseph French)

Agatha Christie (1891—1976)	*The Mysterious Affair at Styles* (1920) *The Man in the Brown Suit* (1924) *The Murder of Roger Ackroyd* (1926) *Murder on the Orient Express* (1934) *The A. B. C. Murders* (1936) *Ten Little Niggers* (1939) *4.50 From Paddington* (1957) u. a. (über 100 Romane) (D: Hercule Poirot, Miss Marple)
Dorothy Leigh Sayers (1893—1957)	*Whose Body* (1923) *Clouds of Witness* (1926) *Unnatural Death* (1927) *The Unpleasantness at the Bellona Club* (1928) * *Lord Peter Views the Body* (1928) *Strong Poison* (1930)
— und "Robert Eustace"	*The Documents in the Case* (1930)
— und Detection Club	*The Floating Admiral* (1931) *Five Red Herrings* (1931) *Have His Carcase* (1932) * *Hangman's Holiday* (1933) *Murder Must Advertise* (1933) *The Nine Tailors* (1934) *Gaudy Night* (1935) *Busman's Honeymoon* (1937) *In the Teeth of Evidence* (1939) (D: Lord Peter Wimsey, Montague Egg)
Alan Alexander Milne (1882—1956)	*The Red House Mystery* (1921)
Henry Christopher Bailey (1878—1961)	* *Call Mr. Fortune* (1920) 10 Bände Kurzgeschichten u. a. (D: Reginald Fortune)
George Douglas Howard Cole (1889—1958) und Margaret Cole	*The Brooklyn Murders* (1923) u. a. (über 30 Romane)
Anthony Berkeley Cox (1893—1971)	*The Layton Court Mystery* (1925) *The Poisoned Chocolates Case* (1925)
als: "Anthony Berkeley" (D: Roger Sheringham)	*Trial and Error* (1937) *The Second Shot* (1930)
als: "Francis Iles"	*Malice Aforethought* (1931) *Before the Fact* (1932)
"John Rhode" Cecil John Charles Street (1884—1964)	*The Paddington Mystery* (1925) u. a. (ca. 30 Romane) (D: Dr. Priestley/Insp. Waghorn)

Ronald Arbuthnot Knox (1888—1957)	*The Viaduct Murders* (1925) *The Three Taps* (1927) *Footsteps at the Lock* (1928) u. a. (D: Miles Bredon)
Edgar Wallace (1875—1932)	*The Murder Book of J. G. Reeder* (1929) *The Four Just Men* (1905) u. a. (über 150 Romane)
Somerset Maugham (1874—1965)	* *Ashenden: Or, The British Agent* (1928)
C. S. Forester (1899—1966)	*Payment Deferred* (1926)
Liam O'Flaherty (* 1897)	*The Informer* (1926)
Philip Macdonald (* 1895) "Martin Porlock" "Anthony Lawless"	*The Rasp* (1924) *Warrant for X* (1938) * *Something to Hide* (1952) u. a. (D: Colonel Anthony Gethryn)

Amerika 1920—1930

Vincent Starrett (1886—1974)	* *Coffins for Two* (1924) *Midnight and Percy Jones* (1936) u. a.
Earl Derr Biggers (1884—1933)	*The House Without a Key* (1925) *The Chinese Parrot* (1926) u. a. (D: Charlie Chan)
"S. S. Van Dine" Williard Huntington Wright (1888—1939)	*The Benson Murder Case* (1926) *The Canary Murder Case* (1927) *The Bishop Murder Case* (1929) u. a. (über 10 Romane) (D: Philo Vance)
Mignon Good Eberhart (* 1899)	*The Patient in Room 18* (1929) *From This Dark Starway* (1931) *Another Man's Murder* (1957) u. a. (über 40 Romane)
Frances Noyes Hart (1890—1943)	*The Bellamy Trial* (1927) u. a.

England 1930—1940

Margery Allingham (1904—1966)	*Sweet Danger* (1930) *Police at the Funeral* (1931) *Death of a Ghost* (1934)

Margery Allingham (1904—1966)	*The Fashion in Shrouds* (1938) *Flowers For The Judge* (1936) * *Mr. Campion and Others* (1939) *Black Plumes* (1940) *Traitor's Purse* (1941) *Coroner's Pidgin* (1945) *The Tiger in the Smoke* (1952) *Hide My Eyes* (1958) *Cargo of Eagles* (1968) u. a. (D: Albert Campion)
"Leslie Charteris" Leslie Charter Bowyer Lin (* 1907)	*Enter The Saint* (1930) u. a. (über 50 Romane) (D: Simon Templar)
Charles P. Snow (* 1905)	*Death Under Sail* (1932)
J. C. Masterman (* 1891)	*The Oxford Tragedy* (1933)
Georgette Heyer (1902—1974)	*Merely Murder* (1935) *A Blunt Instrument* (1938) *Detection Unlimited* (1953) u. a.
"Nicholas Blake" Cecil Day Lewis (1904—1972)	*A Question of Proof* (1935) *Thou Shell of Death* (1936) *The Beast Must Die* (1938) *The Smiler With the Knife* (1939) *The Dreadful Hollow* (1953) *The Whisper in the Gloom* (1954) *A Tangled Web* (1956) *End of Chapter* (1957) *A Penknife in my Heart* (1958) *The Private Wound* (1968) u. a. (D: Nigel Strangeways)
"Francis Beeding" John Leslie Palmer (1885—1944) und Hilary Aiden St. Georg Saunders (1898—1951)	*Death Walks in Eastrepps* (1931) u. a. (mehr als 30 Romane)
"Josephine Bell" Doris Bell Ball (* 1897)	*The Port of London Murders* (1938) *Fall Over the Cliff* (1938) *From Natural Causes* (1939) u. a.
"Richard Hull" Richard Henry Sampson (* 1896)	*Murder of My Aunt* (1934) *Keep it Quiet* (1935) u. a.
Christopher Bush (1885—1973)	*The Perfect Murder Case* (1929) u. a. (über 70 Romane)

Ngaio Marsh (* 1899)	*A Man Lay Dead* (1934) *Enter A Murderer* (1935) *Death in a White Tie* (1938) *Artists in Crime* (1938) *Died in the Wool* (1945) u. a. (über 30 Romane) (D: Roderick Alleyn)
"Michael Innes" John Innes Mackintosh Stewart (* 1906)	*Death at the President's Lodgings* (1936) *Hamlet, Revenge!* (1937) *Lament For a Maker* (1938) *There Came Both Mist and Snow* (1940) *The Secret Vanguard* (1941) *Appleby's End* (1945) *From London Far* (1946) *What Happened at Hazelwood* (1946) *The Journeying Boy* (1949) *Operation Pax* (1951) u. a. (über 30 Romane) (D: John Appleby)
"Josephine Tey" Elizabeth Mackintosh (1897—1951)	*The Man in the Queue* (1929) *A Shilling For Candles* (1936) *Miss Pym Disposes* (1947) *The Franchise Affair* (1948) *Brat Farrar* (1949) *To Love and Be Wise* (1950) *The Daughter of Time* (1951) *The Singing Sands* (1952) u. a. (D: Alan Grant)
Graham Greene (* 1904)	*A Gun For Sale* (1936) *Brighton Rock* (1938) *The Confidential Agent* (1939) *The Ministry of Fear* (1943)
Peter Cheyney (1896—1951)	*This Man is Dangerous* (1936) *Dangerous Curves* (1939) *Dark Duet* (1943) u. a. (über 60 Romane) (D: Slim Callaghan, Lemmy Caution)
John Dickson Carr (1906—1977)	*It Walks By Night* (1930) *The Hollow Man* (1935) *The Judas Window* (1938) *The Bride of Newgate* (1950) *The Devil in Velvet* (1951) *Fire, Burn!* (1957) *The Reader is Warned* (1939) u. a. (über 80 Romane)

John Dickson Carr (1906—1977)	(D: Henri Bercolin, Gideon Fell, Sir Henry Merryvale)
"James Hadley Chase" Réné Raymond (* 1906)	*No Orchids for Miss Blandish* (1939) u. a. (über 50 Romane)
Eric Ambler (* 1909)	*Background to Danger* (1937) *Cause For Alarm* (1938) *A Coffin For Dimitrios* (1939) *The Intercom Conspiracy* (1970) *Doctor Frigo* (1974) u. a.
Dennis Wheatley (* 1897)	*Such Power is Dangerous* (1933) *Contraband* (1936) u. a.
Geoffrey Household (* 1900)	*Rogue Male* (1939)

Amerika 1930—1940

John P. Marquand (1893—1960)	*No Hero* (1935) u. a. (D: Mr. Moto)
Francis Van Wyck Mason (* 1897)	*Seeds of Murder* (1930) u. a. (D: Captain Hugh North)
"Ellery Queen" Frederic Dannay und Manfred B. Lee	*The Roman Hat Mystery* (1929) *The Tragedy of X* (1932) *Calamity Town* (1942) u. a. (D: Ellery Queen)
Rex Todhunter Stout (1886—1975)	*Fer-de-Lance* (1934) u. a. (über 50 Romane) (D: Nero Wolfe & Archie Goodwin)
Erle Stanley Gardner (1888—1970)	*The Case of the Counterfeit Eye* (1939) u. a. (über 100 Romane) (D: Perry Mason)
als "A. A. Fair"	*The Bigger They Come* (1939) u. a.
Samuel Dashiell Hammett (1894—1961)	*Red Harvest* (1929) *The Dain Curse* (1929) *The Maltese Falcon* (1930) *The Glass Key* (1931) *The Thin Man* (1934) * *The Big Knockover and Other Stories*

Raymond Chandler (1888—1959)	*The Big Sleep* (1939) *Farewell My Lovely* (1940) *The High Window* (1942) *The Lady in the Lake* (1943) *The Little Sister* (1949) * *The Simple Art of Murder* (1950) *The Long Good-Bye* (1953) *Playback* (1958) * *Killer in the Rain* (Sammlung der frühen Stories) (D: Philip Marlowe)
Horace McCoy (1897—1955)	*They Shoot Horses, Don't They* (1935)
James Mallahan Cain (* 1892)	*The Postman Always Rings Twice* (1934) *Double Indemnity* (1943)
"Anthony Boucher" William A. P. White (1911—1968)	*The Case of the Seven of Calvary* (1937) *The Case of the Baker Street Irregulars* (1940) u. a.
"William Irish" Cornell George Woolrich (1903—1968)	*The Bride Wore Black* (1940) *Phantom Lady* (1942) u. a. (über 30 Romane)
John Franklin Bardin (* 1916)	*The Deadly Percheron* (1946) *The Last of Philip Banter* (1947) *Devil Take the Blue-Tail Fly* (1948)

England 1940—1950

Raymond Postgate (1896—1971)	*Verdict of Twelve* (1940) u. a.
"Cyril Hare" Gordon Clark (1900—1958)	*Tragedy at Law* (1942) u. a.
"Edmund Crispin" Robert Bruce Montgomery (* 1921)	*The Case of the Gilded Fly* (1944) *Holy Disorders* (1945) *The Moving Toyshop* (1946) *Swan Song* (1947) *Love Lies Bleeding* (1948) *Buried For Pleasure* (1948) *Frequent Hearses* (1950) *The Long Divorce* (1951) * *Beware of the Trains* (1953)

Robert Bruce Montgomery (* 1921)	*The Glimpses of the Moon* (1977) (D: Gervase Fen)
Julian Symons (* 1913)	*The Immaterial Murder Case* (1945) *The Narrowing Circle* (1954) *The Paper Chase* (1956) *The Colour of Murder* (1957) *The Progress of a Crime* (1960) *A Three Pipe Problem* (1975) u. a.
"Shelley Smith" Nancy Hermione Bodington (* 1912)	*Come and be Killed* (1946) *He Died of Murder* (1947) *The Woman in the Sea* (1948) u. a.
"Lillian de la Torre" Lillian de la Torre Bueno McCue	*Elizabeth is Missing* (1945) *Dr. Sam Johnson, Detector* (1946) u. a.
"Patricia Wentworth" Dora Amy Turnbull, geb. Elles († 1961)	*A Little more than Kin* (1911) *Vanishing Point* (1955) u. a. (über 50 Romane) (D: Maud Silver)
Roy Vickers (1899—1965)	* *Department of Dead Ends* (1946) *The Sole Survivor* (1952) *Eight Murders in the Suburbs* (1956) u. a.
Michael Gilbert (* 1912)	*Close Quarters* (1947) *They Never Looked Inside* (1947) *Fear to Tread* (1953) *The Claimant* (1957) u. a.
"Anthony Gilbert" Lucy Malleson (1899—1973)	*Something Nasty in the Woodshed* (1942) *A Nice Cup of Tea* (1951) *And Death Came Too* (1956) u. a. (D: Arthur Crook)

England 1950—1970

John Bingham, Baron Clanmorris (* 1908)	*My Name is Michael Sibley* (1952) *Five Roundabouts to Heaven* (1953) *The Third Skin* (1954) *The Paton Street Case* (1955) *Marion* (1958) *Murder Plan Six* (1958)

John Bingham, Baron Clanmorris (* 1908)	*Night's Black Agent* (1961) *A Fragment of Fear* (1965) u. a.
Ian Fleming (1908—1965)	*Casino Royale* (1953) *Live and Let Die* (1954) *Moonraker* (1955) *Diamonds Are Forever* (1956) *From Russia With Love* (1957) *Dr. No* (1958) *Goldfinger* (1959) * *For Your Eyes Only* (1961) *Thunderball* (1961) *The Spy Who Loved Me* (1962) *On Her Majesty's Secret Service* (1963) *You Only Live Twice* (1964) *The Man with the Golden Gun* (1965) (D: James Bond)
"John le Carré" David Cornwell (* 1932)	*Call For the Dead* (1961) *A Murder of Quality* (1962) *The Spy Who Came in From the Cold* (1963) *The Looking-Glass War* (1965) *A Small Town in Germany* (1968) *Tinker Tailor Soldier Spy* (1974) *The Honourable Schoolboy* (1977)
Len Deighton (* 1929)	*The Ipcress File* (1962) *Horse Under Water* (1963) *Funeral in Berlin* (1964) *Billion-Dollar Brain* (1966) *An Expensive Place to Die* (1967) *Spy Story* (1974) *Yesterday's Spy* (1975) *Twinkle, Twinkle, Little Spy* (1976)
Peter O'Donnell (* 1920)	*Modesty Blaise* (1965) *Sabre Tooth* (1967) u. a.
"William Haggard" Richard Clayton (* 1907)	*Venetian Blind* (1959) *Closed Circuit* (1960) *The Unquiet Sleep* (1962) *The Antagonists* (1964) *The Power House* (1966) (D: Colonel Charles Russell)
"J. J. Marric"	*Gideon's Day* (1955) u. a. (15 Gideon-Romane) (D: George Gideon)

John Creasey (1908—1973) schreibt auch als "Michael Halliday", "Gordon Ashe", "Anthony Morton"	*Department Z-Serie* (30 Romane) *West of the Yard-Serie* (38 Romane) *Toff-Serie* (54 Romane) *Dr. Palfrey-Serie* (28 Romane)
H. R. F. Keating (* 1926)	*Death and the Visiting Fireman* (1959) *Zen there was Murder* (1960) *Inspector Ghote's Good Crusade* (1966) *Inspector Ghote Plays a Joker* (1969) u. a. (D: Inspector Ghote)
Nicolas Freeling (* 1927)	*Love in Amsterdam* (1962) *Because of the Cats* (1963) *Gun Before Butter* (1963) *Double Barrel* (1964) *Criminal Conversation* (1965) *The King of the Rain Country* (1966) *The Dresden Green* (1966) *This is the Castle* (1968) *Tsing-Boum* (1969) *Over the High Side* (1971) *A Long Silence* (1972) u. a. (D: Peter van der Valk)
Arthur Upfield (1888—1964)	*Venom House* (1953) u. a. (über 25 Romane) (D: Napoleon 'Bony' Bonaparte)
Robert van Gulik (1910—1967)	*The Chinese Gold Murders* (1959) *The Haunted Monastery* (1963) *The Red Pavillon* (1961)
Miles Tripp (* 1923)	*Kilo Forty* (1963)
Joyce Porter (* 1924)	*Dover One* (1964) u. a. (D: Chief Inspector Dover)
Dick Francis (* 1920)	*Dead Cert* (1962) u. a.

Amerika 1950—1970

Patricia Highsmith (* 1921)	*The Talented Mr. Ripley* (1955) *The Blunderer* (1956) *The Sweet Sickness* (1960) *The Glass Cell* (1964)

Patricia Highsmith (* 1921)	*The Story Teller* (1965) *Ripley Under Ground* (1970) *Ripley's Game* (1974) u. a.
Harry Kemelman (* 1908)	* *The Nine Mile Walk* (1967) *Friday the Rabbi Slept Late* (1964) *Saturday the Rabbi Went Hungry* (1966) *Sunday the Rabbi Stayed Home* (1969) *Monday the Rabbi Took Off* (1972) *Tuesday the Rabbi Saw Red* (1973) *Wednesday the Rabbi Got Wet* (1976) (D: Rabbi Small / Nicky Welt)
Henry Slesar (* 1927)	*Enter Murderers* (1960) *The Grey Flannel Shroud* (1961) u. a.
"Craig Rice" Georgiana Ann Randolph († 1957)	*Trial By Fury* (1951) *The April Robin Murders* (1958) u. a. (D: John J. Malone)
Joseph Hayes (* 1918)	*The Desperate Hours. A Novel of Suspense* (1954)
"Edgar Box" Gore Vidal (* 1925)	*Death in the Fifth Position* (1952)
John Holbrook Vance (* 1916)	*The Fox Valley Murders* (1966) *The Pleasant Grove Murders* (1967) u. a. (D: Sheriff Joe Bain)
Thomas Sterling (* 1921)	*The Evil of the Day* (1955)
Marion Mainwaring	*Murder in Pastiche* (1954)
Stanley Ellin (* 1916)	*Dreadful Summit* (1948) * *Mystery Stories* (1956) (englischer Titel: *The Speciality of the House and other Stories*) *Eighth Circle* (1958)
"Ed McBain" Evan Hunter (* 1926)	*Cop Hater* (1956) *Con Man* (1957) *Killer's Choice* (1958) *Killer's Payoff* (1958) *'Til Death* (1959) *The Empty Hours* (1962) u. a. (über 23 Romane) (D: Steve Carella)

"Ross Macdonald" Kenneth Millar (* 1916)	*Blue City* (1947) *The Moving Target* (1949) *The Barbarous Coast* (1956) *The Galton Case* (1959) u. a. (D: Lew Archer)
Chester Himes (* 1909)	*The Big Gold Dream* (1960) *Cotton Comes to Harlem* (1964) *A Rage in Harlem* (1965) *Run, Man Run* (1966) *Blind Man With a Pistol* (1969) u. a. (D: Gravedigger Jones & Coffin Ed Johnson)
"Robert L. Pike" Robert L. Fish (* 1912)	*Bullitt (Mute Witness)* (1963) u. a. (D: Lt. Clancy)
Mickey Spillane (* 1918)	*Big Kill* (1951) *My Gun is Quick* (1950) *Vengeance is Mine* (1950) u. a. (D: Mike Hammer)
Charlotte Armstrong (* 1905)	*The Unsuspected* (1946) *Maid to Murder* (1950) *Black-Eyed Stranger* (1951) *I see you* (1966) u. a. (ca. 20 Romane)

Andere

Sébastien Japrisot (* 1931)	*Mord im Fahrpreis inbegriffen* (dt. 1964) *Porträt einer Dame im Auto mit Brille und Gewehr* (dt. 1967) *Weekend im Tresor* (dt. 1970) u. a.
Pierre Boileau (* 1906) und Thomas Narcejac (* 1908)	*Celle qui n'était plus* (1952) *Les Louves* (1955) *A Coeur Perdu* (1959) *Maléfices* (1961) *Les Victimes* (1964) *La Mort a dit: Peut-Être* (1967) u. a.

"Georges Simenon" (* 1903)	*Maigret und die schrecklichen Kinder* *Hier irrt Maigret* *Maigret und sein Revolver* *Maigret hat Angst* *Maigret und die widerspenstigen Zeugen* *Maigret in Holland* u. a. (über 100 Romane) (D: Kommissar Maigret)
Stanislas André Steeman	*Six hommes morts* (1931) *L'assassin habite au 21* *Les atouts de Mr. Wens* (1933) u. a. (D: M. Wens)
Friedrich Dürrenmatt (* 1921)	*Der Richter und sein Henker* (1952) *Der Verdacht* (1953) (D: Kommissar Bärlach)
Anders Bodelsen (* 1937)	*Straus* (1971) u. a.
Maj Sjöwall (* 1935) und Per Wahlöö (1926—1975)	*Die Tote im Götakanal* (1965) *Der Mann, der sich in Luft auflöste* (1966) *Der Mann auf dem Balkon* (1967) *Endstation für Neun* (1968) *Und die Großen läßt man laufen* (1970) *Das Ekel aus Säffle* (1971) *Verschlossen und verriegelt* (1972) *Der Polizistenmörder* (1974) *Die Terroristen* (1975)